Kohlhammer

Die Herausgeber

Moussa Dieng ist Sozialarbeiter M. A. und promoviert aktuell an der Fakultät für Erziehungswissenschaften an der Universität Hamburg und der Hochschule für Angewandte Wissenschaften in Hamburg. Neben seinem Promotionsstudium ist er als Interkultureller Trainer, systemischer Organisationsberater, Praxis- und Projektcoach sowie als Lehrbeauftragter im dualen Studium Soziale Arbeit B. A. an der International University Bremen und der FOM Hochschule an den Hochschulzentren Bremen und Hamburg tätig.

Prof. Dr. phil. Hartmut Reinke, MBA, ist Diplom Sozialarbeiter/Sozialpädagoge (FH) und Professor für Berufspädagogik und Sozialmanagement an der FOM Hochschule im Hochschulzentrum Bremen. Er ist Mitglied des Instituts für Gesundheit und Soziales an der FOM und forscht zu den Arbeitsbedingungen und Bewältigungsstrategien der Fachkräfte der Sozialen Arbeit. Reinke ist zudem in hochschulplanerischen Gremien der Sozialen Arbeit aktiv. Darüber hinaus ist er freiberuflich als Berater tätig.

Moussa Dieng, Hartmut Reinke (Hrsg.)

Wissenschaftliches Arbeiten und empirische Forschung im Studium Soziale Arbeit

Verlag W. Kohlhammer

Dieses Werk einschließlich aller seiner Teile ist urheberrechtlich geschützt. Jede Verwendung außerhalb der engen Grenzen des Urheberrechts ist ohne Zustimmung des Verlags unzulässig und strafbar. Das gilt insbesondere für Vervielfältigungen, Übersetzungen, Mikroverfilmungen und für die Einspeicherung und Verarbeitung in elektronischen Systemen.

Die Wiedergabe von Warenbezeichnungen, Handelsnamen und sonstigen Kennzeichen in diesem Buch berechtigt nicht zu der Annahme, dass diese von jedermann frei benutzt werden dürfen. Vielmehr kann es sich auch dann um eingetragene Warenzeichen oder sonstige geschützte Kennzeichen handeln, wenn sie nicht eigens als solche gekennzeichnet sind.

Es konnten nicht alle Rechtsinhaber von Abbildungen ermittelt werden. Sollte dem Verlag gegenüber der Nachweis der Rechtsinhaberschaft geführt werden, wird das branchenübliche Honorar nachträglich gezahlt.

Dieses Werk enthält Hinweise/Links zu externen Websites Dritter, auf deren Inhalt der Verlag keinen Einfluss hat und die der Haftung der jeweiligen Seitenanbieter oder -betreiber unterliegen. Zum Zeitpunkt der Verlinkung wurden die externen Websites auf mögliche Rechtsverstöße überprüft und dabei keine Rechtsverletzung festgestellt. Ohne konkrete Hinweise auf eine solche Rechtsverletzung ist eine permanente inhaltliche Kontrolle der verlinkten Seiten nicht zumutbar. Sollten jedoch Rechtsverletzungen bekannt werden, werden die betroffenen externen Links soweit möglich unverzüglich entfernt.

1. Auflage 2024

Alle Rechte vorbehalten
© W. Kohlhammer GmbH, Stuttgart
Gesamtherstellung: W. Kohlhammer GmbH, Stuttgart

Print:
ISBN 978-3-17-043027-3

E-Book-Formate:
pdf: ISBN 978-3-17-043028-0
epub: ISBN 978-3-17-043029-7

Inhalt

1 Um was es geht – eine kurze Einführung 11
   Moussa Dieng & Hartmut Reinke

Teil A: Grundlagen wissenschaftlichen Arbeitens in der Sozialen Arbeit

2 Wissenschaft und Bauchgefühl: Warum Soziale Arbeit den Theorie-Praxis-Dualismus überwinden muss 23
   Blanca Homma
   2.1 Die Kluft zwischen Theorie und Praxis 23
   2.2 Theorie-Praxis-Transfer als Kernproblem 25
   2.3 Wo Theorie und Praxis sich treffen 26
   2.4 Fazit: Vereinen von Theorie und Praxis 29

3 Wissenschaftliches Schreiben – Kontroverse Diskurse zur Schriftsprache, zur Verwendung der Ich-, Man- und Wir-Form sowie zum gendergerechten Schreiben 32
   Moussa Dieng
   3.1 Einleitung 32
   3.2 Wissenschaftssprache und wissenschaftliches Schreiben 33
   3.3 Die Verwendung der Ich-, Wir- und/oder Man-Form in wissenschaftlichen Arbeiten – legitim oder Zeugnis eines ›schlechten‹ Schreibstils? 34
   3.4 Gendergerechtes Schreiben in wissenschaftlichen Arbeiten .. 38
   3.5 Fazit 41

Teil B: Über das Schreiben und die Ängste (vor dem leeren Blatt, vor dem Urteil anderer)

4 You'll never walk alone – Wissenschaftliches Arbeiten und Schreiben in Peergroups 47
   Alexander Parchow & Tim Middendorf
   4.1 Einleitung 47

	4.2	Das schaffe ich nie – von Herausforderungen des wissenschaftlichen Schreibens	48
	4.3	Allein auf weiter Flur – von Bewältigungsversuchen und Widerständen	50
	4.4	Gemeinsam schaffen wir das – von gruppenbasierten Schreib- und Arbeitsstrategien	51
	4.5	Zusammenfassung	56
5	**Himmelhoch jauchzend, am Boden zerstört – Herausforderungen und Spannungsfelder des Schreib- und Arbeitsprozesses von Qualifizierungsarbeiten im Studium**		**57**
	Jakob Christoph Will		
	5.1	Einleitung: Was heißt eigentlich Schreiben?	57
	5.2	Beginnen ohne Anfang	59
	5.3	(De-)Materialisierung geistiger Arbeit	60
	5.4	Paradoxie der Themenwahl und Forschungsfrage	61
	5.5	Verlaufskurven kreativer (Schreib-)Prozesse	62
	5.6	Verwobenheit mit dem Gegenstand	63
	5.7	Aushalten von Unsicherheit	64
	5.8	Schluss: Qualifizierungsarbeiten als Abschied	65
6	**Die Angst vor dem leeren Blatt**		**68**
	Matthias Hoenen & Jan Tietmeyer		
	6.1	Erklärung und Lösung von Prokrastination	68
	6.2	Zeitmanagement	74

Teil C: Gestaltung und Struktur wissenschaftlicher Arbeiten in der Sozialen Arbeit

7	**Forschen im Rahmen der Bachelorarbeit – warum sollte ich mir das antun?**		**83**
	Katrin Sen, Fatma Betül Ağırbaş Aslan & Çiğdem Erdoğan		
	7.1	Einleitung	83
	7.2	Motivation für eigene Forschungen	83
	7.3	Eigene empirische Forschung: Worin liegt der Mehrwert?	84
	7.4	Der nächste Schritt: Qualitative vs. quantitative Forschung	86
	7.5	Eigene Forschung und trotzdem Theorie? – Zum Verhältnis von Theorie und Empirie in empirischen Abschlussarbeiten	88
	7.6	Tipps für Studierende von Absolventinnen – Worauf sollte ich achten bei eigenen Forschungen im Rahmen der Abschlussarbeit?	92

| 8 | Qualitative Forschungsprojekte erfolgreich umsetzen: Ein praxisorientierter Leitfaden für Studierende der Sozialen Arbeit | 94 |

Anna Pfaffenstaller, Veronika Rosenberger & Amelie Zauner

8.1	Einleitung	94
8.2	Themenfindung und Forschungsfrage	94
8.3	Wahl der Methodik	96
8.4	Datenschutz	97
8.5	Feldzugang, Datengewinnung, -aufbereitung und -auswertung	98
8.6	Diskussion der Ergebnisse und Anschlussfähigkeit an die Soziale Arbeit	100
8.7	Zusammenfassung	101

| 9 | Gestaltung und Struktur wissenschaftlicher Abschlussarbeiten in der Sozialen Arbeit – Von der Idee bis zur fertigen Arbeit | 104 |

Katharina Peinemann

9.1	Einleitung	104
9.2	Wissenschaftliche Praxis	104
9.3	Themenfindung	105
9.4	Forschungsfrage	106
9.5	Gliederung	107
9.6	Forschungsdesign	109
9.7	Analyse der Ergebnisse – Verbindung Theorie und Empirie	110
9.8	Zeitplanung und Beachtung der Formalia	111
9.9	Nochmal zurück zum Anfang – Schreiben eines Exposés	112
9.10	Zusammenarbeit mit den Betreuenden	112
9.11	Schluss	113

Teil D: Grundlagen der Methoden empirischer Sozialforschung und ausgewählte Beispiele der Methodenanwendung

| 10 | Methodenkompetenz als »Future Skill« in sozialen Diensten – Warum wissenschaftliche Methoden auch in der Praxis nützlich sind | 117 |

Janina Evers

10.1	Einleitung	117
10.2	Worum geht es eigentlich beim Thema »Kompetenz«?	118
10.3	»Future Skill« Methodenkompetenz	119
10.4	Anwendungsfeld: Gestaltung geplanter Veränderungsprozesse in sozialen Diensten	121
10.5	Fazit	123

11	**Memos als reflexive Schreibpraxis in forschungsbezogenen Qualifizierungsarbeiten. Ein Werkstattbericht für Studierende**	127
	Silvia Thünemann	
	11.1 Einleitung	127
	11.2 Memos als reflexive Schreibpraxis im Forschungsprozess	128
	11.3 Das kreative Potenzial von Memos in Forschungskrisen	130
	11.4 Memos und ihre Formate	131
	11.5 »Stop and Memo!« Sich in die eigene Forschungsarbeit hineinschreiben	133
	11.6 Fazit	136
12	**Ist das gut so? Samplegrößen und -strategien im Rahmen qualitativer Forschungsarbeiten**	138
	Lisa Gregorius & Lütfiye Turhan	
	12.1 Einleitung/Problemstellung	138
	12.2 Definition und Bedeutung des Samplings	139
	12.3 Samplingstrategien	140
	12.4 Samplegrößen	145
	12.5 Fazit	149
13	**In zehn Wochen zum eigenen Forschungsprojekt**	151
	Christina Watson & Petra Richter	
	13.1 Einleitung	151
	13.2 Das Seminarkonzept	152
	13.3 Fazit	160
14	**Empirische Forschung im Studium der Sozialen Arbeit – Herausforderungen und Lösungsansätze aus Sicht der Studierenden**	163
	Anna Mratschkowski & Nilüfer Keskin-Akçadağ	
	14.1 Einleitung	163
	14.2 Daten und Methoden	163
	14.3 Ergebnisse	166
	14.4 Zusammenfassung	168
15	**»Wofür lernen wir Forschungsmethoden im Studium?« – Zur Relevanz einer Forschungsmethodenausbildung für angehende Sozialarbeiter:innen**	170
	Anja Schäfer & Nantke Schmidt	
	15.1 Einleitung	170
	15.2 Grundbegriffe der empirischen Sozialforschung	171
	15.3 Zur Relevanz einer Forschungsmethodenausbildung zukünftiger Sozialarbeiter:innen	172
	15.4 Fazit	178

Teil E: Studentische Qualifizierungsarbeiten aus Sicht der Betreuenden: Berichte aus dem Studienalltag

16 Von Rollenkonflikten, Unsicherheiten und Kriterien: qualitativ-empirische Abschlussarbeiten (begleiten und) bewerten **183**
Kirsten Witte & Nicole Weydmann
16.1 Perspektivenwechsel: ein einleitender Austausch 183
16.2 Zwischen Begleitung und Bewertung: der Rollenkonflikt der Lehrenden bzw. Prüfer:innen 184
16.3 Zwischen unterstützt- und bewertet-werden: strukturelle Unsicherheiten auf Seiten der Studierenden 186
16.4 Zwischenruf: Tipps und Strategien 187
16.5 Immer objektiv? Die Verortung der Forschenden 188
16.6 Ein Vorschlag zur Güte: Kriterien für die Bewertung 189
16.7 Schlussbemerkung 192

17 Die Forschungsfrage – zentrales Moment der Erstellung und Bewertung einer Qualifizierungsarbeit **194**
Katrin Keller & Kim Moskopp
17.1 Einleitung 194
17.2 Perspektive von Dozierenden 195
17.3 Perspektive von Studierenden 198
17.4 Fazit 202

18 Erstens kommt es anders und zweitens als man denkt – Leitfadeninterviews und qualitative Inhaltsanalysen in Abschlussarbeiten **203**
Stefanie Vogt & Melanie Werner
18.1 Einleitung 203
18.2 Das Interessante vom Wichtigen unterscheiden 204
18.3 Fallstricke im Forschungsprozess reflexiv einfangen 207
18.4 Fazit 208

19 Schlusswort – und jedem Anfang wohnt ein Zauber inne **211**
Moussa Dieng & Hartmut Reinke

Anhang

Interviewleitfaden (Kap. 14) **215**

Kurzfragebogen zum leitfadengestützten Interview (Kap. 14) **217**

Autor:innenverzeichnis **219**

1 Um was es geht – eine kurze Einführung

Moussa Dieng & Hartmut Reinke

Als wir im Sommer 2022 den Call for Papers zu dem nun vorliegenden Buch veröffentlichten, begann eine Phase angenehmer Überraschungen. Bald 50 Beitragsideen und Vorschläge erreichten uns zu einer auf den ersten Blick doch eher spröde und sperrig wirkenden, aber auch herausfordernden Aufgabe – wie können wir Student:innen der Sozialen Arbeit mittels hilfreicher Texte bei der Gestaltung ihrer wissenschaftlichen Qualifizierungsarbeiten unterstützen? Die Qual der Wahl, vor die uns alle Autor:innen mit ihren Abstracts gestellt haben, war insofern eine schöne: Gemeinsam war allen Texten die Absicht, einen Beitrag in der Art zu leisten, wie man ihn zu eigenen Studienzeiten gern gelesen hätte. Wir wollten konkret sein, uns nicht im Abstrakten verlieren, sondern pragmatische Hilfe und anschauliche Beispiele zusammentragen. Ohne nun in Vollmundigkeit zu verfallen, sind wir der Ansicht, mit der vorliegenden Auswahl von 17 Beiträgen eine Komposition zusammengestellt zu haben, die diesem Wunsch entspricht und inhaltlich gerecht wird.

Wissenschaft ist nach unserem Verständnis ein Raum frei von Autorität; es zählen Evidenz und Argument, nicht die hierarchische Position oder Titel. In diesem Verständnis schwingt auch ein emanzipatorisches Element mit – wissenschaftliches Arbeiten ist ein Medium nicht nur der Epistemologie, sondern zugleich ein Prozess des persönlichen Reifens. Sich mit einem Thema in kritisch-analytischer Distanz zu befassen, einen Stoff zu durchdringen und das so Durchdrungene in eigenen, zu Papier gebrachten Gedankengängen anderen verfügbar zu machen, ist eine Leistung, deren Wirkkraft über Zeugnisnoten und Gutachten hinausreicht. Studieren und wissenschaftliches Auseinandersetzen sind auch Entwicklungskräfte des eigenen Urteilsvermögens. Ein Studium abzuschließen, mag für manche nur eine Frage des Prestige oder der Karriere sein – für viele andere ist es ein Erleben auch einer persönlichen Entwicklung, die über Fragen von Image- und Renommee weit hinausgeht, sofern sich ihnen diese Fragen denn tatsächlich stellen.

Wissenschaftliches Arbeiten ist auch das Begegnen mit der Unvollkommenheit von Erklärungen und Erkenntnissen, ein Erfahren und Aushalten der Unsicherheit, die ein Wesenszug der Wissenschaft ist. Wirkungsgefüge, Kräfteverhältnisse und Dimensionen sind zu definieren, zu beschreiben und bei noch so sicherer Methodenanwendung, noch so solider Arbeit: Die Zukunft bleibt ungewiss, wir können sie mit den Mitteln der Wissenschaft nicht (und wenn überhaupt, dann nur sehr bedingt und unter Vorbehalt) vorhersagen und schon gar nicht vorherbestimmen. Es bleibt bei der sokratischen Erkenntnis des Wissens über das eigene Nicht-Wissen.

Gerade deshalb ist wissenschaftliches Arbeiten so reizvoll. Niemand, der es ernst meint mit Wissenschaft, wird Perfektion in der Zukunftsvorhersage erwarten oder

Weltformeln der Erklärung von allem und wie es miteinander zusammenhängt. Gerade die Wissenschaft Soziale Arbeit schaut, in ihrem deskriptivem Wesen, auf die Umstände, die Bedingungen des konkreten Seins von Menschen, Gruppen und sozialen Konstellationen. Die rekonstruktive Arbeit mit Biografie, dem Geworden-Sein des:der anderen, das Erschließen fremder Relevanzstrukturen, das Verstehen-Wollen eines anderen Lebenswegs und seiner Entscheidungen: Wissenschaft steckt hier im Detail und ist ein feines, präzises, behutsames Handwerk und keine Frage der Gesinnung.

Der Begriff der »Wissenschaft« hat in den letzten Jahren einiges an Schlagwörtern zu verkraften gehabt – so ist z. B. das oft genutzte »Follow the Science« potenziell eine Einladung zu einem Missverständnis, wenn nicht zu einem Missbrauch. Wissenschaft setzt keine Normen, sie schafft Theorien der Erklärung, Ansätze zum Verstehen der Welt und ihrer Phänomene. Sie kann die Zukunft genauso wenig vorhersagen, wie sie für sich Absolutheit und Allgemeingültigkeit beanspruchen kann. Ein Wissenschaftsverständnis, das sich überlegen sieht und für unantastbar hält, erliegt einer Hybris, die wir ganz eindeutig weder teilen noch befürworten. Der Wissenschaft zu folgen – allein diese Idee birgt bereits eine gewisse Gefahr, wenn dieses Folgen bedeuten sollte, das eigene Denken, Empfinden und Beurteilen einzustellen bzw. die damit verbundenen Risiken des Irrens und Scheiterns mittels autoritätsgläubiger Berufung auf Wissenschaft und Expertentum umgehen zu wollen. Wissenschaft ist gerade nicht die Einladung zu blindem Vertrauen oder abnickender Gefolgschaft.

Wissenschaft ist, in unserem Verständnis, auch immer die Heimat der Skepsis, des Nachfragens, des im Diskurs seine Tragfähigkeit beweisenden Arguments – nicht der Institution, nicht der Autorität eines Amtes oder bestimmter Positionen. Vor allem jedoch ist Wissenschaft eine Aufforderung an das eigene Denken. »Follow the Scientific Thinking« – das passte schon deutlich besser. Wissenschaftlich zu denken – darin steckt die Haltung des Mutes zu offener Untersuchung, zu aufrichtiger Beobachtung, zu eigenständiger und mitunter auch origineller Erkenntnissuche und Erkenntnisvermittlung. Wissenschaft ist nicht die Wahrheit, sie ist, wenn sie ernsthaft betrieben wird, wahrhaftig, transparent, nachvollziehbar – und bedarf dann auch keiner an Standesdünkel erinnernden Fachsprache.

Das Gewinnen und Darstellen der Erkenntnisse und ebenso die Vermittlung der Wissen schaffenden Prozesse benötigen gutes Handwerk. Dieses gute Handwerk beginnt bei der Identifikation des eigenen Untersuchungsinteresses, zeigt sich in der Formulierung von Forschungsfragen, der begründeten Auswahl und korrekten Anwendung von Untersuchungsmethodik und schließlich im präzisen Schreiben zu all diesen Elementen selbst. Die Fähigkeit zu kritischer Reflexion, zu Irritation und Synthese – all das will geschrieben werden und geschrieben wirken.

Gerade das Schreiben ist, so wissen wir aus der Erfahrung sowohl aus eigenem Studium als auch aus der Lehre, für viele eine belastende Anforderung. Ganz unterschiedliche Ängste spielen mit hinein, wenn wissenschaftlich geschrieben und das Geschriebene anderen Menschen gezeigt werden soll. Da ist bei manchen die Sorge des Selbstzweifels, bei einigen kommt noch die Angst vor einer Blamage hinzu, wieder andere haben generell Angst vor Prüfungen und nicht selten kommen alle Momente auch zusammen vor. Wie können wir diese Ängste etwas abbauen?

Ein Studium ist, neben der Vermittlung von Fachlichkeit, auch ein Prozess persönlicher Reife und der Bildung einer eigenen wissenschaftlich untermauerten Haltung.

Hinweise und Erläuterungen zu wissenschaftlichem Arbeiten, so verstehen wir es, sollen vertraut machen mit den methodischen Ansätzen, den Regeln, Konventionen und Maßstäben der Scientific Community, um damit eigenständig in aller Kunst des freien Denkens umgehen zu können. Es geht nicht um Unterwerfung oder ein ›Hineinzwängen‹ in Bestehendes, es geht vielmehr darum, dabei behilflich zu sein, den eigenen Untersuchungsinteressen und Motivationen, die zum Studium und zur Auseinandersetzung mit thematischen Komplexen überhaupt erst führten, in einer wissenschaftlich prüfbaren Form nachgehen und Zugang zu Diskursen erlangen zu können. So gesehen, ist das Erlangen eines akademischen Reifegrades um wissenschaftliche Methodiken, Fragestellungen, Zitationsweisen, Schreibstile und Abstraktionen auch der Nachweis einer persönlichen Entwicklung.

Die im Vergleich mit ihren Bezugswissenschaften junge Wissenschaft der Sozialen Arbeit ist zudem als Handlungswissenschaft gefordert, ihre Gegenstände in der aktuellen Lebenswirklichkeit ebenso zu verorten wie die von ihr beschriebenen theoretischen Annahmen. Soziale Arbeit findet als Wissenschaft nicht im luftleeren Raum außerhalb der Schwerkraft statt, sondern hat immer Bezug zu nehmen zu Welt und Wirklichkeit, zu konkreten Bewältigungsanforderungen und Problemlagen. Beides, sowohl das noch junge Alter der Wissenschaft Soziale Arbeit als auch ihre Praxisnähe, erfordert wissenschaftliches Rüstzeug und Selbstbewusstsein, um in den wissenschaftlichen Diskursen versiert teilhaben und mitgestalten zu können.

Ein Beispiel für die Wirkkräfte der Kommunikation und des lebendigen, aktiven Austausches über Gepflogenheiten und Ansichten zeigt die in der Scientific Community qualitativer Forschung selbst durchaus kontrovers geführte Diskussion um die Frage nach dem »Sprechenden Ich« in wissenschaftlichen Texten. In einer von der FU Berlin (Institut für Qualitative Sozialforschung) initiierten offenen Mailingliste stellt Reinke, Mitherausgeber dieses Bandes, im Rahmen seiner Dissertation im Mai 2017 folgende offene Frage an die Leser:innen der Liste (aus Datenschutzgründen pseudonymisiert).

> Hallo liebe ListenleserInnen, eine kurze Frage, die mich bewegt:
> Ich bin ext. Doktorand (Berufspädagogik) und arbeite in Anlehnung an die reflexive GTM nach Breuer. Allein, ich komme mir ab und an doch etwas einsam vor mit meinem mitunter persönlich-subjektiv gehaltenen Schriftsprach-Duktus und frage an dieser Stelle in die Runde: Wie etabliert ist aus Sicht der hier Mitlesenden die 1. Person Singular als Autorenperspektive, wenn über qualitative Forschung zu berichten ist?
> Gibt es Beispiele wissenschaftlicher Abschlussarbeiten, auf die ich bei Bedarf zurückgreifen könnte? Wer weiß da mehr? Herzliche Grüße, Hartmut Reinke

> Lieber Herr Reinke, liebe ListenleserInnen,
> es kommt in den Sozialwissenschaften immer häufiger vor, dass das sprechende, schreibende und forschende Ich explizit zur Sprache kommen darf. Diese

Tendenz finde ich zunehmend in neueren (auch peer-reviewed) Aufsätzen jüngerer WissenschaftlerInnen vor, vor allem, wenn sie durch die englischsprachige Wissenschaft geprägt sind. Auf mich wirkt dieses sprechende Ich erfrischend, mutig und sehr klar, und ich empfehle es auch meinen Studierenden. Allerdings ist das – wie mir meine Studierenden berichten – immer noch nicht jeder/s Dozent/inn/en Sache, so dass ich das Thema an Ihrer Stelle mit Ihrem Betreuer/Ihrer Betreuerin absprechen würde. Herzliche Grüße, AvA

Lieber Herr Reinke, mir fällt dazu die Dissertation von Susanna Matt-Windel ein, die ebenfalls mit der reflexiven Grounded Theory nach Franz Breuer gearbeitet hat. Die Arbeit beginnt mit einer methodologischen Standortbestimmung, in der u. a. Ihre Frage behandelt wird.
Matt-Windel, Susanna (2014). Ungewisses, Unsicheres und Unbestimmtes. Eine phänomenologische Studie zum Pädagogischen in Hinsicht auf LehrerInnenbildung. Stuttgart: ibidem Verlag. Herzliche Grüße, Dr. CL

Lieber Hartmut Reinke, der Beitrag, den GM und ich 1998 zur Arbeit in der Projektwerkstatt (mittlerweile NetzWerkstatt ;-)) geschrieben haben, eröffnet genau mit diesem Problem, siehe http://nbn-resolving.de/urn:nbn:de:0168-ssoar-1200... Ich glaube wie Frau vA, dass die Nutzung der 1. Pers. Singular bzw. Plural in der qual. Forschung eh und im englischsprachigen Raum noch zusätzlich zunehmend gebräuchlich ist, aber von je lokalen Praktiken in Einrichtungen, Teams oder von Zeitschriften usw. abhängt. Für FQS ist es schon lange so, dass wir prinzipiell die Nutzung der 1. Person Sing. (bzw. Plural bei mehreren Autor/innen) erwarten, ebenso das Vermeiden von Gender-Bias. Zunehmend insistieren wir auch, auf Anthropomorphisierungen zu verzichten, da wir davon ausgehen, dass sehr selten Experimente (im angefügten Bsp. APA 6, sec. 3.09 »Precision and Clarity«, p. 69) oder eben Texte oder was auch immer etwas zu zeigen versuchen, sondern es sind die Autor/innen ... Der Passus zur Attribution ist insgesamt interessant und zeigt, wie weit Vorbehalte gegen objektivierende Sprache auch in (nicht zu fortschrittliche) Fachgesellschaften wie die APA vorgedrungen sind. Hoffe dies hilft und herzliche Grüße! KM

Lieber Herr Reinke, ich habe im letzten Jahr in einem verwandten Fach (Wirtschaft-Arbeit-Technik) promoviert – auch mit einem qualitativen Design – und stand vor der gleichen Frage wie Sie. An verschiedenen Stellen habe ich auf die Ich-Perspektive zurückgegriffen:

- weil es besser lesbar ist,
- weil es um meine eigenen Forschungsentscheidungen und Begründungen geht und
- weil ich die für mich im Vorfeld verfassten Freien Texte/Fokussprints/Ecriture Automatique (oder wie auch immer Sie diese nennen mögen) automatisch in der Ich-Perspektive verfasste und es sich besser anfühlte, bei meinem Stil zu bleiben als eine aufgepfropfte »pseudo-objektive« Dritte-Person-Perspektive oder grammatisch grausliche Passiv-Konstruktionen zu adoptieren.

In englischsprachigen Journals war mir die Ich-Perspektive immer positiv aufgefallen. Die »Restlegitimation« holte ich mir aus der englischsprachigen Methodenliteratur, in der die Rolle des Forschenden im qualitativen Forschungsprozess besonders hervorgehoben wurde (im Gegensatz zur deutschsprachigen Literatur, wo es m. E. oft mehr um die Darstellung des reinen Handwerkszeugs geht als um denjenigen, der sie anwendet). Bei der Betreuung von Abschlussarbeiten freue ich mich, wenn die Verfasser:innen ihre eigene Sprache finden und in der Ich-Perspektive klar zu dem stehen, was sie tun, entscheiden und schlussfolgern. Leider scheine ich mit dieser Einstellung in der BWL in der Minderheit zu sein, weshalb ich Studierenden immer wieder dazu raten muss, sich nach den Wünschen des/der anderen Betreuer/in zu richten, um die Abschlussnote nicht zu gefährden. Sonnige Grüße, AH

Lieber Herr Reinke, liebe Liste, ich kann vielen der bisherigen Anmerkungen und Ratschläge nur zustimmen, möchte aber doch auf wichtige methodische Fragen hinweisen, die Sie für sich beantworten müssen.
 Zunächst einmal: Ich bin ebenfalls ein großer Freund des sprechend Ichs und verwende diese Form seit Jahren in wiss. Texten, ohne dass es damit jemals Probleme bei GutachterInnen/HerausgeberInnen gab. Meinen Studierenden empfehle ich die Ich-/Wir-Form ebenfalls, wenn sie über

- eigene Entscheidungen (Fallauswahl),
- eigene Handlungen (Interviews führen) oder
- eigene Beobachtungen (Auffälligkeiten während des Interviews) schreiben.

Schwieriger ist die Situation jedoch, wenn es um die Darstellung von Deutungen/Interpretationen/Schlussfolgerungen geht. Hier wird aus der sprachlichen eine im engeren Sinne methodische Frage. Wenn Sie die unhintergehbare Perspektivität jeglichen menschlichen Verstehens betonen wollen, so ist die erste Person Singular durchaus angemessen. Wenn Sie dagegen mit Ihren Deutungen einen gewissen intersubjektiven Geltungsanspruch anstreben, sollten Sie einen Stil eher vermeiden, den Sie so treffend als »persönlich-subjektiv gehaltenen Schriftsprach-Duktus« charakterisieren. Vermutlich werden Sie in Ihrer Auswertung beide Fälle haben: Passagen also, in denen Sie eher Ihre eigene Interaktionen mit dem Feld reflektieren (in der Ich-Form) sowie allgemeinere Schlussfolgerungen, die dann auch sprachlich weniger subjektiv gefärbt daherkommen sollten. Eine kleine Bemerkung im Methodenkapitel könnte außerdem helfen, Missverständnisse zu vermeiden. Soweit ein paar spontane Überlegungen meinerseits, schöne Grüße, KD

Hallo KD, hallo Listenmitglieder, vielen Dank, KD, selten habe ich so eine klar differenzierte Position in der wichtigen Ich-Frage vernommen. Dem kann ich nur zustimmen/Dem kann MAN nur zustimmen/Dem IST zuzustimmen/So ist es. ;-) Mein Betreuer war/ist ein entschiedener Feind der Ich-Form, was natürlich mitunter zu geschwurbelten Formulierungen führt. In meiner ethnografisch-soziologischen Dissertation kann und will ich auf die Ich-Form nicht verzichten, weil

> es das Webersche Gebot der Aufrichtigkeit gebietet. Das gab/gibt Probleme mit dem Betreuer bis hin zu Schreibblockaden, auf die ich hier nicht eingehen möchte/auf die hier nicht einzugehen sind/was hier nichts zu tun hat. Es kulminierte mal in einem frappanten Dialog:
> Ich: »Aber es bin doch ICH, der die und jene Erfahrung im Feld gemacht hat.« Er: »Ja, aber wer sind SIE schon?« Das gern zitierte Negativbeispiel der Ich-Form in der Ethnographie – Nigel Barley huuu – habe ich pflichtschuldig jahrelang ignoriert, bis ich die Traumatischen Tropen dann doch mal mit größtem Genuss und wissenschaftlichem Gewinn las. Mit besten Grüßen, GG (Diverse qsf Liste 07.11. 2019)

Dieses nur als ein Beispiel.

Mit diesem Buch – so unsere Absicht – ermutigen wir zu eigenem Handeln, eigener Initiative, eigenem Suchen, Finden, Argumentieren und Beurteilen. Es geht uns weniger um die Aufbereitung und Verbreitung mechanistisch gedachter bzw. anzuwendender Gebrauchsanleitungen als vielmehr darum, aus verschiedenen Perspektiven aufzuzeigen, wie in der Sozialen Arbeit wissenschaftlich gehandelt werden kann. Wie werden Themen gefunden, wie werden Methoden ausgewählt und angewandt, wie wird wissenschaftlich geschrieben, wie werden Untersuchungen geplant, Exposés und Abschlussarbeiten konzipiert? Das sind unsere Leitgedanken – und dazu haben wir in diesem Buch fünf Kapitel gegliedert, deren Beiträge sich inhaltlich ergänzen und der jeweiligen Kapitelüberschrift je eine eigene Facette geben; die Beiträge sind dabei so unabhängig voneinander aufgebaut, dass einzelne Texte für sich stehen und somit auch nach Bedarf und Interesse gelesen werden können.

Es gibt bereits unzählige Ratgeberliteraturen und einschlägige Webseiten, die sich mit dem Thema des wissenschaftlichen Arbeitens – auch und im Besonderen im Zusammenhang mit der Sozialen Arbeit – befassen.

Wir, die Autor:innen sowie die Herausgeber dieses Werks, sind seit vielen Jahren in der Hochschullehre tätige Praktiker:innen. Unser Ziel (und unsere Hoffnung) ist es, praxisnahes Wissen und Erfahrungen für den Umgang mit und für das Erstellen von wissenschaftlichen Texten so zu vermitteln, dass Studierende der Sozialen Arbeit damit etwas anfangen können. Mit diesem Wort ist auch schon skizziert, wie unser Werk wohl am besten zu verorten sein dürfte: Als Handreichung für alle, die vor der Aufgabe stehen, sich mit wissenschaftlichen Arbeiten aktiv und als Autor:in zu befassen. Das Buch sensibilisiert, inspiriert die Studierenden der Sozialen Arbeit, bereitet auf die Herausforderungen im Rahmen der Gestaltung von Seminararbeiten vor und dient, so unsere Absicht, als Orientierung für die Abschlussarbeit (Bachelor/Masters-Thesis) im Studium der Sozialen Arbeit.

Der vorliegende Band setzt sich aus den folgenden fünf Teilen zusammen.

Teil A: Grundlagen wissenschaftlichen Arbeitens in der Sozialen Arbeit

»Wozu brauche ich Wissenschaft, wenn ich Sozialarbeiterin oder Sozialarbeiter werden will?«, fragt Blanca Homma in ihrem Beitrag »Wissenschaft und Bauchgefühl«, der aufzeigt, »Warum Soziale Arbeit den Theorie-Praxis-Dualismus überwinden muss«. In ihrem Text veranschaulicht Homma die Bedeutung theoretischen Wissens und des Beherrschens wissenschaftlicher Methodik für die Profession Soziale Arbeit (▶ Kap. 2). Sie schafft damit ein tragfähiges Fundament, nicht nur für dieses Buch. »Dürfen Verfasser:innen wissenschaftlicher Arbeiten die Worte ›ich‹, ›wir‹ und ›man‹ in wissenschaftlichen Arbeiten (der Sozialen Arbeit) verwenden und müssen schriftliche Qualifizierungsarbeiten gendergerecht verfasst werden, um die Anforderungen an eine ›gute‹ wissenschaftliche Schriftsprache zu erfüllen?«, fragt hingegen Moussa Dieng in seinem Beitrag »Wissenschaftliches Schreiben – Kontroverse Diskurse zur Schriftsprache, zur Verwendung der Ich-, Man- und Wir-Form sowie zum gendergerechten Schreiben«. Damit Lesende diese Fragen für sich persönlich beantworten können, zeichnet er die kontroversen Diskurse zu Gebrauch oder Vermeidung der Worte »ich«, »wir« und »man« nach und stellt widerstreitende Positionen zur Verwendung einer gendergerechten Sprache einander gegenüber (▶ Kap. 3).

Teil B: Über das Schreiben und die Ängste (vor dem leeren Blatt, vor dem Urteil anderer)

Alexander Parchow und Tim Middendorf zeigen in ihrem Beitrag »You'll never walk alone – Wissenschaftliches Arbeiten und Schreiben in Peergroups« auf, dass und *wie* wissenschaftliches Schreiben Studierenden der Sozialen Arbeit auch Freude bereiten und Spaß machen kann. Es ist ein nahezu unglaublicher Gedanke – das soll Spaß machen? Parchow und Middendorf zeigen einen Weg (▶ Kap. 4).

Jakob Christoph Will nimmt sich des Gedankens an, Schreiben als Handwerkszeug zu betrachten – eben nicht von der Vorstellung auszugehen, mit dem Verfassen einer wissenschaftlichen Qualifizierungsarbeit einen Bestseller schreiben zu müssen, sondern einen präzisen, prüfbaren und verständlichen Text zu erschaffen. In seinem Beitrag »Himmelhoch jauchzend, am Boden zerstört« skizziert er die Herausforderungen und Spannungsfelder des Schreib- und Arbeitsprozesses von Qualifizierungsarbeiten im Studium (▶ Kap. 5).

In erfrischender und ermutigender Aufrichtigkeit berichten Jan Tietmeyer und Matthias Hoenen von ihren eigenen Erfahrungen mit der »Angst vor dem leeren Blatt«. Sie kennen die damit mitunter verbundenen Folgen der Aufschieberitis, der Panik, sie wissen um alle möglichen Strategien des Vermeidens; sie beschreiben aber auch gerade, weil sie es selbst durchlebt haben, Strategien, Hilfsmittel, wie sich das Leben mit dem Schreiben einfacher machen und dennoch (oder gerade deshalb?) Sinnvolles zu Papier bringen lässt (▶ Kap. 6).

Teil C: Gestaltung und Struktur wissenschaftlicher Arbeiten in der Sozialen Arbeit

Teil C des Buches widmet sich konkreter Forschung in der Sozialen Arbeit. Katrin Sen, Fatma Betül Ağırbaş Aslan und Çiğdem Erdoğan zeigen in ihrem Beitrag das Verbinden von Theorie und eigener empirischer Untersuchung im Rahmen einer akademischen Abschlussarbeit. Studierende zu eigenen Forschungen in ihrer Bachelorarbeit zu motivieren und ihnen eine konkrete Hilfestellung zu bieten, um Theorie und Praxis in der Sozialen Arbeit auf wissenschaftlichem Niveau miteinander zu verknüpfen, ist das Anliegen ihres Beitrags (▶ Kap. 7).

Anna Pfaffenstaller, Veronika Rosenberger und Amelie Zauner stellen einen Leitfaden für die qualitative Forschung in der Sozialen Arbeit vor. Schritt für Schritt zeigen sie ein mögliches und praxisbewährtes Vorgehen von der Ideenfindung bis zur Diskussion der Forschungsergebnisse auf, veranschaulichen Fragen der Strukturierung und geben Hilfestellungen – auf der Basis konkreter Handlungsempfehlungen. Ein für die qualitative Forschung zentrales Thema – der Umgang mit Reflexionsprozessen – bildet ein weiteres Zentrum ihres Beitrags (▶ Kap. 8).

In eine ähnlich, jedoch weniger auf qualitative Ansätze abzielende Richtung geht der Beitrag von Katharina Peinemann. Sie beschreibt den gesamten Komplex der Erstellung einer eigenen wissenschaftlichen Abschlussarbeit. Wie wird eine Frage gefunden? Wie wird die Untersuchung angelegt, wie werden Ergebnisse beschrieben und ein Fazit gezogen? Der Beitrag verspricht konkrete Orientierung (▶ Kap. 9).

Teil D: Grundlagen der Methoden empirischer Sozialforschung und ausgewählte Beispiele der Methodenanwendung

Eine besondere Praxisnähe bietet der Beitrag von Janina Evers. Welche Bedeutung hat die im Studium erworbene wissenschaftliche Methodenkompetenz in der Praxis der Sozialen Arbeit? In ihrem Beitrag zeigt die Autorin anhand konkreter Beispiele den praktischen Nutzen wissenschaftlicher Methodenkompetenz für die Arbeit in sozialen Dienstleistungsorganisationen (▶ Kap. 10).

Silvia Thünemann thematisiert in ihrem Beitrag ebenfalls eine praxisnahe und auch praxisrelevante Komponente in forschungsnahen Qualifizierungsarbeiten. Sie befasst sich mit Memos als Medium der reflexiven Schreibpraxis – eines Schreibens also, wie es gerade (aber nicht nur) in qualitativer Forschung relevant ist (▶ Kap. 11).

Im Zusammenhang mit qualitativen Samplingstrategien steht auch der Beitrag von Lisa Gregorius und Lütfiye Turhan. Die beiden Autorinnen zeigen Wege und Möglichkeiten der Bildung eines Untersuchungssamples auf und nehmen sich dabei auch der Frage nach der richtigen Größe eines Samples an. Diese Frage begleiten nahezu jeden qualitativen Ansatz (▶ Kap. 12).

Christina Watson und Petra Richter stellen in ihrem Beitrag einen sehr pragmatischen 10-Wochen Arbeitsplan vor, der zu einem eigenen Forschungsprojekt führt. Die hier zu Papier gewordene Forschungswerkstatt ist dabei speziell auf die Bedürfnisse von Studierenden der Sozialen Arbeit zugeschnitten und gibt eine strukturierte Anleitung für die verschiedenen Phasen eines Forschungsprojekts (▶ Kap. 13).

Zu einem Perspektivwechsel laden Anna Mratschkowski und Nilüfer Keskin-Akçadağ mit ihrem Beitrag ein. Aus Sicht der Studierenden der Sozialen Arbeit zeigen sie sowohl die Herausforderungen auf, die Student:innen der Sozialen Arbeit im Hinblick auf ihre Qualifizierungsarbeiten benennen als auch die von ihnen skizzierten Lösungsansätze. Einen weiteren Schwerpunkt setzen die Autorinnen mit der dem Beitrag zugrunde liegenden eigenen empirischen Studie (▶ Kap. 14).

Nantke Schmidt und Anja Schäfer führen in die Grundlagen der empirischen Sozialforschung ein. Ihr Beitrag unterstreicht die Relevanz einer wissenschaftlichen Methodenausbildung im Studium Soziale Arbeit (▶ Kap. 15).

Teil E: Studentische Qualifizierungsarbeiten aus Sicht der Betreuenden: Berichte aus dem Studienalltag

Die Autorinnen des Beitrags »Von Rollenkonflikten, Unsicherheiten und Kriterien: qualitativ-empirische Abschlussarbeiten (begleiten und) bewerten«, Nicole Weydmann und Kirsten Witte, befassen sich mit der Perspektive der Lehrenden auf die von ihnen zu begutachtenden Abschlussarbeiten der Student:innen in Studiengängen der Sozialen Arbeit. Der Beitrag basiert auf einem Fachgespräch, dass die Autorinnen mit einer Absolventin eines Dualen Ausbildungsgangs der Sozialen Arbeit geführt haben (▶ Kap. 16). Wie ›funktioniert‹ Betreuung einer Abschlussarbeit? Was sind Maßstäbe und Kriterien der Bewertung? Wie werden sie vermittelt, wie rezipiert?

Katrin Keller und Kim Moskopp veranschaulichen Bewertungskriterien einer wissenschaftlichen Abschlussarbeit am Beispiel der Forschungsfrage. Sie zeigen die zentrale Bedeutung der Fragestellung für die Struktur und Konsistenz der Arbeit auf, gleichzeitig leistet ihr Beitrag konkrete Hilfestellung für die Entwicklung der untersuchungsleitenden Fragestellung in wissenschaftlichen Arbeiten der Sozialen Arbeit (▶ Kap. 17).

Stefanie Vogt und Melanie Werner stellen sich in ihrem Beitrag die Frage, was eine gute von einer sehr guten Abschlussarbeit unterscheidet und geben damit anhand des Beispiels »Leitfadeninterview« einen Einblick in Bewertungskriterien (▶ Kap. 18). Welche Rolle spielen Reflexion und Stringenz?

> Wir danken allen Autor:innen für ihre Beiträge. Unsere Hoffnung ist, Student:innen der Sozialen Arbeit zu helfen. Ihnen Inspiration und Ermutigung zu sein, ist unsere Absicht.
>
> Wenn Sie als Leser:in unseres Buches Feedback an uns geben wollen, so nutzen Sie am besten folgende E-Mail-Adressen:
> hartmut.reinke@fom.de und moussadieng@web.de

Teil A: Grundlagen wissenschaftlichen Arbeitens in der Sozialen Arbeit

2 Wissenschaft und Bauchgefühl: Warum Soziale Arbeit den Theorie-Praxis-Dualismus überwinden muss

Blanca Homma

2.1 Die Kluft zwischen Theorie und Praxis

»Wozu brauche ich Wissenschaft, wenn ich Sozialarbeiterin oder Sozialarbeiter werden will?«, so oder so ähnlich, gesprochen mit einem klagenden Unterton, äußern sich Studierende nicht selten mit einem Blick auf ihren Semesterplan. Und diese Kritik können sie oft gut begründen – im Praktikum sei doch auch nicht geforscht worden. »Nach dem Studium brauchst du das nie wieder«, lautet dort nicht selten die Devise. Eine auf den ersten Blick unscheinbare und lapidare Bemerkung – doch in der weiten Verbreitung[1] dieser und ähnlicher Äußerungen zeigt sich, dass sich weit mehr dahinter verbirgt: Die Kritik an einem tiefen, scheinbar unüberbrückbaren Graben zwischen Theorie und Praxis der Sozialen Arbeit.

Und das Klagen vieler Studierender hat noch einen weiteren Grund: Zu vielen in der Praxis auftretenden Problemen existieren nur wenige wissenschaftliche Erkenntnisse, denn das Schaffen von Wissen ist aufwendig. Unter Beachtung wissenschaftlicher Gütekriterien Daten zu erheben und auszuwerten, ist in aller Regel ein zeit- und arbeitsintensiver Prozess. Insbesondere bei schnellen und unvorhergesehenen Entwicklungen hinkt die Wissenschaft daher der Realität hinterher (Greiffenhagen/Neller 2005, 11). In der sozialpädagogischen Praxis dagegen besteht nicht selten ob der Krisensituationen der Adressat:innen Handlungsdruck – wie ist das miteinander vereinbar?

Obwohl Theorie und Praxis heute häufig in einem Atemzug genannt werden, ist, wie Niklas Luhmann herausgearbeitet hat, die Frage nach der Verbindung zwischen Theorie und Praxis erst im 19. Jahrhundert aufgekommen. Zuvor wurden Theorie und Praxis als nebeneinander und unabhängig voneinander existierende Gegenstände wahrgenommen (Luhmann 2000, 473). Auch im Fachdiskurs der Sozialen Arbeit wird das Verhältnis diskutiert (Fretschner 2018, 283). Unterschieden wird in diesem Zusammenhang zwischen sozialpädagogischer *Disziplin* und *Profession* –

---

1 In einer Studie an der Universität Fulda wurden von 2001 bis 2002 insgesamt 213 Personen, die ihr Berufspraktikum im Feld der Sozialen Arbeit absolvierten, zu ihrem Berufseinstieg und dem Theorie-Praxis-Transfer befragt. Dabei gaben 70% der Befragten an, »dass die Theorieausbildung insgesamt als ›nützliches Handwerkszeug‹ empfunden wird« (Seifert/Fitzner 2004, 46), was Seifert und Fitzner als Erfolg werten. Auf die Frage, »[o]b ein Teil der anfallenden Aufgaben in dem sozialpädagogischen Alltag auch ohne einen fachtheoretischen Hintergrund gelöst werden könnte« (ebd., 45), antworteten 53% der Befragten mit »Ja« (ebd.).

während die Disziplin Wissenschaft und Theoriebildung[2] umfasst, bezieht sich Profession auf die praktische Umsetzung und das Handeln im Feld[3] (Birgmeier/Mührel 2011, 56f.). Der Vorwurf aus der Praxis lautet, die Hochschulen seien *wirklichkeitsfremd*, beschäftigen sich mit wenig zugänglichen, theoretischen Konstrukten ohne praktischen Mehrwert (Pantuček/Posch 2009, 16; Höyng 2009, 39). Dort hingegen wird die Abkehr von der Theorie mitunter als eine unprofessionelle Haltung verstanden, die sich auf Alltagswissen statt auf fundiertes Fachwissen beruft. Posch kritisiert diese beidseitige Abkehr:

> »Ich halte die nach wie vor weit verbreiteten Aussagen von PraktikerInnen ›Ich brauche keine Theorie, ich verlasse mich auf meine Erfahrung und mein Gefühl‹ für ebenso schädlich, wie professorale Kritik an der Arbeit der PraktikerInnen, die sie selbst nie oder nur sehr rudimentär kennen gelernt haben« (Posch in Pantuček/Posch 2009, 18).

Die Frage danach, wozu Soziale Arbeit überhaupt Theorie braucht, führt unweigerlich zu der Frage nach der Professionalität Sozialer Arbeit. Wenn wir unter Sozialer Arbeit das bloße »Zurechtkommen mit den beruflichen Anforderungen des Alltags« (ebd., 16) bezeichnen, dann genügen möglicherweise Alltagstheorien, um die Ansprüche zu erfüllen. In aller Regel verstehen wir aber unter Sozialer Arbeit mehr als das, nämlich ein planvolles und konzeptbasiertes Handeln, das Maßstäben von Qualität und fachlichen Standards entspricht (ebd.): »Wissenschaftlich orientiertes bzw. basiertes professionelles Handeln ist […] *begründbar, nachvollziehbar, überprüfbar* und somit auch *kritisierbar*« (Zierer 2009, 66; Herv. i. O.). Zwar prägen unseren Blick auf die Welt subjektive *Gewissheiten* (ebd.) – Glaube und Meinungen, die sich auf Grundlage unserer Erfahrungen bilden. Doch der einzige Weg zur Generierung »als gesichert erachteten Wissens« ist per Definition die *Wissenschaft* (Birgmeier/Mührel 2011, 13; Adorno 2003, 481). Bereits aufgrund dieses Umstands kann eine Ablehnung wissenschaftlicher Erkenntnis nicht der Anspruch Sozialer Arbeit sein (Hanses 2012, 189). Der Kernunterschied zwischen Professionellen und Laien ist somit die theoretische Fundierung des Handelns[4] (Zierer 2009, 66). Es könnte also geschlussfolgert werden, dass zwar Praxis als solche keine Theorie braucht, *gute* Praxis jedoch theoretisch fundiert ist.

Ähnlich verhält es sich im Umkehrschluss (Luhmann 2000, 473): Dass eine Theorie als solche ohne praktische Anwendung existieren kann, sei unbestritten. Insbesondere in Grundlagenwissenschaften haben Forschungsergebnisse und Theorien häufig keinen offensichtlichen praktischen Mehrwert, vielmehr wird dem Wissen als solchem – unabhängig von seiner Anwendbarkeit – ein inhärenter Wert

---

2 Der Begriff der Theorie wird im Kontext der Differenzierung von Theorie und Praxis teilweise pauschalierend für all das verwendet, was in Universitäten und Hochschulen passiert: wissenschaftliche Forschung, Theoriebildung und Lehre. Dabei ist auch das Verhältnis dieser Begriffe untereinander komplex: Theorie kann sowohl Voraussetzung als auch Resultat wissenschaftlicher Forschung sein (Adorno 2003, 486).

3 Obwohl diese Unterscheidung im Fachdiskurs durchaus üblich ist, kritisiert Thole, dass Profession und Disziplin jeweils mehr umfassen als Theorie und Praxis. Er regt an, »diese einfache Parallelisierung zu ergänzen und partiell zu revidieren« (Thole 2012, 21).

4 Mit Blick in die Geschichte Sozialer Arbeit, die aus der Arbeit von Laien entstand und heute einen akademischen Abschluss erfordert, wird der Prozess dieser Veränderung als Professionalisierung verstanden (Fretschner 2018, 285).

zugesprochen (Vorlaufer 2009, 32). Der Sozialarbeitswissenschaft wird dagegen vielfach nachgesagt, eine *praxisbezogene* Wissenschaft (Pantuček/Posch 2009, 17) zu sein, daher auch die Verortung des Studiengangs an Fachhochschulen:

> »Die Studiengänge zeichnen sich durch einen hohen Praxisbezug im Rahmen von Praktika, Praxisanleitung und Supervision, Handlungsfeldern, Organisation, Methodenlehre aus« (Riegler/Hojink/Posch 2009, 11).

In einer praxisbezogenen Wissenschaft gehört *Technologiefähigkeit*, also die Anwendbarkeit des gewonnenen Wissens, zu den Gütekriterien von Forschung[5] (Breuer/Reichertz 2001, 21). Theorie braucht keine Praxis – die Güte einer Theorie wird jedoch (u. a.) über ihren Praxisbezug definiert.

In diesem Konstrukt des beidseitigen Zusammenhangs gibt es also zum einen die praktisch Sozialarbeitenden. In ihrer beruflichen Praxis handeln sie theoretisch fundiert, wodurch ihnen theoretische Lücken auffallen. Diese wiederum werden in der Sozialarbeitswissenschaft beforscht, sodass praxisrelevante Theorien und Ergebnisse in Form von Fachliteratur zur Verfügung gestellt werden kann, die das theoretische Fundament der praktisch Arbeitenden bildet (Pantuček/Posch 2009, 17).

Ein scheinbar einfaches Konstrukt – wo sind also die Brüche in diesem zirkulären Modell?

2.2 Theorie-Praxis-Transfer als Kernproblem

Die Abgrenzung zwischen Theorie und Praxis scheint einfach, ist jedoch oft zu kurz gedacht (Treptow 2016, 15 f.): Bereits Kant stellte fest, dass Theorie und Praxis nicht als disjunkt betrachtet werden können, sondern »[d]aß zwischen der Theorie und der Praxis noch ein Mittelglied der Verknüpfung und des Übergangs von der einen zur anderen erfordert werde« (Kant 1992, 3). Versuche, diese Verknüpfung vorzunehmen, werden im Studium häufig »Theorie-Praxis-Transfer« genannt, Studie-

---

[5] Der Anspruch von Technologiefähigkeit als Qualitätskriterium wissenschaftlicher Forschung ist im wissenschaftlichen Diskurs umstritten. Zwar kann sie als Grundlage dafür gesehen werden, dass eine Wissenschaft als praxisbezogene Handlungswissenschaft bezeichnet werden kann; gleichzeitig wird jedoch argumentiert, dass der praktische Wert von Wissen teils erst nach umfangreicher Forschung erkannt werden kann und der Zwang zur Technologiefähigkeit eine Einschränkung wissenschaftlichen Fortschritts beinhalte. Anwendbarkeit und Praxisbezug werden also häufig zu kurzfristig gedacht (Breuer/Reichertz 2001, 22). Dewe kritisiert in diesem Zusammenhang: »Verkannt wird allzu häufig, dass wissenschaftliches Wissen seine eigene Praxisrelevanz gar nicht in der Hand hat« (Dewe 2009, 49). Zugleich gilt die wissenschaftliche Freiheit in mehrfacher Hinsicht als eine der wichtigsten Errungenschaften (Breuer/Reichertz 2001, 22).

rende lernen hier häufig in Begleitmodulen von Praktika, praktische Erfahrungen in einen theoretischen Kontext einzuordnen. Dewe kritisiert, dass dieser Transfer häufig die naive Erwartungshaltung beinhalte, dass theoretisches und praktisches Wissen wie Zahnräder ineinandergreifen. Tatsächlich sei die berufliche Realität so komplex, dass sie niemals in ihrer Gänze wissenschaftlich erfassbar wäre (Dewe 2009, 48 f.). Das ist u. a. darauf zurückzuführen, dass Inhalte, die im Studium vermittelt werden – so praxisnah und anwendungsorientiert sie auch sein mögen – einen Anspruch an Allgemeingültigkeit erfüllen müssen und somit immer ein gewisses Abstraktionsniveau haben (und somit der Definition von Theorie entsprechen; Kant 1992, 3) oder, wie May es formuliert:

> »Masterstudiengänge Sozialer Arbeit, gerade wenn sie allgemein angelegt sind, vermögen nur vergleichsweise allgemeine, aber keine spezifischen Berufs- und Leitungskompetenzen vermitteln. Dies könnte vielleicht tatsächlich ein erfahrener Praktiker besser. Was ist aber das möglicherweise hoch spezialisierte Erfahrungswissen, das dieser weitergeben könnte, noch wert, wenn sich das Aufgabengebiet oder die Struktur verändert? Und vielleicht wäre vieles, was für seine Position im Amt stimmig ist, schon für eine vergleichbare Stelle im Amt einer anderen Stadt daneben« (May 2010, 17).

Wissenschaftliches Wissen ist somit nicht dazu geeignet, als direkte Handlungsgrundlage zu dienen, vielmehr bedarf es der Kompetenz, dieses Wissen in den praktischen Arbeitskontext einzubringen. Der Transfer zwischen Theorie und Praxis ist also keineswegs die sprichwörtliche Kirsche auf dem Sahnehäubchen – vielmehr ist das ›und‹ das Kernproblem bei der »Frage nach dem Verhältnis von Theorie ›und‹ Praxis« (Vorlaufer 2009, 33).

Dass Theorien häufig als *praxisfern* bezeichnet werden, hängt möglicherweise auch damit zusammen, dass allzu oft verkannt wird, dass Theorie längst nicht nur in Hochschulen entsteht (Pantuček/Posch 2009, 17). Pantuček betont, dass die klare Trennung von Theorie und Praxis wie in diesem Konstrukt nicht der Realität entspreche. Vielmehr beinhalte Forschung eben auch Praxis (Stichwort »Forschendes Lernen«) und andersherum entstehen auch in der Praxis Theorien (ebd., 18). Die trennscharfe Differenzierung von Theorie und Praxis wird somit bei näherem Hinsehen immer problematischer – wenngleich in Hochschule und Praxis jeweils andere praktische und theoretische Maßstäbe und Schwerpunkte angesetzt werden (ebd., 18 ff.).

2.3 Wo Theorie und Praxis sich treffen

In einem ursprünglichen Begriffsverständnis ist Praxis eine »reine Bewegung und bloße Tätigkeit (energeia), die nicht auf die Herstellung eines Produkts zielt und aufgrund von Klugheit (phronesis) des Handelnden gelingt« (Liebsch 2016, 292). Praxis bezeichnet darin das reine Handeln, alle darin enthaltenen Wissensanteile sind bereits Theorie (Göppner 2017, 19) – schon anhand dessen wird deutlich, wie stark unser heutiges Verständnis von Praxis durch Theorie gespickt ist. Fernab wissenschaftlicher Maßstäbe gehört es zur professionellen Praxis, »[s]ich der Welt fragend zu nähern, einen forschenden Habitus zu entwickeln« (Werner/Vogt/Scheithauer 2017, 10) und somit auch theoretisch zu arbeiten:

> »Jeder Fall ist (auch) ein Forschungsprojekt, wirft die Frage nach dem, was ist, auf. […] Sie streben – fallbezogen – nach Erkenntnis. […] Jedoch benötigt es auch für das Entdecken der ›kleinen‹ Wahrheiten Werkzeuge. Teils sind das Forschungswerkzeuge, das Handwerk des Ordnens von Daten, der kritischen Überprüfung der eigenen Wahrnehmung. Teils sind es ›Theorien‹, also formulierte Vorstellungen von Zusammenhängen« (Pantuček/Posch 2009, 23).

Dabei können sowohl bestehende Theorien angewandt werden als auch Alltagstheorien entstehen, die als Grundlage dafür dienen, wie eine Situation beurteilt wird (ebd., 17). Eine solche Alltagstheorie ist nicht vergleichbar mit den fachlichen Theorien wie Thierschs Lebensweltorientierung, sondern kann auch etwas sein, wie ›Max konnte sich heute besonders gut regulieren, es tut ihm gut, neben Lisa zu sitzen‹ (May 2010, 22). Zwar müssen diese Alltagstheorien kritisch reflektiert werden, denn sie sind in aller Regel verhältnismäßig stark subjektiv geprägt und wenig fundiert (Crain 2012, 41), doch anhand dessen wird bereits deutlich, dass die Kluft zwischen Theorie und Praxis gar nicht so groß ist, wie sie manchmal scheint.

Schauen wir uns zu diesem Zweck folgendes fiktives Beispiel an:

> Frau E. arbeitet als Schulsozialarbeiterin an einer Grundschule. Montagmorgen betritt sie ihr Büro noch bevor die ersten Schüler:innen eingetroffen sind, fährt ihren Computer hoch und beantwortet ihre E-Mails. Als die ersten Schüler:innen eintreffen, geht Frau E. zum Schultor und begrüßt Kinder und Eltern. Während die Kinder in das Gebäude strömen, kommt ein Vater auf Frau E. zu, der sie bisher nur vom Sehen kennt. Sein Sohn habe Probleme damit, sich nach der Schule sinnvoll zu beschäftigen. Spontan ergibt sich ein Beratungsgespräch, in dem Frau E. dem Vater wohnortnahe Sport- und Kreativangebote vorschlägt.
> Anschließend gestaltet Frau E. eine Stunde »Soziales Kompetenztraining«. Da es in der Vergangenheit auf dem Schulhof immer wieder zu Rangeleien gekommen war, übt sie mit den Kindern gewaltfreie Kommunikation, Emotionsregulation und alternative Verhaltensstrategien. In der dritten Stunde kommt Lisa zu einem Beratungsgespräch in das Büro der Schulsozialarbeit. Seit der Trennung ihrer Eltern sucht Lisa intensiven Kontakt zu ihr. Während Frau E. und Lisa gemeinsam Sorgenpüppchen knüpfen, erzählt Lisa von ihrer Situation zuhause. Anschließend dokumentiert Frau E. den Fall in ihrer Akte und denkt darüber nach, wie sie Lisa am besten unterstützen kann.
> In den Schulferien hatte Frau E. ein Projekt zur Stärkung der Medienkompetenz angeboten, wofür sie Fördermittel beantragt und erhalten hatte. Voraussetzung für die erneute Finanzierung eines solchen Projekts ist neben dem bereits eingereichten Konzept eine Projektevaluation. Hierfür hat Frau E. die geübte Medienkompetenz genutzt und die Kinder Online-Fragebögen ausfüllen lassen. Diese wertet Frau E. nun aus.
> Anschließend fährt Frau E. zu einem Außentermin in der Nachbarschule: Alle Schulsozialarbeiter:innen der Stadt treffen sich bei einem Netzwerktreffen. Dabei

wird hitzig diskutiert, denn demnächst soll eine Vereinbarung mit dem Jugendamt getroffen werden, um das Vorgehen in Fällen von Kindeswohlgefährdungen zu standardisieren. Nachdem ein erster Entwurf verfasst wurde, macht Frau E. Feierabend.

Auch wenn Frau E. ganz klar praktisch arbeitet, bietet ihr Arbeitstag zahlreiche Anknüpfungspunkte zu theoretischen Vorkenntnissen: Lebenswelt- und Sozialraumorientierung, bindungstheoretische und lerntheoretische Annahmen, Wissen aus der Verhaltensforschung, der Resilienzforschung und der Evaluationsforschung – die Liste ließe sich je nach Vorkenntnissen und Perspektive beliebig ergänzen. In welchem Umfang darauf zurückgegriffen wird, kann Frau E. im Rahmen ihres Wissensschatzes danach entscheiden, was ihr für ihre Arbeit hilfreich erscheint. Ohne die Praxis dabei mit Theorie zu ›überladen‹, ist das Zurückgreifen auf theoretische Vorkenntnisse ein Qualitätsmerkmal praktischer Arbeit, denn:

> »Praxis erfordert das Streben nach mehr, nach besserer Praxis. All das ist nicht über bloßes Handeln zu erreichen. Dafür ist Reflexion erforderlich, Kommunikation über die Erfahrungen und über das Nachdenken über das Handeln, die Ziele, die ›Güter‹ und über Vortrefflichkeit. Also all das, was gemeinhin unter ›Theorie‹ verstanden wird« (Pantuček/Posch 2009, 16).

Aus diesem Grund gehört zu einer guten Praxis nicht nur die Anwendung von Theorie – vielmehr ist es auch eine Prüfung der auf dem Reißbrett entworfenen Hypothesen.

In dem Praxisbeispiel wird aber noch ein weiterer Punkt deutlich: Auch im praktischen Berufsalltag werden die Grundlagen wissenschaftlichen Arbeitens benötigt. Insbesondere Bedarfsanalysen und die Überprüfung der Wirksamkeit von Angeboten im Rahmen von Evaluationsforschung gehören zur Praxis zahlreicher sozialpädagogischer Berufe. Das hängt zum einen damit zusammen, dass Bedarfsanalysen und Evaluationen bei Projektfinanzierungen häufig Fördervoraussetzung sind, zum anderen daran, dass diese als Maßstab für die Güte der Arbeit dienen und somit auch im Gesetz verankert sind. Im SGB VIII bspw. ist für verschiedene Bereiche der Jugendhilfe der Einsatz von Evaluationsforschung festgelegt: Der § 22a Abs. 1 sieht u. a. vor, dass der Träger der öffentlichen Jugendhilfe die Arbeit in Kindertageseinrichtungen evaluiert. In § 79a ist im Rahmen von Qualitätsentwicklung festgelegt, dass die Qualität von Jugendhilfeleistungen und anderen Aufgaben regelmäßig zu überprüfen sind. Und auch Bedarfsanalysen sind gemäß § 80 verpflichtend für den Träger der öffentlichen Jugendhilfe. Mit den gesetzlichen Neuerungen des Kinder- und Jugendstärkungsgesetz (KJSG) wurden diese Anforderungen noch verstärkt.

Und das hat einen sehr wichtigen Grund: Der Nachweis über die Wirksamkeit Sozialer Arbeit und die Bedarfe der Adressat:innen ist eine wichtige Grundlage für ihre Finanzierung – denn Förderprogramme werden in aller Regel von politischen Gremien beschlossen. Daher ist wegweisend, dass nicht nur Sozialarbeitende und Adressierte die Relevanz Sozialer Arbeit im Einzelfall sehen, sondern dass diese auch für Gesellschaft[6] und Politik nachvollziehbar werden.

Im Rahmen der Professionalisierungsdebatte ist Weiterentwicklung durch Qualitätsstandards und wissenschaftliche Untersuchungen unumgänglich (Dewe/Otto 2005, 1400; Schneider 2016, 12). Dennoch müssen wir – ob zu unserer Freude oder unserem Leid, ist diskutabel – eine Tatsache einsehen: Es wird nie die ganze Welt wissenschaftlich erforscht sein. Die Komplexität und die Individualität von Voraussetzungen und Auswirkungen sozialpädagogischen Handelns sind selbst unter optimalen Forschungsvoraussetzungen nicht vollends wissenschaftlich erfassbar. Sozialarbeitende sind dementsprechend darauf angewiesen, ihr Handeln mit anderen Wissensschätzen zu fundieren, dazu gehören Übertragungen aus anderem *Wissenschaftswissen, Erfahrungswissen* und *Reflexionswissen*. Im Praxisalltag selbst können all diese Wissensschätze zwar als Fundament dienen, doch letztlich muss eingesehen werden: »Soziale Arbeit funktioniert nicht trivial – also nach einem einfachen, linearen Ursache-Wirkungs-Zusammenhang gemäß dem Muster: Wenn ich A mache, passiert B« (Zierer 2009, 67). Das führt dazu, dass Sozialarbeitende regelmäßig mit Problemen konfrontiert sind, in denen unterschiedliche Handlungsoptionen begründbar und umsetzbar sind, aber da die Wirksamkeit der Optionen nicht antizipiert werden kann (May 2010, 19), auf andere Entscheidungskriterien zurückgegriffen werden muss: Ressourcenaufwand, Risiken, *Bauchgefühl*.

2.4　Fazit: Vereinen von Theorie und Praxis

Quintessenz des Theorie-Praxis-Diskurses ist vor allem eines: Die beidseitige Abkehr von Theorie und Praxis Sozialer Arbeit ist fatal für die Qualität beider[7]. Vorlaufer plädiert daher dafür, Theorie und Praxis »als einen integrativen Prozess zu begreifen« (Vorlaufer 2009, 33). Denn, so stellen Pantuček und Posch fest: »›Theorie‹ und ›Praxis‹ bezeichnen [...] zwei Formen des Umgangs mit einem Gegenstand« (Pantuček/Posch 2009, 16). Mit dieser Feststellung zeigen Pantuček und Posch bildlich die Brücke zwischen Theorie und Praxis: den gemeinsamen Gegenstand mit zwei

---

6　Eine Herausforderung ist in diesem Zusammenhang auch die öffentliche Kommunikation, da Soziale Arbeit üblicherweise insbesondere dann in den öffentlichen Diskurs gerät, wenn Defizite oder Probleme thematisiert werden, sodass das öffentliche Bild der Profession leidet, Beispiele hierfür bietet Polutta (2020, 265).

7　Nicht mit konkretem Bezug zur Sozialen Arbeit sondern deutlich allgemeiner formuliert Luhmann eine Kritik an dieser Haltung: Da die Qualität von Theorie und Praxis nach unterschiedlichen Maßstäben gemessen werde, wodurch stets eine Unabhängigkeit beider notwendig sei. Er schlussfolgert: »Wir müssen uns [...] mit einem ›loose coupling of cognition and action‹ zufrieden geben. Und nicht zuletzt mag genau dies ein praktischer Vorteil sein, wenn man davon auszugehen hat, dass ›loose coupling‹ eine grundlegende Bedingung für Systemstabilität ist« (Luhmann 2000, 474).

verschiedenen Aufträgen, zwei verschiedenen Blickwinkeln. Eine Betrachtung aus rein theoretischer oder rein praktischer Perspektive wäre stets einseitig. Perspektivisch jedoch werde mehr benötigt als diese Brücken als einzelne Berührungspunkte:

> »Erst, wenn die Differenz zwischen Wissen und Können aufgehoben ist – also zwischen dem von Praxisbezug, von Handlungs- und Entscheidungszwang entlasteten Theoretisieren und Forschen einerseits und dem stets situationsbezogenen, fallorientierten und unter hohem Handlungs- und Entscheidungsdruck stehenden professionellen Tun andererseits – kann der akademischen Sozialarbeit (als wissenschaftlicher Disziplin) konsequenterweise die Verpflichtung auferlegt werden, stets praxisnahes, anwendbares Wissen zu produzieren« (Dewe 2009, 49 f.).

Was Dewe damit sagt, ist nichts anderes, als dass Theorie-Praxis-Transfer nicht die Brücke über eine Kluft sein kann, sondern dass vielmehr die Kluft als solche geschlossen werden muss. Das beinhaltet, dass Theorieentwicklung nicht hinter verschlossenen Türen, sondern mitten im Feld stattfindet – dass statt einzelnen Berührungspunkten eine konsequente Verknüpfung stattfindet. Und je nach Begriffsverständnis von Theorie und Praxis ist das längst der Fall: Treptow und Kleve bspw. konstatieren, die Trennung von Theorie und Praxis sei nichts anderes als ein gedankliches Konstrukt, in der Realität seien Theorie und Praxis untrennbar miteinander umwoben (Treptow 2016, 16; Kleve 2006, 16). Die Theorie-Praxis-Frage ist also niemals ein »entweder-oder« – oder, wie Adorno es ausdrückte:

> »Die Legitimation dessen, was wir versuchen, liegt in einer Einheit von Theorie und Praxis, die weder an den freischwebenden Gedanken sich verliert, noch in die befangene Betriebsamkeit abgleitet« (Adorno 2003, 493).

Literatur

Adorno, T. W. (2003): Zur gegenwärtigen Stellung der empirischen Sozialforschung in Deutschland. In: Tiedemann, R. (Hrsg.), Soziologische Schriften I (478–494). Frankfurt a. M.: Suhrkamp.
Birgmeier, B., Mührel, E. (2011): Wissenschaftliche Grundlagen der Sozialen Arbeit. Schwalbach/Ts: Wochenschau.
Breuer, F., Reichertz, J. (2001): Wissenschafts-Kriterien: Eine Moderation. Forum Qualitative Sozialforschung, 2 (3), 1–40.
Crain, F. (2012): Ich geh ins Heim und komme als Einstein heraus. Wiesbaden: Springer VS.
Dewe, B. (2009): Reflexive Professionalität: Maßgabe für Wissenstransfer und Theorie-Praxis-Relationierung im Studium der Sozialarbeit. In: Riegler, A., Hojink, S., Posch, K. (Hrsg.), Soziale Arbeit zwischen Profession und Wissenschaft. Vermittlungsmöglichkeiten in der Fachhochschulausbildung (47–64). Wiesbaden: Springer VS.
Dewe, B., Otto, H.-U. (2005): Profession. In: Otto, H.-U., Thiersch, H. (Hrsg.), Handbuch Sozialarbeit/Sozialpädagogik (1399–1423). München/Basel: Reinhardt.
Fretschner, R. (2018): Das Theorie-Praxis-Verhältnis der Sozialen Arbeit in Studium und Lehre. In: Arnold, P., Griesehop, H. R., Füssenhäuser, C. (Hrsg.), Profilierung Sozialer Arbeit online. Innovative Studienformate und Qualifizierungswege (283–300). Wiesbaden: Springer VS.
Göppner, H.-J. (2017): Damit »Hilfe« Hilfe sein kann. Sozialarbeitswissenschaft als Handlungswissenschaft. Wiesbaden: Springer VS.
Greiffenhagen, S., Neller, K. (2005): Praxis ohne Theorie? Wissenschaftliche Diskurse zum Bund-Länder-Programm »Stadtteile mit besonderem Entwicklungsbedarf – die soziale Stadt«. Wiesbaden: Springer VS.

Hanses, A. (2012): Forschende Praxis als Professionalisierung. Herstellung von Reflexivität durch forschendes Lernen im Studium Sozialer Arbeit. In: Becker-Lenz, R., Busse, S., Ehlert, G., Müller-Hermann, S. (Hrsg.), Professionalität Sozialer Arbeit und Hochschule (187–200). Wiesbaden: Springer VS.

Höyng, S. (2009): Die Vermittlung von Theorie und Praxis. Damals und Heute. Sozial Extra, 33 (1/2), 39–41.

Kant, I. (1992): Über den Gemeinspruch: Das mag in der Theorie richtig sein, taugt aber nicht für die Praxis. Zum ewigen Frieden. Hamburg: Felix Meiner.

Kleve, H. (2006): Die Praxis der Sozialarbeitswissenschaft. Anregungen für die Lehre und Reflexion von Theorien. Sozialmagazin, 31 (5), 14–22.

Liebsch, K. (2016): Theorie und Praxis. In: Scherr, A. (Hrsg.), Soziologische Basics (291–298). Wiesbaden: Springer VS.

Luhmann, N. (2000): Organisation und Entscheidung. Opladen/Wiesbaden: Westdeutscher Verlag.

May, M. (2010): Aktuelle Theoriediskurse Sozialer Arbeit. Eine Einführung. Wiesbaden: Springer VS.

Pantuček, P., Posch, K. (2009): Die Theorie-Praxis-Frage in der Sozialen Arbeit. Eine Einführung in einige ihrer Problemstellungen. In: Riegler, A., Hojink, S., Posch, K. (Hrsg.), Soziale Arbeit zwischen Profession und Wissenschaft. Vermittlungsmöglichkeiten in der Fachhochschulausbildung (15–30). Wiesbaden: Springer VS.

Polutta, A. (2020): Die Bedeutung von Praxis- und Theoriestudium für die Fachlichkeit Sozialer Arbeit. Herausforderungen, Kontroversen und Perspektiven. Sozial Extra, 44 (5), 265–269.

Riegler, A., Hojink, S., Posch, K. (2009): Einleitung. In: Riegler, A., Hojink, S., Posch, K. (Hrsg.), Soziale Arbeit zwischen Profession und Wissenschaft. Vermittlungsmöglichkeiten in der Fachhochschulausbildung (11–14). Wiesbaden: Springer VS.

Schneider, A. (2016): Forschungsperspektiven in der Sozialen Arbeit. Schwalbach/Ts.: Wochenschau.

Seifert, G., Fitzner, T. (2004): Theorie ist ein »nützliches Handwerkszeug«. Sozial Extra, 25 (5), 44–46.

Thole, W. (2012): Die Soziale Arbeit – Praxis, Theorie, Forschung und Ausbildung. Versuch einer Standortbestimmung. In: Thole, W. (Hrsg.), Grundriss Soziale Arbeit (19–70). Wiesbaden: Springer VS.

Treptow, R. (2016): Zur Vermittlung von Theorie und Praxis. Notizen über das Schwierige daran. In: Zipperle, M., Bauer, P., Stauber, B., Treptow, R. (Hrsg.), Vermitteln. Die Aufgabe von Theorie und Praxis Sozialer Arbeit (15–26). Wiesbaden: Springer VS.

Vorlaufer, J. (2009): Wer zaudert, macht sich verdächtig. Marginalien zum Verhältnis von Theorie und Praxis im Kontext von Beschleunigung als geschichtlich-gesellschaftlicher Rahmenbedingung. In: Riegler, A., Hojink, S., Posch, K. (Hrsg.), Soziale Arbeit zwischen Profession und Wissenschaft. Vermittlungsmöglichkeiten in der Fachhochschulausbildung (31–46). Wiesbaden: Springer VS.

Werner, M., Vogt, S., Scheithauer, L. (2017): Wissenschaftliches Arbeiten in der Sozialen Arbeit. Schwalbach/Ts: Wochenschau.

Zierer, B. (2009): Theorie- und erfahrungsgeleitetes Handeln oder: Kann die Praxis der Sozialen Arbeit erlernt werden? In: Riegler, A., Hojink, S., Posch, K. (Hrsg.), Soziale Arbeit zwischen Profession und Wissenschaft. Vermittlungsmöglichkeiten in der Fachhochschulausbildung (65–86). Wiesbaden: Springer VS.

3 Wissenschaftliches Schreiben – Kontroverse Diskurse zur Schriftsprache, zur Verwendung der Ich-, Man- und Wir-Form sowie zum gendergerechten Schreiben

Moussa Dieng

3.1 Einleitung

Beim Verfassen wissenschaftlicher Arbeiten müssen Studierende sich auch mit grundlegenden Fragen zum wissenschaftlichen Schreiben und zum Schreibstil auseinandersetzen: »Was ist Wissenschaftssprache?«, »Was ist ein ›guter‹ wissenschaftlicher Schreibstil?«, »Muss ich meine Arbeit in der Ich-Form oder in der Wir-Form verfassen oder soll ich Umschreibungen (wie der/die Verfasser:in) verwenden?«, »Darf ich das Wort ›man‹ verwenden?«, »Muss ich gendern oder reicht es aus, wenn ich mich auf das generische Maskulinum beschränke?«

Infolge der Tatsache, dass in der Scientific Community nach wie vor keine einheitlich anerkannten Regeln und Verbindlichkeiten existieren, die dabei helfen, diese Fragen eindeutig zu beantworten, sind viele Studierende (vor allem zu Beginn ihres Studiums) verunsichert und suchen nach Halt und Orientierung beim Verfassen ihrer wissenschaftlichen Arbeit. Hinzu kommt, dass auch Lehrende bzw. Betreuer:innen und Gutachter:innen wissenschaftlicher Arbeiten sich nicht immer einig sind, was als ›guter‹ wissenschaftlicher Schreibstil gilt, ob die Ich-, Wir- und/oder Man-Form in wissenschaftlichen Texten legitim sind und ob bzw. in welcher Form gegendert werden soll. Die sorgfältige Lektüre der einschlägigen Literatur zum Thema »Wissenschaftliches Arbeiten« (im Allgemeinen) und zum »Wissenschaftlichen Schreiben« (im Speziellen) stiftet bei vielen Studierenden nur noch mehr Verwirrung, zumal in dieser äußerst widersprüchliche Positionen vertreten und Aussagen hierzu getroffen werden. Der Verfasser des vorliegenden Beitrags versucht hier »ein bisschen Licht ins Dunkle zu bringen«, indem er zunächst skizzenhaft sein Verständnis von Wissenschaftssprache und wissenschaftlichem Schreiben (▶ Kap. 3.2) darlegt und anschließend die kontroversen Diskurse zum Gebrauch bzw. zur Vermeidung der Ich-, Wir- und Man-Form (▶ Kap. 3.3) sowie zum Thema gendergerechte Sprache (▶ Kap. 3.4) in wissenschaftlichen Texten aufgreift. Selbstverständlich können die Themen dabei bloß angerissen und die Diskurse nur skizzenhaft (und vor allem ohne Anspruch auf Vollständigkeit) umrissen werden. Ziel des vorliegenden Beitrags ist es somit ausdrücklich *nicht*, ein vollumfängliches Verständnis davon zu vermitteln, was unter Wissenschaftssprache bzw. wissenschaftlichem Schreiben zu verstehen ist. Vielmehr geht es darum, den Leser:innen exemplarische Impulse für die (Weiter-)Entwicklung ihrer individuellen schriftsprachlichen Ausdrucksfähigkeit zu geben und ihnen Argumente für und gegen bestimmte Stilformen an die Hand zu reichen.

3.2 Wissenschaftssprache und wissenschaftliches Schreiben

Dass die gewählte Sprache auch in wissenschaftlichen Arbeiten die Funktion der Verständigung hat, gilt im Wissenschaftsbetrieb als unbestritten. Doch was heißt wissenschaftliches Schreiben eigentlich und was genau ist unter Wissenschaftssprache zu verstehen? An dieser Stelle bereits ein ernüchterndes (bzw. erfreuliches) Ergebnis: Ein in der Scientific Community einheitlich anerkanntes Verständnis davon, was unter Wissenschaftssprache, was unter wissenschaftlichem Schreiben und was schließlich unter einem ›guten‹ wissenschaftlichen Schreibstil zu verstehen ist, existiert nicht. Nichtsdestotrotz gibt es einige allgemein gültige Grundregeln, die es beim Verfassen wissenschaftlicher Arbeiten zu beachten gilt. Auf die Grundregeln schriftsprachlicher Kommunikation gehen u.a. Bieker und Westerholt (2021, 151–158), Bohl (2008, 49–53), Eco (2010, 183–186), Esselborn-Krumbiegel (2017a), Esselborn-Krumbiegel (2017b, 163–190), Karmasin und Ribing (2016, 37–42), Kühtz (2016), Kornmeier (2016, 171–246), May (2017, 69), Niederhauser (2015, 37–43), Oehlrich (2015, 147–181), Stickel-Wolf und Wolf (2016, 220–229), Theisen (2017, 148–159), Weber (2014, 187–217) und Wytrzens et al. (2017, 123–136) ausführlich ein. Aus diesem Grund wird auf eine gesonderte Darstellung dieser Grundregeln im vorliegenden Beitrag bewusst verzichtet. Ein Verweis auf die genannte Literatur und eine kurze Definition von Wissenschaftssprache und wissenschaftlichem Schreiben sollen an dieser Stelle genügen.

Beim Lesen vieler wissenschaftlicher Publikationen könnte der Eindruck entstehen, dass wissenschaftliche Texte kompliziert, mit möglichst vielen Fachtermini gespickt, verschachtelt, farblos, monoton und langweilig formuliert werden müssen, um den Anforderungen an eine hohe Sprachqualität gerecht zu werden. Dem ist nach Meinung des Verfassers jedoch unbedingt zu widersprechen. Auch wenn es in wissenschaftlichen Texten oft um nüchtern-rationale Sachverhalte (wie z.B. Theorien, Konzepte, Methoden, Forschungsdaten, Forschungsergebnisse etc.) geht, darf wissenschaftliche Sprache durchaus kreativ sein. Sie soll zwar den Fokus auf die Sache nicht verstellen und für Lesende verständlich sein, d.h. allerdings nicht, dass sie deswegen nicht lebendig formuliert sein darf. Es geht schließlich *nicht nur* darum, dass wissenschaftliche Texte eine Verbindung zu Lesenden herstellen. Auch die Verfasser:innen wissenschaftlicher Texte sollten sich im Idealfall (am Ende) mit ihrem Manuskript identifizieren können.

(Wissenschafts-)Sprache und (wissenschaftlicher) Schreibstil gelten Burchardt (1995) zufolge als Ausdrucksformen der menschlichen Persönlichkeit. Vor diesem Hintergrund könne es grundsätzlich als positiv bewertet werden, wenn Verfasser:-

innen wissenschaftlicher Schriftformen sich selbst bzw. die eigene Position nicht hinter emotionslos und unpersönlich formulierten Sätzen verstecken. Stattdessen empfiehlt er, sich in der eigenen Sprache sowie unter Anwendung eigener Stilelemente auszudrücken (Burchardt 1995, 112). Stickel-Wolf und Wolf (2016) merken in diesem Zusammenhang berechtigterweise an, dass aus einem solchen Verständnis resultierende individuelle Kommunikationsformen allerdings in einem Spannungsverhältnis mit dem Selbstverständnis von Wissenschaft stünden, die sich als »rationale Angelegenheit und als Medium zur Entwicklung intersubjektiv überprüfbarer und akzeptierter Erkenntnisse« (Stickel-Wolf/Wolf 2016, 220) verstehe. Angesichts dessen kann wissenschaftliches Schreiben auch nicht vollkommen losgelöst von Grundregeln und Prinzipien der Wissenschaftssprache erfolgen, denn wissenschaftliche Texte sind Sachtexte, deren Stil sich von anderen Textformen deutlich unterscheidet.

> In der oben aufgeführten (Verweis-)Literatur zum Thema herrscht (zumindest weitgehend) Konsens darüber, dass wissenschaftliche Texte leser:innenbezogen, intersubjektiv nachvollziehbar/überprüfbar, leicht verständlich, sprachlich präzise, gedanklich klar bzw. logisch strukturiert, neutral, emotional-distanziert und nüchtern-sachlich verfasst werden müssen. Wenn wissenschaftliche Texte unter Berücksichtigung der genannten Kriterien verfasst werden, tragen sie in jedem Fall zu einem guten Leseverständnis bei. Das heißt konkret, die genannten Kriterien stellen die Grundvoraussetzung dafür dar, dass wissenschaftliche Texte von der Leser:innenschaft (möglichst rasch) verstanden werden. Darüber hinaus ermöglicht deren strikte Befolgung, dass Leser:innen (einzelne Bestandteile) wissenschaftliche(r) Schriften ohne direkte Kommunikation mit deren Verfasser:innen nachvollziehen können.

Soweit erstmal der Konsens. Weniger Einigkeit herrscht im Wissenschaftsbetrieb hingegen in Bezug auf stilistische Themen, wie im Nachfolgenden exemplarisch anhand von zwei kontrovers geführten Diskursen gezeigt wird.

3.3 Die Verwendung der Ich-, Wir- und/oder Man-Form in wissenschaftlichen Arbeiten – legitim oder Zeugnis eines ›schlechten‹ Schreibstils?

Nachdem im Vorangegangenen kurz darauf eingegangen worden ist, was der Verfasser des vorliegenden Beitrags unter Wissenschaftssprache bzw. wissenschaftlichem Schreiben versteht, und auf ausgewählte Literatur zum Thema verwiesen worden ist, steht im nun folgenden Kapitel ein konkretes stilistisches Thema im

Zentrum der Aufmerksamkeit: die Verwendung bzw. Vermeidung der Ich-, Wir- und Man-Form in wissenschaftlichen Arbeiten. Grund dafür, dass dieses Thema einen gesonderten Stellenwert im vorliegenden Beitrag erhält, ist die Tatsache, dass viele Studierende zu Beginn des Schreibens ihrer wissenschaftlichen Arbeit vor der Frage stehen, ob sie ihren wissenschaftlichen Text in der Ich-, Wir- oder Man-Form verfassen sollen/dürfen oder ob es den Gebrauch der ersten Person Singular und Plural zugunsten von Umschreibungen wie »*der/die Verfasser:in*« zu vermeiden gilt.

Ein Blick in die einschlägige Literatur hilft ihnen bei der Beantwortung dieser Frage meist nicht weiter, zumal sich auch in diesem Zusammenhang unzählige Positionen und widersprüchliche Aussagen finden lassen. Denn nach wie vor wird in der Wissenschaftsgemeinschaft kontrovers diskutiert, ob der Gebrauch der Ich-, der Wir- und/oder der Man-Form in wissenschaftlichen Texten legitim ist oder ob deren Gebrauch von einem schlechtem (wissenschaftlichen) Schreibstil zeugt, wie etwa Weber (2014:192) dies in ihrer Publikation zum Thema wissenschaftliches Schreiben behauptet.

Nachfolgend ein kurzer Einblick in den diesbezüglichen Diskurs: Lange Zeit galt das sogenannte »Ich-Verbot« als (einer von vielen) Garant(en) wissenschaftlicher Exaktheit und der Gebrauch des persönlichen »Ich« somit als kontraindiziert. Als Hauptargument wurde vielfach aufgeführt, dass durch die Vermeidung der Ich-, Wir- und Man-Form »die Objektivität und Neutralität als oberste Gebote wissenschaftlichen Arbeitens« (Esselborn-Krumbiegel 2017a, 14) gewahrt würden bzw. dass hierdurch eine sachliche, neutrale und eindeutige Darstellung ermöglicht werde (ebd.). Als weiterer Grund für das »Ich-Verbot« wurde die Behauptung aufgeführt, dass sowohl der Ich- als auch der Wir-Form eine Distanz zum Gegenstand der wissenschaftlichen Arbeit fehle und dass bei deren Gebrauch die Person (anstatt die Sache bzw. der Gegenstand) in den Fokus gerückt werde (Bieker/Westerholt 2021, 156). Linguistische Studien belegen jedoch, dass sich das »Ich-Verbot« insbesondere unter dem Einfluss angloamerikanischer Wissenschaftstexte inzwischen deutlich gelockert hat (vgl. dazu Auer/Basler 2007, 17 ff.). Trotzdem streiten die Gelehrten auch heute noch, wenn es um den Gebrauch bzw. die Vermeidung der Ich-, Wir- und Man-Form geht, wie nachfolgend veranschaulicht wird.

Gegen eine Verwendung der Ich-Form spricht sich z. B. Oehlrich (2015) aus. Dieser ist der Überzeugung, dass deren Gebrauch (ebenso Umschreibungen wie »*meiner Ansicht nach*« bzw. »*m. A. n.*« oder »*meines Erachtens*« bzw. »*m. E.*«) in wissenschaftlichen Arbeiten zu vermeiden sei, sofern beabsichtigt werde, dass diese einem »guten« wissenschaftlichen Schreibstil folgen (Oehlrich 2015, 147). Auch Weber (2014) schreibt, dass »die Ich-Form [...] in den meisten Fällen, abhängig vom Fachbereich und vom Lehrstuhl, nicht gern gesehen« (Weber 2014, 192) werde und empfiehlt stattdessen, von sich selbst als »vom/von der Verfasser:in« zu sprechen, um die eigene Ansicht auszudrücken und zugleich die Ich-Form zu unterlassen (ebd.). Sie weist in diesem Zusammenhang darauf hin, dass es ausreiche, die eigene Meinung darzulegen, weil fehlende Quellenangaben in bestimmten Textpassagen grundsätzlich verdeutlichten, dass es sich bei diesen um geistiges Eigentum handele. Um das auf viele Lesende gestelzt wirkende »nach Auffassung des Verfassers/der Verfasserin« nicht allzu häufig einzusetzen, rät sie weiterhin, Formulierungen wie z. B. »*daraus folgt ...*«, »*daraus ergibt sich ...*« oder »*allerdings ist fraglich, ob ...*« zu verwenden, weil diese die eigene Meinung hinreichend ausdrückten (ebd.). Was den Gebrauch der Wir-Form betrifft, so vertritt Weber (2014) die Auffassung, dass »[d]ie Wir-Form [...] und das häufige Verwenden von Passivierungen [...] und Man-Formulierungen [...] von schlechtem Stil [zeugten]« (ebd.). Gleichzeitig betont sie jedoch, dass sich Letztere nicht ganz vermeiden ließen, bspw. wenn es um die Beschreibung von Prozessen und Vorgängen gehe (Weber 2014, 192). Kornmeier (2016) vertritt hier augenscheinlich eine ähnliche Auffassung wie Weber (2014) und behauptet sogar, dass »weitgehend Einigkeit« in Bezug auf das sogenannte Ich-Verbot herrsche. Folglich empfiehlt auch er, die Verwendung der Ich-Form in wissenschaftlichen Texten gänzlich zu vermeiden, zumal dies seinem Wortlaut nach »aufgesetzt, aufdringlich, ja sogar peinlich [wirke]« (Kornmeier 2016, 245). Er ist davon überzeugt, dass Verfasser:innen wissenschaftlicher Texte »[a]uch das [anonyme] man [...] eher selten verwenden [sollten]« (ebd.). Auch Wytrzens et al. (2017) behaupten ähnlich apodiktisch wie Kornmeier (2016) und Weber (2014), dass es sich beim Ich- und Wir-Tabu um eine (wissenschaftsdisziplinübergreifende) »allgemein gültige Grundregel« handele, die es beim Verfassen wissenschaftlicher Arbeiten zwingend zu beachten gelte. Sie merken hierzu jedoch ergänzend an, dass es Ausnahmen für die Verwendung der ersten Person Singular und Plural gebe. So dürften die Ich- und die Wir-Form etwa im Vorwort verwendet werden, was sich ihren Beschreibungen zufolge aus dem Anspruch der intersubjektiven Nachvollziehbarkeit wissenschaftlicher Arbeiten herleiten ließe (Wytrzens et al. 2017, 123 f.).

Eine deutlich differenziertere Meinung zu dem Thema vertreten Bieker und Westerholt (2021). Sie halten fest, dass sich die Geister hinsichtlich der Verwendung bzw. Vermeidung von Ich-, Wir- und Man-Form schieden und weisen in ihren Darstellungen darauf hin, dass der Gebrauch der Ich-Form vom wissenschaftlichen Kontext abhänge (ebd.). Sie betonen, dass die Umgehung der Ich-Form mit Formulierungen wie »die/der Verfasser:in« auf sie »unpersönlich, distanziert und bürokratisch« (Bieker/Westerholt 2021, 156) wirke. Die Wir-Form wirke für sie hingegen »behäbig und irreführend« (ebd.), insbesondere, wenn nur eine einzige Person die Arbeit verfasst hat. Ihrer Ansicht nach bestehe kein Grund dafür, sachlich begründete eigene Gedanken und Positionen hinter neutralen Formen zu verstecken. Sie ergänzen diesbezüglich, dass Verfasser:innen wissenschaftlicher Arbeiten »[m]it dem ›Ich‹ zeig[t]en [...], dass sie sich ein eigenes Urteil gebildet haben und zu diesem auch ›stehen‹« (ebd.). Sie schlagen vor, die Ich-Form häufiger in der Einleitung und im Schlussteil zu verwenden und den Gebrauch im Hauptteil allerdings eher zurückhaltend zu handhaben. Des Weiteren betonen sie, dass der zu häufige Gebrauch »einen egozentrischen und anmaßenden Eindruck vermitteln [könne]« (ebd., 157) und begründen dies in Anlehnung an Burchardt (2006) damit, dass die Mehrheit der in Studienarbeiten angebrachten Argumente »geborgt« (Burchardt 2006, 123) sei. Außerdem – so Bieker/Westerholt (2021) – »[könne] (d)ie Ich-Form [...] auch dazu verleiten, in einen ›Ich denke-Meinungsstil‹ abzurutschen, bei dem sich weniger die sachliche Analyse als die subjektive Sicht auf den Gegenstand in den Vordergrund schieb[e]« (Bieker/Westerholt 2021, 157).

Auch May (2017), Theisen (2017), Niederhauser (2015) und Bohl (2008) stellen fest, dass die Ich-Form »für die Bekräftigung der eigenen Position [...] zulässig [sei]« (May 2017, 69). Bohl (2008) empfiehlt, die Begriffe nicht allzu inflationär zu verwenden und schlägt vor, dass diese »wichtigen Positionsbeschreibungen und Bewertungen vorbehalten bleiben« (Bohl 2008, 50). In Bezug auf die Verwendung/Vermeidung der Wir-Form hält er fest, dass er diese lediglich in einer kollektiv (d. h. in einer Autor:innengemeinschaft) verfassten Arbeit begründet sehe (ebd.). Auch Niederhauser (2015) vertritt die Position, dass »man […] in einer wissenschaftlichen Arbeit durchaus ich sagen [darf]« (Niederhauser 2015, 43). Er zieht den Gebrauch der Ich-Form sogar ausdrücklich vor und betont in diesem Kontext, dass »[e] […] auf jeden Fall besser [sei], das Pronomen *ich* zu verwenden, als eine verkrampfte Ersatzformulierung zu benutzen« (ebd.; Herv. i. O.). Theisen (2017) hält das Schreiben in der Ich- und Wir-Form in wissenschaftlichen Arbeiten ebenfalls für legitim, wobei er das Schreiben in der Ich-Form dem Schreiben in der Wir-Form gegenüber sogar vorzieht. Wenn es um die Akzentuierung der eigenen (abweichenden) Meinung gehe, so halte er die Bekräftigung der Argumentation durch den Gebrauch der Ich-Form für »angebracht, wenn nicht sogar geboten« (Theisen 2017, 158). Das anonyme »man« gelte es hingegen genauso zu vermeiden wie die Wir-Form (»pluralis majestatis«) (ebd.). Eco (2010) teilt diese Ansicht ausdrücklich *nicht*. Seiner Ansicht nach sei der Gebrauch der Wir-Form auch dann legitim, wenn nur eine Person den Text verfasst hat: »Man sagt ›wir‹, weil man davon ausgeht, daß [!] eine Feststellung von Lesern geteilt werden kann« (Eco 2010, 195). Auch er ist also überzeugt davon, dass die Verwendung von Personalpronomen »der wissenschaftlichen Diskussion nichts von ihrer Objektivität [nehme]« (Eco 2010, 196). Ebenso tolerant stehen Stickel-Wolf und Wolf (2016) der Verwendung der Ich- und Wir-Form gegenüber. Sie lehnen dafür jedoch die ihrer Auffassung nach »nichtsaussagende ›Man-Form‹« ab, weil diese im Gegensatz zur Ich- und Wir-Form nicht klar genug verdeutliche, wer die Aussagen im Text getroffen habe. Als Grund für die Befürwortung der Ich- und Wir-Form führen sie auf, dass die Umgehung durch wiederholte Formulierungen wie »der:die Verfasser:in« bzw. »der:die Autor:in« der »Entwicklung einer vitalen Sprache zuwider[liefe]« (Stickel-Wolf/Wolf 2016, 228). Bohl (2008) teilt diese Ansicht und hebt im Zuge seiner Argumentation hervor, dass der gestelzte Gebrauch »der:die Verfasser:in« auf ihn »künstlich neutral und distanziert [wirke], als ob fremde Gedanken die eigene Feder lenken würden« (ebd., 50 f.).

Ein Blick auf die skizzenhaft nachgezeichneten Diskurse macht deutlich, dass nach wie vor durchaus streitbar ist, ob die Verwendung der Ich-, Wir- und Man-Form oder ein Ausweichen auf Umschreibungen wie »der:die Verfasser:in« bzw. »die:der Autor:in« in wissenschaftlichen Arbeiten gebräuchlich bzw. legitim ist oder ob diese (der besseren Lesbarkeit halber bzw. zur Wahrung der Neutralität und Objektivität wissenschaftlicher Texte) vermieden bzw. umgangen werden sollten. Aufgrund der Tatsache, dass im Hinblick auf diese stilistische Frage immer noch Dissens in der Scientific Community herrscht, empfiehlt es sich, dass Studierende (im Zweifelsfall) diesbezüglich Rücksprache mit Ihren Prüfer:innen bzw. Gutachter:innen halten. Argumente für und wider den Gebrauch dürften nach der aufmerksamen Lektüre des vorangegangenen Kapitels zu genüge vorhanden sein.

3.4 Gendergerechtes Schreiben in wissenschaftlichen Arbeiten

Vor dem Hintergrund der kontroversen Diskurse[1] zum Thema gendergerechtes Schreiben dürfte sich Studierenden spätestens zu Beginn des Schreibens ihrer wissenschaftlichen Arbeit die Frage aufdrängen, ob es ausreicht, die im Text verwendeten Substantive und Personengruppen in generischem Maskulin (z. B. Studenten) zu formulieren oder ob eine gendergerechte Schreibweise (z. B. Student:innen) von Betreuer:innen bzw. Gutachter:innen gewünscht oder sogar gefordert wird. Aufgrund der kontrovers geführten Diskurse könnte die Sichtung einschlägiger Literatur auch in diesem Kontext eher Verwirrung stiften, anstatt Klarheit zu schaffen. Denn mindestens ebenso widersprüchlich wie der Diskurs zu Gebrauch oder Vermeidung der Ich-, Wir- und Man-Form ist die inzwischen seit mehreren Jahrzehnten geführte (akademische) Diskussion, ob es als diskriminierend gewertet werden kann/soll, wenn in wissenschaftlichen Arbeiten männliche Wortformen die inkludierende Norm darstellen. Während Befürworter:innen einer gendergerechten Sprache die Beschränkung auf das generische Maskulinum als »Verabsolutierung des männlichen Geschlechts« (Stickel-Wolf/Wolf 2016, 227) bewerten und in diesem Zusammenhang darauf hinweisen, dass die deutsche Sprache durchaus Möglichkeiten biete, sich gendergerecht auszudrücken, nennen Gegner:innen die (nicht von der Hand zu weisende) entstehende sprachliche Umständlichkeit als Gegenargument. Der Gebrauch einer gendergerechten Sprache in wissenschaftlichen Arbeiten geht sicher aus Sicht vieler Leser:innen zu Lasten der sprachlichen Kompaktheit sowie der Lesbarkeit und Ästhetik wissenschaftlicher Texte.

> Trotz der Tatsache, dass eine gute Lesbarkeit als zentrales Gütekriterium für die Qualität von Wissenschaftssprache steht, dürfen die zahlreichen Argumente, die für die Verwendung einer gendergerechten Sprache sprechen, aus Sicht des Verfassers insbesondere in (wissenschaftlichen Texten) der Sozialen Arbeit nicht außer Acht gelassen werden, zumal diese gemäß ihres professionellen Selbstverständnisses beabsichtigt, Diskriminierungs- und sozialen (d. h. also auch genderspezifischen) Ungleichheitsverhältnissen zu begegnen, Menschenrechte zu verteidigen und Vielfalt zu achten.

Die Argumente und Positionen für (aber auch wider) die Verwendung einer gendergerechten Sprache werden im nun folgenden Unterkapitel dargelegt, indem der diesbezügliche Diskurs skizzenhaft umrissen wird. Begonnen wird in diesem Zusammenhang mit der Darlegung der Position von Bieker und Westerholt (2021), die für eine geschlechtergerechte Sprache plädieren und darauf hinweisen, dass Diskriminierung durch Sprache nicht bloß durch (1) die Verwendung diskriminierender Begriffe und Wendungen, (2) die Zuschreibung von (herabwürdigenden)

---

[1] Samel (2000, 55–86) zeichnet die diesbezügliche Diskussionsgrundlage skizzenhaft nach.

Eigenschaften und (3) diskriminierenden Argumentationen erfolge, sondern dass es sich ebenfalls um eine diskriminierende Sprache handele, wenn »Menschen durch Nicht-Nennung unsichtbar gemacht werden« (Bieker/Westerholt 2021, 157). Angesichts dessen sprechen sie sich dafür aus, »dass Frauen explizit und symmetrisch benannt werden« (ebd., 158) bzw. dass immer beide Geschlechter genannt werden, wenn auch beide Geschlechter gemeint sind, um diese nicht sprachlich zu diskriminieren. Sie vertreten sogar die Ansicht, dass es keineswegs ausreiche, wenn Verfasser:innen wissenschaftlicher Arbeiten etwa am Anfang ihrer Arbeit anmerken, »dass sich aus Gründen der einfachen Lesbarkeit in der vorliegenden Arbeit nur auf das generische Maskulinum beschränkt wird, andere Geschlechter jedoch mitgemeint sind«. Als Grund dafür, warum sie es für wichtig halten, Frauen explizit zu nennen, führen sie also die Tatsache auf, dass Frauen durch den traditionellen Sprachgebrauch (durch Nicht-Nennung) diskriminiert werden (ebd.). Ebenso verweisen sie auf das im Rahmen zahlreicher linguistischer und psychologischer Studien (vgl. dazu ausführlich Auer/Basler 2007, 17–20, Esselborn-Krumbiegel 2017a, 158–162) bewiesene Faktum, »dass Sprache Bewusstsein erzeugt und/oder beeinflusst« (Bieker/Westerholt 2021, 158). Entsprechend empfehlen sie, dass Studierende in wissenschaftlichen Arbeiten möglichst gendergerechte Formulierungen wählen, sofern dies nicht den Empfehlungen bzw. Vorgaben der Betreuer:innen bzw. Gutachter:innen zuwiderlaufe (ebd., 157 f.).

Auch Bohl (2008) positioniert sich in seiner Publikation in Bezug auf das Thema gendergerechte Sprache klar und argumentiert in diesem Zusammenhang ähnlich wie Bieker und Westerholt (2021):

> »Wenn Sprache Bewusstsein erzeugt oder zumindest beeinflusst, dann dürfte man als Pädagoge oder Pädagogin nicht länger den generischen Maskulin verwenden, schließlich folgt Schule einem bildungstheoretisch begründeten Auftrag« (Bohl 2008, 51).

Er spricht sich somit für die Verwendung einer gendergerechten Sprache aus und weist darauf hin, dass die kontroversen Diskurse zum Thema gendergerechtes Schreiben in der Erziehungswissenschaft aufgegriffen worden seien und zu vielfältigen Genderschreibweisen geführt hätten (Bohl 2008, 52). Diese sollen nachfolgend abgebildet und um weitere Gender-Varianten ergänzt werden, um Leser:innen Impulse für das Schreiben ihrer wissenschaftlichen Arbeit zu liefern. Fühlen Sie sich also auch an dieser Stelle eingeladen, eine für Sie (persönlich) geeignete Variante zu finden und verwenden Sie diese im Rahmen Ihrer wissenschaftlichen Arbeit dann aber konsequent und einheitlich. Eine uneinheitliche gendergerechte Schreibweise gilt allgemeinhin als falsch.

Mit Blick auf die unten dargestellten genderegerechten Schreibweisen gibt es logischerweise Befürworter:innen und Gegner:innen. So kann Bohl (2008) schlussendlich zugestimmt werden, wenn dieser schreibt: »Gegen alle Varianten gibt es Einwände, allerdings auf unterschiedlichen Ebenen« (Bohl 2008, 52). Klären Sie daher auch die Frage, ob eine (und wenn ja, welche) gendergerechte Schreibweise aus Sicht Ihrer Prüfer:innen bzw. Gutachter:innen und/oder Ihrer (Fach-)Hochschule gewünscht oder sogar gefordert wird, damit es am Ende nicht zu unnötiger und aufwändiger Nacharbeit kommt.

Groß-I-Schreibung (sog. »Binnen-I«):	StudentInnen
Beidnennung ausgeschrieben:	Studentinnen und Studenten
Beidnennung mit Schrägstrich:	Student/innen
Beidnennung mit Schräg- und Trennstrich:	Student/-innen
Beidnennung mit Doppelpunkt:	Student:innen[2]
Beidnennung mit Sternchen (sog. »Gender*«)	Student*innen[3]
Beidnennung mit Unterstrich (sog. »Gender-Gap«)	Student_innen
Substantiviertes Partizip Präsens:	Lernende
Generisches Femininum:	Studentinnen
Generisches Maskulinum:	Studenten

Im Gegensatz zu Bieker/Westerholt (2021) und Bohl (2008) spricht sich Theisen (2017) (wenn auch nicht explizit) gegen eine gendergerechte Sprache aus. Er erkennt diese zwar als Resultat der »Bemühungen um eine gleichberechtigte Behandlung von Männern und Frauen, .. die zur verbalen Zweigeschlechtlichkeit von Funktionsbezeichnungen geführt [habe]« (Theisen 2017, 159) an. Gleichzeitig betont er jedoch, dass die Verwendung gendergerechter Begriffe und die »zwanghafte Neutralisierung« seiner Auffassung nach »wenig mit erreichter Gleichberechtigung, viel aber mit schlechtem Stil zu tun [hätten]« (ebd.). Seiner Meinung nach seien sogar »Entschuldigungen (z. B. im Vorwort), warum auf genderberücksichtige Begriffe verzichtet wird, unnötig« (ebd.). Oehlrich (2015) hingegen plädiert wiederum für einen Verweis beim ersten Auftreten einer geschlechtsspezifischen Begrifflichkeit (z. B. in einer Klammer oder Fußnote). Für ihn ist es also wichtig, zumindest darauf hinzuweisen, dass die ausschließlich verwendete männliche (oder weibliche) Form ausdrücklich immer beide Geschlechter umfasst.[4] Er verweist in diesem Zusammenhang auf die sogenannte »Political Correctness« und betont, dass diese verlange, dass auch (aber natürlich nicht nur!) im Schriftlichen keine Diskriminierung zugelassen bzw. reproduziert werde. Obwohl er ausdrücklich festhält, dass er das Ziel der geschlechtlichen Gleichstellung unbedingt befürwortet, stellt er fest, dass eine gendergerechte Sprache in wissenschaftlichen Texten teilweise zu unverständlichen Stilblüten führe:

> »Zwar lassen sich durch Anfügung von (Klammer-)Zusätzen, Schrägstrichen oder dem sogenannten Binnen-I beide Geschlechter berücksichtigen (Mitarbeiter*innen oder MitarbeiterInnen), doch sind diese Zusätze nicht nur unschön, sondern im Falle deklinierter

---

2 Die Genderschreibweise »Beidnennung mit Doppelpunkt« wird inzwischen von immer mehr Autor:innen wissenschaftlicher Texte favorisiert, weil sich dieser beim Einsatz computergestützter Lesehilfen für Erblindete am »störungsfreisten« hören lässt.

3 Die Genderschreibweise »Beidnennung mit Sternchen« beabsichtigt, über die duale Nennung männlicher und weiblicher Personen hinauszugehen und auch queere Personen sichtbar zu machen bzw. sämtliche Gendervarianten zu berücksichtigen.

4 Diese Variante wurde Oehlrich (2015, 152) zufolge bereits im römischen Recht (bzw. in den Digesten L 16.1) verwendet. Hier findet sich zu Beginn der explizite Hinweis »*Verbum hoc si ›Quis‹ tam masculos quam feminas complectitur*« (übersetzt: »Der Ausdruck ›jemand‹ umfasst ebenso männliche wie weibliche Personen«).

(gebeugter) Wörter grammatisch kaum möglich (›der Anspruch des/der Mitarbeiter/s(in)‹)« (Oehlrich 2015, 153).

Mit Blick auf die »bessere Lesbarkeit« spricht Oehlrich (2015) sich folglich für die Verwendung einer *geschlechtsneutralen Schreibweise* (z. B. »Studierende« statt Studentinnen und Studenten oder Student:innen) aus (ebd., 152 f.).

Wie bereits erwähnt, sind mit den oben dargelegten Beispielen und argumentativen Skizzen die Diskurse zum Thema gendergerechtes Schreiben natürlich allenfalls angerissen. Die dargelegten Sichtweisen und Positionen sind nur einige von vielen und liefern daher auch bloß einen näherungsweisen Eindruck von den widerstreitenden Meinungen in der Scientific Community. Sie sollen an dieser Stelle allerdings genügen, um Ihnen die Gelegenheit zu geben, sich für oder gegen eine gendergerechte Schreibweise zu entscheiden. Wie entscheiden Sie also?

> **Zum Weiterlesen**
>
> Sollten Sie noch keine Entscheidung treffen können oder weitere Impulse und Inspirationen benötigen, finden Sie im Internet zahlreiche Beispiele und Leitfäden für eine gendergerechte Sprache (z. B. unter: https://geschicktgendern.de/).

3.5 Fazit

Abschließend gilt es festzuhalten, dass es weder *den einen und einzigen* ›guten‹ wissenschaftlichen Schreibstil noch *die eine und einzige* gendergerechte Schreibweise gibt, sondern dass durchaus verschiedene wissenschaftliche Stilformen existieren und ihre Berechtigung haben. Genauso wie die Verwendung oder Vermeidung der Ich-, Wir- und Man-Form in wissenschaftlichen Texten polarisiert auch die Frage nach der Verwendung gendergerechter Formulierungen bzw. die Frage, ob eine gendergerechte Schreibweise in wissenschaftlichen Texten zu vermeiden oder gar unverzichtbar ist. Dies hat zur Folge, dass Sie sich als Studierende für eine der Varianten entscheiden müssen. Im Zuge dieser Entscheidung sind vor allem die entsprechenden Kontexte sowie die fokussierten Adressat:innen (bzw. Leser:innen) zu berücksichtigen. Im Unterschied zu anderen wissenschaftlichen Publikationen, die sich in aller Regel an die gesamte Scientific Community richten, müssen Sie im Rahmen wissenschaftlicher Arbeiten vor allem die Anforderungen von Prüfer:innen bzw. Gutachter:innen berücksichtigen. Sie sind in aller Regel diejenigen, an die Sie Ihren wissenschaftlichen Text adressieren und für die Ihr wissenschaftlicher Text gut lesbar sein sollte. Ein aus Sicht Ihrer Prüfer:innen bzw. Gutachter:innen ›schlechter‹ Schreibstil führt nämlich unweigerlich dazu, dass diese am aufmerksamen Lesen gehindert bzw. durch jeden ›Stilbruch‹ von den Inhalten abgelenkt werden. Damit laufen Sie Gefahr, dass wichtige Inhalte untergehen oder nicht richtig verstanden werden. Mindestens ebenso gut müssen Sie sich allerdings selbst mit dem von Ihnen gewählten Schreibstil identifizieren können, denn schließlich müssen Sie den Text schreiben und im Zuge dessen auch lesen. Sollten Sie und Ihre Prüfer:innen bzw. Gutachter:innen sich uneinig sein, so konnten der vorliegende Beitrag und die darin skizzierten Diskurse Ihnen hoffentlich Argumente für und wider bestimmte Stilformen darbieten und Ihnen schlussendlich Impulse für die Überzeugung Ihrer Prüfer:innen liefern.

> Bei der Entscheidung für und gegen einen bestimmten Schreibstil bzw. eine gendergerechte Schreibweise sollten Sie allerdings Folgendes unbedingt bedenken: Die Wahl der wissenschaftlichen Schreibweise verdeutlicht in jedem Fall nicht bloß ein Bewusstsein für, sondern auch einen reflektierten Umgang mit Sprache in wissenschaftlichen Texten. Ihre Bemühungen, einen guten wissenschaftlichen Text zu formulieren, werden in jedem Fall eine psychologische Wirkung erzielen, denn »stilistische Sorgfalt signalisiert einen sorgfältigen Umgang mit der gestellten Aufgabe« (Stickel-Wolf/Wolf 2016, 222). Nutzen Sie diesen ›Verpackungseffekt‹ möglichst, um die Ihrem wissenschaftlichen Text immanenten Inhalte und Botschaften bestmöglich an Ihre Leser:innen zu bringen.

Literatur

Auer, P., Basler, H. (2007): Der Stil der Wissenschaft. In: Auer, P., Basler, H. (Hrsg.), Reden und Schreiben in der Wissenschaft (17–20). Frankfurt und New York: Campus.
Bieker, R., Westerholt, N. (2021): Soziale Arbeit studieren. Leitfaden für wissenschaftliches Arbeiten und Studienorganisation. Stuttgart: Kohlhammer.
Bohl, Th. (2008): Wissenschaftliches Arbeiten im Studium der Pädagogik. Arbeitsprozesses, Referate, Hausarbeiten, mündliche Prüfungen und mehr ... Weinheim/Basel: Beltz.
Burchardt, M. (2006): Leichter studieren. Wegweiser für effektives wissenschaftliches Arbeiten. Berlin: Berliner Wissenschafts-Verlag.
Eco, U. (2010): Wie man eine wissenschaftliche Abschlußarbeit schreibt. Doktor-, Diplom- und Magisterarbeit in den Geistes- und Sozialwissenschaften. Wien: UTB.
Esselborn-Krumbiegel, H. (2017a): Richtig wissenschaftlich schreiben. Paderborn: Ferdinand Schöningh.
Esselborn-Krumbiegel, H. (2017b): Von der Idee zum Text. Eine Anleitung zum wissenschaftlichen Schreiben. Paderborn: Ferdinand Schöningh.
Gruber, H., Huemer, B., Rheindorf, M. (2009): Wissenschaftliches Schreiben. Ein Praxisbuch für Studierende der Geistes- und Sozialwissenschaften. Wien: UTB.
Kornmeier, M. (2016): Wissenschaftlich schreiben leicht gemacht für Bachelor, Master und Dissertation. Bern: Haupt.
Kühtz, St. (2016): Wissenschaftlich formulieren. Tipps und Textbausteine für Studium und Schule. Paderborn.
May, Y. (2017): Wissenschaftliches Arbeiten. Eine Anleitung zu Techniken und Schriftform. Stuttgart: Reclam.
Niederhauser, J. (2015): Die schriftliche Arbeit. Von der Ideenfindung bis zur fertigen Arbeit. Für Schule, Hochschule und Universität. Berlin: Duden.
Oehlrich, M. (2015): Wissenschaftliches Arbeiten und Schreiben. Schritt für Schritt zur Bachelor- und Masterthesis in den Wirtschaftswissenschaften. Berlin/Heidelberg: Springer Gabler.

Oesterle, M.-J. (2003): Grundlagen wissenschaftlichen Arbeitens. Universität Bremen. Online verfügbar unter http://www.intman.uni-bremen.de/Grundlagen_des_wissenschaftlichen_Arbeitens.pdf, Zugriff am 30.08.2023.

Samel, I. (2008): Einführung in die feministische Sprachwissenschaft. Berlin: Erich Schmidt.

Stickel-Wolf, C., Wolf, J. (2016): Wissenschaftliches Arbeiten und Lerntechniken. Erfolgreich studieren – gewusst wie! Wiesbaden: Springer Gabler.

Theisen, M. R. (2017): Wissenschaftliches Arbeiten. Erfolgreich bei Bachelor- und Masterarbeit. München: Franz Vahlen.

Weber, D. (2014): Die erfolgreiche Abschlussarbeit für Dummies. Das richtige Konzept für ein gutes Ergebnis. Weinheim: Wiley-VCH.

Wytrzens, H. K., Schauppenlehner-Kloyber, E., Sieghardt, M., Gratzer, G. (2017): Wissenschaftliches Arbeiten. Eine Einführung. Wien: Facultas.

Teil B: Über das Schreiben und die Ängste (vor dem leeren Blatt, vor dem Urteil anderer)

4 You'll never walk alone – Wissenschaftliches Arbeiten und Schreiben in Peergroups

Alexander Parchow & Tim Middendorf

4.1 Einleitung

Wir möchten diesen Beitrag mit einer möglicherweise für einige Studierende der Sozialen Arbeit gewagten These beginnen: Wissenschaftliches Arbeiten und Schreiben kann Spaß machen, es ist zudem von hoher Relevanz für die zukünftige sozialarbeiterische Praxis. Vielmehr noch: Wissenschaftliches Arbeiten, dementsprechend u. a. das Selektieren, Sortieren und Systematisieren von verfügbaren literarischen Wissensbeständen zu einem bestimmten Thema, die Fokussierung entlang einer Fragestellung, sowie das pointierte schriftliche oder mündliche Kommunizieren – all dies ist sogar als Teil professionellen sozialarbeiterischen Handelns zu verstehen (vgl. Kolip/Schmidt 2023, 7).

Wer jetzt stutzig müde auflacht, das Buch direkt zuklappen oder diesen Beitrag überspringen möchte, dem sei versichert, dass diese Erkenntnisse bei uns zu Beginn und während unseres zurückliegenden Studiums der Sozialen Arbeit zu ähnlichen Reaktionen geführt hätten. Es stellen sich nun die Fragen nach den dahinterliegenden Gründen und Erklärungsmustern. Ist es der häufig vorkommende Anspruch Studierender der Sozialen Arbeit, vor allem mit methodischen Kompetenzen und spezifischem handlungsfeldbezogenen Wissen auf die sozialarbeiterische Praxis vorbereitet zu werden? Möglicherweise gepaart mit einer oftmals in der Schulbiografie erworbenen Angst vor dem ›richtigen‹ Verfassen theoretischer, wissenschaftlicher Texte, die schon aufgrund ihrer Wissenschaftlichkeit abstrakt, gespickt mit Fremdwörtern und Schachtelsätzen schwer zugänglich und langweilig zu sein haben? Unter diesen Umständen wäre es wenig verwunderlich, dass wissenschaftliches Schreiben oftmals vor allem zu Beginn des Studiums als wenig kreativ und spannend erlebt wird.

> Wir nehmen die Eingangsthese dieses Beitrags wieder auf und fügen hinzu: Wissenschaftliches Arbeiten und Schreiben macht für uns beide vor allem gemeinsam – als Team oder in einer Gruppe – Spaß. Und es macht nicht nur Spaß. Wissenschaftliches Arbeiten und Schreiben im Team oder in der Gruppe ist kreativ und humorvoll, ebenso anstrengend und aufreibend, aber vor allem qualitativ, produktiv und hochwertig.

Vielleicht dachten viele Studierende bislang, dass Schreibprozesse im Studium vor allem allein vollzogen werden (müssen). Dies gelingt einigen Personen leicht, andere stoßen hier auf Probleme und Blockaden. Doch das Verfassen von Texten muss keine quälende Arbeit im stillen Kämmerlein sein. Paradoxerweise wird im Gegensatz zur Praxis der Sozialen Arbeit, in der Fachkräfte zumeist in multiprofessionellen Teams arbeiten oder Entscheidungen teilweise nur im Zusammenwirken mehrerer Fachkräfte getätigt werden dürfen (bspw. Einschätzung von Kindeswohlgefährdung nach § 8a SGB VIII oder Entscheidung über Unterstützung im Hilfeplanverfahren in der Kinder- und Jugendhilfe nach § 36 Abs. 2 SGB VIII), zu wenig auf die unterstützend wirkenden verschiedenen Arten von Schreib- und Arbeitsstrategien im Sinne eines Co-Working während des Studiums und in Studienratgebern sowie Handbüchern hingewiesen.

Mit unserem Beitrag wollen wir dies ändern und die Perspektive für das wissenschaftliche Arbeiten und Schreiben in gewinnbringenden Peergroups öffnen. Wir setzen uns deshalb mit der Frage auseinander, inwieweit verschiedene gemeinschaftlich ausgerichtete Schreibstrategien wie etwa Schreibtandems, selbstorganisierte reflexive Schreib- und Arbeitsgruppen oder andere Peergroupangebote dabei behilflich sein können, dass Studierende der Sozialen Arbeit die eigenen Gedanken selbstbewusst und wissenschaftlich reflektiert aufschreiben können.

Der Beitrag gliedert sich daher wie folgt: Im folgenden Kapitel werden die Herausforderungen des wissenschaftlichen Schreibens im Studium der Sozialen Arbeit aufgezeigt (▶ Kap. 4.2). Das dritte Kapitel beinhaltet die Darstellung klassischer Bewältigungsversuche und Widerstände, die in Bezug auf wissenschaftliches Arbeiten im Studium der Sozialen Arbeit häufig zu beobachten sind (▶ Kap. 4.3). Im vierten Kapitel nehmen wir Konzepte, Strategien und Angebote in den Blick, die wissenschaftliches Schreiben und Arbeiten in Peergroups ermöglichen (▶ Kap. 4.4), um abschließend die Bedeutung und den Nutzen der entsprechenden Angebote im fünften Kapitel zusammenzufassen (▶ Kap. 4.5).

4.2 Das schaffe ich nie – von Herausforderungen des wissenschaftlichen Schreibens

Wie in der Einleitung angedeutet, bringen Schreibprozesse viele Studierende der Sozialen Arbeit vor allem zu Beginn des Studiums in Überforderungssituationen. Sie tauchen von einer schulisch dominierten Bildungssozialisation in den Bereich der Erwachsenenbildung ein und sind konfrontiert mit einer anderen Art des Lernens – eigenverantwortlich und kompetenzorientiert. Es eröffnen sich anders als in der Schule größere individuelle Möglichkeits- und Entfaltungsräume, die in den Kontext eines wissenschaftlichen Hochschulstudiums eingewoben sind. Und dies bereitet vielen Menschen (zumindest anfänglich) Sorge und Angst: Wie kann es schließlich gelingen, wissenschaftlich zu arbeiten und zu schreiben, ohne bislang vertiefend wissenschaftliches Arbeiten und Schreiben erfahren zu haben? Die

Überforderung ist vorprogrammiert und – das sei an dieser Stelle gesagt – äußerst verständlich.

Hinzu kommt, dass die zentrale Motivation der Aufnahme des Studiums der Sozialen Arbeit bei den wenigsten Studierenden, unserer Erfahrung nach, das Verfassen wissenschaftlicher Texte gewesen ist. In unseren Seminarumfragen gibt ein Großteil der Studierenden zu Beginn des Studiums an, mit anderen Menschen arbeiten zu wollen und eine Sinnhaftigkeit in sozialen Tätigkeiten zu sehen – häufig gespickt durch persönlich-biografische Erlebnisse sowie erste praktische Arbeitserfahrungen im sozialen Bereich. Die wissenschaftliche Arbeit wird häufig als notwendiges Beiwerk gesehen, dass irgendwie implementiert scheint und dessen Sinnhaftigkeit auf den ersten Blick nicht unmittelbar zu erkennen ist. Dass die Kompetenz des wissenschaftlichen Arbeitens und Schreibens auch für die Berufspraxis hilfreich und möglicherweise sogar notwendig sein könnte, ist somit nicht direkt zu fassen. Das führt zur größten Herausforderung des wissenschaftlichen Schreibens im Studium der Sozialen Arbeit: der Frage nach der *Motivation*.

Denn es wird etwas verlangt, dass mit Sorge, möglicherweise negativen Assoziationen aus der Schulzeit, Überforderung und fehlender Sinnhaftigkeit verknüpft sein könnte. Die bunte Mischung negativer Zuschreibungen zu wissenschaftlichem Arbeiten und Schreiben können im nächsten Schritt zu Blockaden und Vermeidungstendenzen führen. An dieser Stelle ist an Spaß und Kreativität keinesfalls mehr zu denken. Die Motivation sinkt gewaltig. Dazu gesellt sich eine weitere große Herausforderung wissenschaftlichen Schreibens im Studium der Sozialen Arbeit: die Frage nach dem *eigenen Anspruch*.

Denn im Bereich der Erwachsenenbildung sind die Studierenden in höherem Maß als noch in der Schule für ihre eigenen Lern- und Bildungsprozesse verantwortlich. Sie haben sich bewusst für den entsprechenden Studiengang entschieden und haben oftmals einen hohen Anspruch, das Studium auch entsprechend gut zu gestalten und zu bewältigen. Doch bei geringer Kenntnis über wissenschaftliches Schreiben, bei fehlenden Erfahrungen im Verfassen von eigenen wissenschaftlichen Texten und einer parallelen Anforderung des guten Gelingens an sich selbst ist der Einstieg in wissenschaftliches Schreiben eine sehr große Herausforderung. Doch es stellt sich noch eine weitere Frage: die Frage nach dem *wissenschaftlichen Handwerkszeug*.

Studierende der Sozialen Arbeit stehen vor der Herausforderung, wissenschaftliche Texte zu schreiben, ohne dass wissenschaftliches Arbeiten und Schreiben schon von den Studierenden inkorporiert wurde. Das bedeutet: Die ersten wissenschaftlichen Texte entstehen – trotz wissenschaftlichen Begleit- und Aufbauseminaren – in einer großen Unsicherheit. Zitieren, Literaturverzeichnisse, der Umgang mit eigenen Meinungen und viele weitere Themen – all das beschäftigt Studierende im Erstellungsprozess wissenschaftlicher Arbeiten. Und diesen Unklarheiten wird im wissenschaftlichen (Hochschul-)Kontext in der Regel diskursiv begegnet, denn vieles ist auf unterschiedliche Art und Weise ›richtig‹. Natürlich gibt es grundsätzlich geltende Normen und Gepflogenheiten, jedoch existieren stets Ermessensspielräume der Verfassenden. Diese intersubjektiv nachvollziehbar zu füllen, bei einer gleichzeitigen Unsicherheit über das richtige wissenschaftliche Arbeiten, kann als eine Herkulesaufgabe bezeichnet werden.

Diese exemplarischen, miteinander verflochtenen und sich zum Teil wechselseitig bedingenden Herausforderungen führen bei Studierenden oftmals zu Hemmungen und Schwierigkeiten, sich mit Freude und Kreativität wissenschaftlichem Arbeiten und Schreiben zu öffnen.

4.3 Allein auf weiter Flur – von Bewältigungsversuchen und Widerständen

Die im vorherigen Kapitel exemplarisch ausgebreiteten Herausforderungen des wissenschaftlichen Schreibens lassen einige Studierende zunächst einsam zurück. Zu Beginn der jeweiligen Schreibprojekte stehen mehr Fragen als Antworten, mehr Zweifel als Klarheiten, und viele Entscheidungen sind noch zu treffen. Dabei stehen die Studierenden vor einem hochschulinhärenten Dilemma: Sie schreiben eine eigene wissenschaftliche Arbeit – für sich und (meist leider auch nur) für die Bewertenden. Sie schauen daher sowohl auf passende individuelle Zugangsmöglichkeiten als auch auf die Wünsche der Lehrenden. In diesem Zuge fühlen sie sich oftmals zerrissen, vielleicht sogar ohnmächtig und einsam. Das wissenschaftliche Schreiben wird zu einem Leidensweg.

Aus unseren Erfahrungen mit Studierenden beginnt dieser Weg meist mit einem Gang zur dozierenden Person des Seminars oder zur betreuenden Person der Abschlussarbeit, um Unsicherheiten, Thema und/oder die leitende Fragestellung abzuklären. Dies hilft allerdings nur wenig bei der eigentlichen Schreibarbeit, da die meisten Lehrenden zwar die Formalitäten des Wissenschaftlichen (z. B. die Syntax von Quellenbelegen) klar benennen, aufgrund von akademischer Erwachsenenbildung aber vorrangig bei Fragestellungen zur Seite stehen. Die inhaltliche Verantwortung für die Arbeit obliegt in der Regel den Studierenden.

Nur selten forcieren Studierende gemeinsame Schreibprojekte. Dies liegt vor allem an mangelnden Erfahrungen (aus der Schulzeit) sowie an der erlebten Praxis im Hochschulsystem. Denn sofern die Prüfungsordnung einer Hochschule Gruppenarbeiten überhaupt zulässt, muss in der Arbeit abgegrenzt sein, wer welche Leistung erbracht hat. Insofern sind schriftliche Gruppenarbeiten mit besonderen Herausforderungen verbunden.

> Drastisch ausgesprochen: Das System drängt Studierende beim Schreiben von wissenschaftlichen Texten vorrangig in die Einzelarbeit. Zweifel, Demotivation, Frust, Hemmungen und Blockaden können auftreten – viele fühlen sich allein auf weiter Flur.

Der Einstieg in wissenschaftliche Kreativität und die Entwicklung von Schaffensfreude sind unter diesen Vorzeichen schwer zu erreichen. Doch aus unserer Perspektive gibt es Möglichkeiten der Bewältigung der genannten Herausforderungen und Widerstände. Unsere Antwort lautet: nicht ausschließlich allein, sondern auch gemeinsam. Im folgenden Kapitel konkretisieren wir unseren Vorschlag.

4.4 Gemeinsam schaffen wir das – von gruppenbasierten Schreib- und Arbeitsstrategien

Es ist nicht erforderlich, sich mit schriftlichen Arbeiten und Texten ausschließlich allein zu beschäftigen. Denn wissenschaftliches Arbeiten und Schreiben funktioniert sehr gut in Gruppen, sofern der Gruppenkontext zum individuellen Anliegen passt. Diesbezüglich existieren keine Pauschallösungen, sondern im Einzelfall gilt es, die Bedarfe, Anliegen und Ziele der Beteiligten abzugleichen. In den folgenden Unterkapiteln stellen wir eine individuelle Auswahl an gruppenbasierten Schreib- und Arbeitsstrategien vor, die wir aus eigener Erfahrung als besonders empfehlenswert erachten. Sie reichen von Strategiekategorien bis hin zu konkreten Gruppensettings mit impliziten Arbeits- und Schreibstrategien.

4.4.1 Niedrigschwellige anonyme Strategien

Viele wissenschaftlich arbeitende Personen stellt das Schreiben am gewohnten Arbeitsplatz vor eine Herausforderung. Der Schreibtisch zu Hause oder das Büro an der Arbeitsstelle sind häufig mit anderweitigen, teils hemmenden Erlebnissen und Erfahrungen verknüpft. Nicht zuletzt durch die langen Homeofficephasen infolge von Lockdowns zu Zeiten der Hochphase der Corona-Pandemie, in denen das plötzliche Alleinsein für viele Menschen schwer auszuhalten war, erhöht sich die Abwehr gegen den eigenen Schreibtisch, das einsame Büro und das Alleinsein in der eigenen Wohnung.

Eine besondere Chance bietet deshalb der Gang in die ortsansässige und hochschulzugehörige Bibliothek, in der in der Regel eine Vielzahl an Arbeitsplätzen vorhanden ist. Hier existiert nicht nur ein direkter Zugang zu Literatur und Onlineangeboten, vorzufinden sind auch andere Menschen in ganz ähnlichen Situationen. Viele Studierende nutzen die Bibliothek zur Vorbereitung auf eine Prüfung oder für das wissenschaftliche Schreiben einer Hausarbeit oder einer Abschlussarbeit. Es ist in diesem Zusammenhang eine stille und zumeist anonyme Vergemeinschaftung zu beobachten, die Abwehr und Hemmungen gegen das Schreiben sowie Prokrastinationsverhalten auflöst. Der amerikanische Psychologe Paul J. Silvia erinnert in diesem Zusammenhang an frühkindliche Erfahrungen von Menschen: Denn schon kleine Kinder spielen teilweise parallel für sich, indem sie in ihr eigenes Spiel vertieft sind und zeitgleich die Anwesenheit der anderen Kinder schätzen (vgl.

Silvia 2019, 54). Ein vergleichbares Setting stellt das Co-Working in einer Bibliothek dar.

Eine Alternative zur Bibliothek, ebenfalls anonym, jedoch etwas lebendiger, stellt der Gang in ein Café dar. Die emotionalen Erinnerungen an Zeiten in Cafés sind für viele Menschen positiv besetzt, es steht häufig die Gemütlichkeit im Vordergrund. Ansprechende Räumlichkeiten, bequeme und zum Teil vielfältige Sitzmöglichkeiten, Getränke und Snacks gepaart mit hintergründiger Betriebsamkeit des öffentlichen Raums, Geschirrgeklapper, leise Unterhaltungen, Musik und vielleicht sogar andere Arbeitende: In diesem Setting kommt zur anonymen Vergemeinschaftung noch eine entspannende Komponente hinzu, die kreativitätsfördernd wirken und Leichtigkeit und Spaß an der wissenschaftlichen Arbeit bringen kann.

Die niedrigschwelligen anonymen Strategien verbindet demnach, dass sich die Schreibenden in belebte Kontexte begeben, in denen sie zwar anonym für sich arbeiten können, sich jedoch nicht allein fühlen. Dabei erscheint es besonders gewinnbringend, das gewohnte Arbeitsumfeld bewusst zu verlassen und sich in eine emotional positiv besetzte Situation zu begeben. Das kann durch ein Gefühl der Gemeinsamkeit (entweder Gleichgesinnte in der Bibliothek oder andere Menschen im Café) hergestellt werden.

4.4.2 Spezielle Peergroup-Angebote

Für einige Menschen sind die aufgeführten niedrigschwelligen anonymen Strategien nicht jederzeit passend, sodass durch einen Wechsel des Schreiborts und des Umfelds keine signifikante Verbesserung des Schreib- und Arbeitsprozesses erreicht werden kann. In diesen Fällen wird der Schreibprozess durch eigene Blockaden behindert und die Hürde des Schreibens erscheint oft schier unüberwindbar. Oft bleibt das weiße Blatt weiß oder die Tastatur unbenutzt.

Damit vorrangig Studierende gewissermaßen wieder in den Schreibflow kommen, unterstützen manche Hochschulen und Fachbereiche durch Programme unter der Bezeichnung wie etwa »Die lange Nacht des Schreibens« die Überwindung von Widerständen gegen das Verfassen wissenschaftlicher Texte. Solche Angebote sind häufig kostenlos und werden in regelmäßigen Abständen ein oder mehrmals im Semester angeboten. Dabei hat eine lange Nacht des Schreibens meist den Charakter eines kurzen Workshops, indem nicht nur ein Ort zum Arbeiten geboten wird, sondern das Schreiben in einer Gruppe zeitlich gerahmt und durch kurze Inputs, wie etwa Tipps zur Literaturrecherche, Entspannungstechniken oder Schreibübungen durch eine oder mehrere moderierende Personen begleitet wird. Diese Hochschulangebote sind von kurzer Dauer und zwischen den einzelnen Treffen vergeht viel Zeit. Daher schaffen sie Anreize, den Schreibprozess zu (re-)aktivieren und die Beteiligten auf das eigenverantwortliche Weiterschreiben vorzubereiten.

Eine intensivere Zusammenarbeit bieten spezielle Schreibseminare. Sie schaffen eine Möglichkeit, unter Gleichgesinnten in einer Gruppe über einen längeren Zeitraum am Stück zu arbeiten. Es werden Schreibseminare in unterschiedlichen Variationen im Umfang von einer Woche, einem langen Wochenende, an einem speziellen Ort wie einem Kurhotel oder einem Kloster angeboten. Begleitet werden diese Seminare durch Schreibtrainer:innen, eingebettet in ein Rahmenprogramm, in dem Entspannungs- und Ruhezeiten sowie konzentrierte Arbeitsphasen enthalten sind. Oftmals ist zudem für Verpflegung gesorgt, sodass Studierende sich gemeinsam als Gruppe ganz auf das wissenschaftliche Arbeiten fokussieren können. Allerdings sind solche Angebote mit Kosten verbunden, die aber gut investiert sein können, um bei Schreibhürden wieder in einen Arbeitsprozess zu gelangen.

Eine noch intensivere Unterstützung – ehrlicherweise auch mit höheren Kosten verbunden – bieten intensive Schreibcoachings in Gruppen. Diese speziellen Angebote werden durch (Schreib-)Coaches geleitet, die durch verschiedene Techniken und Reflexionsmethoden insbesondere dabei behilflich sind, Blockaden aufzubrechen, Motivation zu schöpfen und sich mit eigenen Ängsten und Widerständen auseinanderzusetzen. In diesem Zusammenhang spielt die Gruppe als Reflexionsort eine zentrale Rolle, um nicht ausschließlich gemeinsam zu schreiben, sondern sich zudem gegenseitig über den Prozess des Schreibens auszutauschen. Auf diese Weise werden eigene Ressourcen (wieder-)entdeckt und gestärkt, sodass die Teilnehmenden für eigene Schreibprozesse gestärkt werden. Die Coachings ziehen sich zumeist über mehrere Wochen und beinhalten regelmäßige Austauschtreffen sowie individuelle Beratung als zusätzliches Angebot. Die Peergrouparbeit wird somit um intensive Einzelarbeit ergänzt.

4.4.3 Selbstorganisierte Schreibpartnerschaft

Eine passende Schreibunterstützung abseits größerer Gruppen kann eine selbstorganisierte Schreibpartnerschaft darstellen. Schreibpartnerschaft, das klingt zunächst ungewöhnlich und fremd. Partnerschaften kennen viele von uns vor allem aus privaten Bezügen: Personen stehen sich nahe, gestalten Zeit zusammen und übernehmen Verantwortung für sich, die unterschiedlich gestaltet sein kann und die durch eine gewisse Dauerhaftigkeit geprägt ist. Ähnlich verhält es sich bei einer selbstorganisierten Schreibpartnerschaft.

Es sollte an dieser Stelle schon deutlich geworden sein, dass das Konzept der selbstorganisierten Schreibpartnerschaft vor allem für längerfristige Schreibprojekte (z. B. Abschlussarbeiten) hilfreich erscheint. Es bedarf allerdings weder einer guten Vorbereitung noch einer langen Planung, denn diese Form der Zusammenarbeit lässt sich schnell ins Leben rufen. Ganz konkret ist folgender Ablauf für Studierende denkbar.

> **Ablauf einer Schreibpartnerschaft**
>
> In der Regel verabreden sich zwei Menschen z. B. aus dem gleichen Seminar, durch einen Aufruf via Mailingliste oder in Social-Media-Kanälen, auf dem Hochschulflur oder in anderen sozialen Netzwerken zu einer selbstorganisierten Schreibpartnerschaft. Als einzige Voraussetzung gilt, dass die Beteiligten ungefähr zeitgleich an eigenen Schreibprojekten arbeiten und Interesse haben, ihren Schreibfortschritt miteinander zu teilen.

> Nach einem Kennenlernen und der Übereinkunft zu einer gemeinsamen Schreibpartnerschaft beginnt die gemeinsame Reise. In individuell vereinbarten Abständen werden die Schreibfortschritte ausgetauscht, um offene Fragen zu klären, Feedback zu erhalten und Korrekturen einzuarbeiten. Die gemeinsame Arbeit verfolgt dabei stets zwei Ziele: Durch die inhaltliche Auseinandersetzung wird einerseits eine möglichst reflektierte und kritische Auseinandersetzung mit dem eigenen Schreibprozess ermöglicht, andererseits entsteht durch die stetige Terminierung von Austauschzeiten eine Verbindlichkeit, sodass eine kontinuierliche Arbeit am eigenen Text gefördert werden kann. Einige Schreibpartnerschaften nehmen sich darüber hinaus noch Zeit zum persönlichen Austausch, um sich besser kennenzulernen und somit auch Rückmeldungen klarer kontextualisieren zu können. Die Schreibpartnerschaft endet in der Regel in gegenseitigem Einverständnis mit der Beendigung der wissenschaftlichen Schreibarbeiten.

4.4.4 Selbstorganisierte reflexive Schreib- und Arbeitsgruppe

Das Konzept einer reflexiven Schreib- und Arbeitsgruppe, wie wir es hier im Folgenden beschreiben, erweitert eine Schreibpartnerschaft und ist angelehnt an sogenannte Interpretationsgruppen, die in der empirischen Sozialforschung, vor allem in qualitativ-rekonstruktiven Forschungszusammenhängen, vorkommen (vgl. Parchow 2021, 22). Wie es der Name vermuten lässt, zielen solche Interpretationsgruppen darauf ab, erhobenes Datenmaterial wie etwa transkribierte Interviews in einer Gruppe von mehreren Personen systematisch zu bearbeiten und aus unterschiedlichen Perspektiven zu interpretieren. Dadurch soll der Fokus einer Einzelperson geweitet, neue Lesarten gefunden und bereits getätigte Interpretationen auf ihre Konsistenz überprüft werden (vgl. Breuer/Muckel/Dieris 2019, 321).

Obwohl in erster Linie die gruppenbasierte Bearbeitung von Forschungsmaterial das Ziel solcher Zusammenkünfte ist, zeigte sich in unserer Schreib- und Arbeitspraxis, dass entsprechende Gruppen ein weitaus größeres Potenzial entfalten können. Denn bei regelmäßigen Treffen mit annähernd gleichbleibenden Personen entsteht oftmals eine vertrauensvolle Basis, die eine Bearbeitung anderer individueller und persönlicher Themen innerhalb des Arbeitsbündnisses zulässt. Ängste und Sorgen, Unsicherheiten und Fragen finden ihren Platz, sodass reflexive Schreib- und Arbeitsgruppen das Potential besitzen, Studierende emotional zu entlasten und zu stützen (vgl. Parchow 2021, 22 ff.). Und dies kann als Voraussetzung für einen unbeschwerten und fröhlichen Schreibprozess gelten. Der reflexive Blick von anderen Menschen in ähnlichen Situationen trägt in diesem Zusammenhang dazu bei, Unsicherheiten abzubauen und persönliche Blockaden zu lösen.

Die konkrete Zusammenarbeit in einer selbstorganisierten reflexiven Schreib- und Arbeitsgruppe gestaltet sich vielfältig. Die Ausgestaltung wird in der Regel von den Beteiligten gemeinsam anhand ihrer eigenen Bedürfnisse und ihrer individuellen Ziele ausgehandelt. Wir stellen an dieser Stelle ein Konzept vor, das nicht als starres System, sondern eher als Rahmenkonzeption verstanden werden kann, die beliebig modifizierbar erscheint.

> **Rahmenkonzeption einer selbstorganisierten reflexiven Schreib- und Arbeitsgruppe**
>
> In der Gründungsphase stellt sich die Frage nach der angemessenen und erfolgsversprechenden Anzahl an Personen für die Arbeit in einer reflexiven Schreib- und Arbeitsgruppe. Aus eigener Erfahrung erachten wir eine Gruppe von drei bis maximal sechs Personen als produktive Größe. Im nächsten Schritt ist über die Taktung, die Dauer und den Ort der Gruppentreffen abzustimmen. Besondere Berücksichtigung finden in diesem Abstimmungsprozess die persönlichen Arbeitsweisen, die individuellen Verpflichtungen der Teilnehmenden und die Kontextbedingungen der einzelnen Schreibprozesse (Dauer, Abgabetermine usw.). Günstig erscheint es uns, dass die reflexiven Schreib- und Arbeitsgruppen mindestens alle zwei Wochen mit einer Dauer von zwei bis drei Stunden zusammenkommen, sodass eine kontinuierliche Zusammenarbeit gewährleistet ist. Der Ort der Treffen ist mit Bedacht zu wählen: Jede Person benötigt genügend Platz für ihre Arbeitsmaterialien, das Wohlbefinden der einzelnen Teilnehmenden sollte möglichst hoch sein und äußere Störungen sind bestmöglich zu vermeiden. Treffen können je nach Bedarf in Präsenz oder digital durchgeführt werden. Das digitale Format bietet zwar eine flexiblere Gestaltung, jedoch erhöhen Präsenztreffen die Wahrscheinlichkeit einer intensiveren Vertrautheit und einer ausgiebigeren Austauschmöglichkeit.
>
> Im Vollzug der Treffen haben alle Gruppenmitglieder die Möglichkeit, Themen, Fragen, Probleme oder Texte zur Bearbeitung, Reflexion und Diskussion einzubringen. Dabei ist zu empfehlen, dass vor Beginn einer Sitzung Verantwortliche für die Moderation und die Einhaltung der Zeit bestimmt und Arbeitsphasen vereinbart werden. Aus eigener Erfahrung hat es sich bewährt, mit einer Einstiegs- bzw. Befindlichkeitsrunde zu beginnen, um aktuelle Themen, Befindlichkeiten und Störungen einzublenden sowie Neuigkeiten auszutauschen. Danach geht es in die zentrale Arbeitsphase, in der die vorab bestimmte Person ihre Themen vorstellt, um sie gemeinsam zu bearbeiten. Wir empfehlen zudem, dass jede Sitzung mit einer Abschlussrunde beendet wird. In dieser Abschlussrunde wird die Arbeit in der Gruppe reflektiert und das weitere Vorgehen abgestimmt. Auf diese Weise werden die einzelnen Sitzungen der selbstorganisierten reflexiven Schreib- und Arbeitsgruppe miteinander verbunden, sodass die Verbindlichkeit erhöht wird und gemeinsame Gruppenprozesse entstehen, die das Potenzial des Angebots erhöhen.

4.5 Zusammenfassung

Im Beitrag wurde verdeutlicht, dass wissenschaftliches Arbeiten und Schreiben im Studium der Sozialen Arbeit für viele Studierende eine große Herausforderung darstellt, da der Übergang von der Schule in wissenschaftliche Erwachsenenbildung im Rahmen eines Hochschulstudiums häufig unbegleitet verläuft. Das gilt es aus unserer Perspektive zunächst anzuerkennen, um entsprechende Angebote und Begleitungen zu verankern. Ein bisher noch weitgehend ungenutztes Potenzial bieten Peergroupformate. Denn die Arbeit mit anderen Menschen in ähnlichen Herausforderungssituationen schafft ein Gefühl von Gemeinschaft und Verbundenheit. Gemeinsam erhöht sich die Möglichkeit eines produktiven Umgangs mit den Herausforderungen des wissenschaftlichen Arbeitens und Schreibens.

Es hat sich im Beitrag zudem gezeigt, dass Peergroupangebote flexibel ausgestaltet sein können und für viele individuelle Bedarfe und Lebenssituationen Anknüpfungspunkte bieten. So erhalten viele Studierende – sofern sie denn möchten – die Möglichkeit der Partizipation. Und wir wünschen uns eine hohe studentische Beteiligung an ganz verschiedenen Peergroups: Denn die Zusammenarbeit weitet oftmals die Perspektiven, fördert die individuelle Kreativität, führt auf diese Weise zu verbesserten Ergebnissen und macht Spaß. Denn im Studium gilt wie im Leben allgemein: You should never walk alone.

Literatur

Breuer, F., Muckel, P., Dieris, B. (2019): Reflexive Grounded Theory. Eine Einführung für die Forschungspraxis (4., durchgesehene und aktualisierte Auflage). Wiesbaden: Springer VS.
Fröhlich, M., Henkel, C., Surmann, A. (2017): Zusammen schreibt man weniger allein – (Gruppen-)Schreibprojekte gemeinsam meistern. Opladen/Toronto: Budrich.
Kolip, P., Schmidt, B. (2023): Schreiben in Sozialarbeits- und Gesundheitswissenschaften. Erfolgreich in interdisziplinären Studiengängen. Opladen/Toronto: Budrich.
Parchow, A. (2021): Der Nutzen von selbstorganisierten Arbeitsgruppen während der Promotion. Exposé – Zeitschrift für wissenschaftliches Schreiben und Publizieren, 2 (1), 22–25.
Silvia, Paul J. (2019): How to Write a Lot. A Practical Guide to Productive Academic Writing (2. Auflage). Washington, D. C.: American Psychological Assosiation.

5 Himmelhoch jauchzend, am Boden zerstört – Herausforderungen und Spannungsfelder des Schreib- und Arbeitsprozesses von Qualifizierungsarbeiten im Studium

Jakob Christoph Will

5.1 Einleitung: Was heißt eigentlich Schreiben?

> »Wann beginnt eigentlich die Arbeit an der Arbeit und wie sieht das bei Mitstudierenden aus? Ich habe das Gefühl, ich habe noch gar nicht richtig angefangen, weil ich noch keine einzige Seite geschrieben habe! Wie soll ich denn jetzt schon ganz konkret mein Thema, Fragestellung und den Titel meiner Arbeit finden, wenn ich mich doch noch gar nicht richtig auskenne in den Bereichen? Was heißt das eigentlich, dass ich die Arbeit ›eigenständig‹ schreiben soll? Während des Schreibens beschäftigen mich ganz viele Sachen und manchmal empfinde ich ganz eigenartig! An welchem Punkt fühle ich mich so sicher, dass ich die Arbeit abgeben kann?«

Diese oder ähnliche Fragen und Aussagen tauchen oftmals während der Bearbeitung von Qualifizierungsarbeiten auf. Im Folgenden soll diesen Aspekten nachgegangen werden. Dabei geht es weniger um die individuelle Schreibkompetenz von Studierenden. Vielmehr wird die Perspektive umgedreht und nicht von den Studierenden auf das Schreiben, sondern vom Schreiben auf Studierende geschaut.

Die Beschäftigung mit wissenschaftlichen Texten ist grundlegender Bestandteil in einem Studium. Denn diese sind vorwiegend die Quellen von Wissen, das die Wissenschaft schafft. Neben dem Lesen und Auseinandersetzen mit wissenschaftlichen Texten, gehört damit auch das Schreiben unweigerlich zum Studium dazu. Denn die wissenschaftliche Reflexion ist eben auch in Form des (Auf-)Schreibens ein wesentlicher Bestandteil des Studierens. Dabei geht es gerade nicht um ein ästhetisches Prosawerk, um das Verfassen einer ›Zubettgeh-Lektüre‹ oder um bloße Unterhaltung.

Was aber genau meint Schreiben im Kontext eines wissenschaftlichen Studiums, in besonderer Form der Qualifikationsarbeiten?

Ganz allgemein lässt sich sagen, dass Schreiben das Verschriftlichen von Gedanken ist. Es geht also um das Festhalten und Einfangen von Überlegungen, die in Worte ge- und verpackt, präzisiert und zugespitzt werden. Mit der Formulie-

> rung, also der Formgebung von Gedanken, entwickelt sich ein Text als eine Gedanken-Textur. In dieser Zuspitzung zu einem Text formt sich ein zusammenhängender Sinn.

Schreiben gehört also zum Handwerkszeug eines wissenschaftlichen Studiums. Erlernt und vermittelt wird dieses Handwerkszeug etwa durch Lehrveranstaltungen, Ratgeberliteratur oder auch Schreibwerkstätten, in denen es um das Erlangen von Schreibroutine und auch um das Anwenden von Standards und Regeln wissenschaftlichen Arbeitens wie Zitierweisen und formalen Gestaltungsprinzipien geht. Dabei fällt auf, dass es bei den Unterstützungsmöglichkeiten überwiegend und mehrheitlich um die Vermittlung von Techniken des wissenschaftlichen Arbeitens geht, die – vereinfacht gesagt – Studierende darin unterstützen sollen, Themen zu finden oder richtig zu zitieren.

Neben den eher rein technischen Vermittlungsinhalten wird nun zunehmend auch der Blick auf Emotionen und Affekte gelenkt, die das Schreiben begleiten und auch beeinflussen können (Massauer/Wührer 2021). Denn legt man den Fokus auf das Produkt, also ausschließlich auf eine »Outcome«-Perspektive, was als Text herauskommt, so gerät aus dem Blick, welche Mühen und Begleiterscheinungen die Erarbeitung eines Textes mit sich bringen – das ist und bleibt im fertigen Produkt nicht sichtbar (Wrobel 1995, 1). Von dieser Perspektive ausgehend lohnt es sich, den Fokus auf das Schreiben als einen Prozess zu legen und damit die Einflüsse und Bedingungen des Schreibens, also den Weg zum fertigen Text, in den Blick zu nehmen. Nicht zuletzt kann damit die Unterstützung, Beratung und Begleitung Studierender während der Schreibphasen ansetzen. Und dazu gehört eben auch, Gefühle, Affekte und Emotionen in den Blick zu nehmen. Das mag erst einmal etwas irritieren, denn die vermeintliche Rationalität einer wissenschaftlichen Auseinandersetzung auf intellektuellem und kognitivem Niveau scheint zunächst etwas zu sein, das gerade nichts mit Gefühlen und Emotionen zu tun hat – wenn überhaupt wirkt es eher steril und kühl. Öffnet man die Auseinandersetzungen um eine affektive Dimension, geht es überwiegend um die den Schreibprozess begleitenden Ängste oder Schreibblockaden, die thematisiert werden (exemplarisch Esselborn-Krumbiegel 2021). Was hier in den Vordergrund gerückt wird, sind also die Schwierigkeiten im Schreibprozess, mit denen sich Studierende auseinandersetzen müssen. Der Fokus liegt damit auf den Herausforderungen, die in den Studierenden individuell selbst liegen. Etwas salopp formuliert geht es darum, Hindernisse auf dem Weg zu einer gelingenden Textproduktion wegzuräumen.

Den Prozess des Schreibens als Ganzes zu berücksichtigen, kann darüber hinaus aber auch bedeuten, über die Themen von individuellen Ängsten und Blockaden und deren individueller Lösung hinauszugehen und aufkommende Affekte und Emotionen weniger als negative Begleiterscheinungen zu betrachten, sondern als konstitutiven Teil des Schreibprozesses selbst zu verstehen. Ambivalenzen und Widerstände sind den Auseinandersetzungen eingeschrieben, so die These. Dieser Artikel thematisiert deshalb weniger die Unterstützung bei inhaltlichen Entscheidungsprozessen oder Techniken wissenschaftlichen Arbeitens. Vielmehr werden Herausforderungen und Spannungsfelder in den Blick genommen, die dem Schreib-

und Arbeitsprozess selbst zu eigen sind. Das bedeutet, dass es um Aspekte geht, die sich nicht unmittelbar auflösen lassen und bei aller Beseitigung von Unsicherheit, Unwägbarkeiten und Auflösungen von (Schreib-)Blockaden so etwas wie ein Rest bleibt, der zum Prozess selbst dazu gehört und darin verwoben ist.

Ziel ist es, diese in den Prozess eingelassenen Aspekte zunächst einmal überhaupt zur Sprache zu bringen. Wenn erkennbar wird, welche Faktoren den Prozess begleiten können, lassen sich auch Strategien finden, damit umzugehen. Diese gilt es schlechterdings überhaupt erst einmal zu benennen.

5.2 Beginnen ohne Anfang

Zu Beginn steht meistens die Suche nach einem Thema. Zur Unterstützung der Auswahl gibt es auch in der Literatur zahlreiche Hilfen, Tipps und Tricks. Eine Möglichkeit besteht darin, die Wahl des Themas in Verbindung mit der eigenen Person zu bringen. Ein Studium Sozialer Arbeit kann vor allem im Rahmen eines Bachelorstudiengangs einen generalistischen, d. h. breiten Zugang zu verschiedenen Themen und Aspekten aus dem Feld ermöglichen, wie es etwa auch der Berufsverband Sozialer Arbeit DBSH fordert.[1] Eine Auseinandersetzung mit bestimmten Themen kann dabei in Zusammenhang mit (Selbst-)Bildungsprozessen der eigenen Person stehen: Was interessiert, kann genau an persönlichen Erfahrungen Studierender anknüpfen, sowie auch die Beschäftigung mit bestimmten Themen den Umgang mit sich selbst, mit anderen und der Welt verändern. Die Person an sich erweist sich vor allem in der Sozialen Arbeit als ein wesentlicher Aspekt (Blaha/Meyer/Colla/Müller-Teusler 2013), sodass Bildung im Rahmen des Studiums auch immer Persönlichkeitsbildung bedeuten kann. Die Auseinandersetzung mit bestimmten Themen ist demnach nicht nur an die Vermittlung und Weitergabe von abrufbarem und reproduzierbarem Wissen geknüpft, sondern lässt sich in einem Verständnis von Professionalität neben Wissen eben weiter noch auch auf Können und vor allem Haltung (von Spiegel 2018) beziehen.

Versteht man schließlich die Wahl des Themas als eine Zuspitzung mit den im Studium auseinandergesetzten Inhalten, heißt das doch, dass sich die Wahl des Themas einer Qualifizierungsarbeit nicht mehr zeitlich genau festmachen lässt. So gesehen startet der Prozess bereits mit Aufnahme des Studiums und geht mitunter ja auch dem voran und genauso darüber hinaus. Der Ursprung der Themenfindung verwischt damit, es zeigt sich darin, so könnte man sagen, ein Beginn ohne Anfang. Das hat allerdings zur Konsequenz, dass der Beginn des formal abgesteckten Bearbeitungszeitraums nicht unbedingt mit dem Schreib- und Arbeitsprozess zusammenfallen muss. Es bedarf einer Setzung offizieller Fristen, die vor allem auch eine Vergleichbarkeit herstellen soll, in einem bestimmten Rahmen ein wissenschaftli-

---

1 https://www.dbsh.de/media/dbsh-www/downloads/Ausbildung_Einfuehrung.pdf, letzter Zugriff: 24.03.2023.

ches Problem zu bearbeiten. Folgt man dem oben angeführten Gedanken, beginnt allerdings der Prozess der Auseinandersetzung nicht erst mit der formalen Rahmung. Vielmehr zeigt sich auf einer anderen Ebene, nämlich der der persönlichen Auseinandersetzung mit Themen Sozialer Arbeit, dass man immer schon mitten in der Bearbeitung steht. Der Startzeitpunkt, so könnte man sagen, hakt dann an einer bestimmten Stelle der Beschäftigung ein.

Dieser Aspekt wird vor allem dann bedeutsam, wenn es um den Vergleich des Arbeitsstands bspw. mit Mitstudierenden geht. Einerseits braucht es immer wieder die Vergewisserung und auch den Abgleich, an welchen Punkten des Prozesses man sich gerade befindet – das kann Sicherheit geben. Das kann aber eben auch zu Verunsicherung führen. Vor allem zu Beginn des Bearbeitungszeitraums können Beobachtungen, wer was schon recherchiert, gelesen oder gar zuvor geschrieben hat, ein mulmiges Gefühl hervorrufen: »Wo stehe ich selbst?« oder »Was habe ich bisher geleistet« könnten dabei typische Fragen sein. Denn wenn die Auseinandersetzung mit dem Thema in welcher Form auch immer schon vor der offiziellen Fristsetzung geschieht, ist doch schon irgendwie bereits daran gearbeitet worden. Die Arbeit an der Arbeit beginnt also nicht erst formal. Sich dies zu vergegenwärtigen kann verdeutlichen, dass die Auseinandersetzung mit den eigenen Themen und eine mögliche Vorstrukturierung zu einem ersten Gliederungsentwurf bereits die aktive Bearbeitung bedeutet.

Das Spannungsfeld, das sich hierbei auftut, lässt sich beschreiben zwischen dem allgemeinen, vergleichbar formal Abbildbaren einerseits und einer persönlichen Auseinandersetzung, die sich gerade einer Vergleichbarkeit entzieht. Beides ist aber gleichermaßen Teil des Schreibprozesses.

Die Frage nach dem eigenen Fortschritt schließt unmittelbar an einen weiteren Aspekt an, der im nachfolgenden Unterkapitel dargestellt wird.

5.3 (De-)Materialisierung geistiger Arbeit

Die oben beschriebene Frage: »Was habe ich eigentlich zu einem bestimmten Zeitpunkt schon erreicht?«, bezieht sich auf eine zeitliche Ebene, also auf die Frage nach dem Zeitpunkt des Beginns. Damit verbunden ist aber unweigerlich auch die Frage: »Wie lässt sich der Prozess überhaupt abbilden?« Denn wenn man im Verständnis von oben bleibt, ist Schreiben als ein Verschriften von Gedanken zu verstehen. Die Arbeit an der Arbeit kann sich als »geistige Arbeit« oder auch »Kopfarbeit« bezeichnen lassen, die sich irgendwie materialisieren muss, um abgebildet zu werden – dies geschieht vorwiegend in Form einer Textproduktion. Wissenschaftliche Quellen sind überwiegend geschriebene Texte, denn es geht ja um das Festhalten und auch Speichern von Wissen, etwa zur Weitergabe an spätere Generationen. Was hierbei in Form von Schriften, Texten, Dokumenten festgehalten wird, lässt sich zunächst einmal beschreiben als eine Formgebung von kognitiven, intellektuellen Leistungen, die nicht unmittelbar plastisch, sondern eher flüchtig und damit weniger reproduzierbar sind. Um einen Gedanken nun sozusagen sichtbar werden zu lassen, bedarf es einer Materialisierung, hier in Form von Buchstaben, Wörtern, Sätzen, schließlich Texten.

Zwar steht am Ende der Bearbeitungszeit ein Textprodukt, das Ausdruck einer gedanklichen, kognitiven Auseinandersetzung mit einem bestimmten Thema Sozialer Arbeit ist. Während des Schreibprozesses bleibt allerdings doch oftmals manches dem ›Surren‹ und ›Schwirren‹ des Denkens verhaftet. Das kann dazu führen, dass der eigene Arbeitsstand manchmal nicht gut eingeschätzt werden kann, denn die Formgebung der Auseinandersetzung erweist sich ohne den fertigen materialisierten Text als eher wenig greifbar, der eigene Fortschritt dahingehend nicht handfest abgebildet.

> Einerseits braucht es also eine sozusagen Materie etwa von Geschriebenem, um den eigenen Gedanken eine Form zu geben und Ausdruck zu verleihen. Andererseits kann sich die eigentliche Arbeit nicht ausschließlich am bloßen Produkt, am sicht- und abbildbaren bemessen, als ob die Maßeinheit des eigenen Leistungsfortschritts die Zeichenanzahl wäre. Im Prozess selbst geschieht weit mehr eher implizit, als sich explizit innerhalb der Bearbeitung zeigen mag. Das bedeutet, dass der eigene Fortschritt immer auch mehr ist als nur das, was schon im Schreibprozess auf dem Papier steht.

Und dieser Aspekt bezieht sich weniger auf ein individuelles Arbeitstempo als vielmehr auf die Tatsache, dass die Auseinandersetzung mit einem Thema zwischen ›geistiger‹ Beschäftigung und formgebender Textproduktion hin und her changiert. Diese im Prozess begriffene Sichtweise betont gerade das Werden einer Sache und hebt einen sich entwickelnden Charakter hervor. Und dieses zeitliche Werden führt zu einem weiteren herausfordernden Aspekt: zur Paradoxie der Themenwahl und Forschungsfrage.

5.4 Paradoxie der Themenwahl und Forschungsfrage

Wenn die Erarbeitung eines Themas bedeutet, gerade nicht schon im Vorhinein zu wissen, was als Ergebnis herauskommt, zeigt sich hier ein gewisses Paradox im Hinblick auf die Themenwahl bzw. den Titel und die Fragestellung. Der jeweilige Titel lässt sich gerechtfertigter Weise zu Beginn des Prozesses als ein »Arbeitstitel« bezeichnen. Denn die Überschrift muss demnach doch so gewählt werden, dass die Offenheit des Prozesses gewahrt wird. Dabei zeigt sich die Herausforderung, dass zwar ein gewisser Rahmen abgesteckt werden kann, der ja auch den Weg der Arbeit bestimmt, dennoch erst zum Ende der Arbeit wirklich erfasst werden kann, wie das

Gesamte der Arbeit, was sich ja im Titel, der Fragestellung und im Vorgehen zeigt, wirklich als solches erfasst werden kann. Sonst müsste man am Anfang schon das Ende vorwegnehmen und das würde doch erheblich den Prozesscharakter untergraben. Die Erkundung des Diskurses oder Auswertung der Empirie ist ja gerade grundlegender Teil der Arbeit selbst und kann nicht schon zu Beginn feststehen.

Dies zeigt sich etwa darin, dass auch oftmals in der Literatur empfohlen wird, Einleitung und Schluss erst zum Ende der Arbeit zu verfassen, da erst dann die Rahmung der gesamten Arbeit überblickt werden kann (exemplarisch Aeppli/Gasser/Gutzwiller/Tettenborn 2014, 335). Der Schreibprozess erweist sich dahingehend gerade nicht als linear, als ein checklistenartiges Vorgehen, sondern setzt immer schon irgendwo an. Die Rede von den »Techniken wissenschaftlichen Arbeitens« bezieht sich gerade nicht auf die Linearität des Prozesse, mit einer klaren Steuerung und Input-Outcome-Logik.

Es braucht hier vielmehr so etwas wie einen Sprung, einen Beginn ohne Anfang (siehe oben), mitten in einen Text hinein. Ein Exposé oder auch Gliederungsentwurf erweist sich hierbei weniger als eine formale und feste Struktur, sondern mehr als ein lebendiges Gebilde. Schreiben ist damit auch ein Wagnis, auf das man sich einlassen muss, um der Offenheit eines Prozesses gerecht zu werden. Damit verbunden sind eher Aspekte von Unsicherheit, Vertrauen sowie auch Glaube und Hoffnung, die sich eher weniger mit einem kühlen und rationalen Wissenschaftsverständnis in Einklang bringen lassen und trotzdem im Schreibprozess sozusagen am Werk sind.

Hier zeigt sich ein Spannungsfeld, dass sich aufspannt zwischen einer anfänglichen Überlegung, Eingrenzung des Themas, Formulierung einer Fragestellung oder These und andererseits einem offen zu gestaltenden Prozess, bei dem gerade nicht immer eindeutig und klar ist, was als Ergebnis herauskommen soll. Denn die Offenheit des Prozesses ist dabei der Tatsache geschuldet, dass eben nicht nur Inhalte reproduziert werden sollen, sondern eine eigenständige Position eingefordert wird, die kein Plagiat ist, sondern die gerade die selbstständige Leistung ausdrückt. Und genau diese eigenständige Erarbeitung verdeutlicht doch, dass das, worum es schlussendlich gehen soll, erst durch den Prozess hervorgebracht werden kann.

Und diese geforderte Eigenständigkeit verweist ebenfalls darauf, dass das Schreiben einer wissenschaftlichen Qualifizierungsarbeit auch ein kreativer Prozess ist, der, und das ist ein weiterer Aspekt, zum Umgang mit einer weiteren Herausforderung aufruft, den Verlaufskurven kreativer (Schreib-)Prozesse.

5.5 Verlaufskurven kreativer (Schreib-)Prozesse

Das Erlernen des Handwerkzeugs der Techniken wissenschaftlichen Arbeitens ist auch von Routinen bestimmt, wie etwa von formalen Kriterien, die wie eine Grammatik angewendet werden müssen. Über die standardisierten Verfahren und Abläufe hinaus ist vor allem ein Aspekt kennzeichnend: Kreativität, die sich als schöpferisches Hervorbringen von etwas Neuem bezeichnen lässt. Reckwitz (2012,

10) verdeutlicht dazu u. a.: »Es geht um mehr als um eine rein technische Produktion von Innovationen, sondern um die sinnliche und affektive Erregung durch das produzierte Neue.« Und das gilt auch für Schreibprozesse von Qualifizierungsarbeiten. Nicht das Kopieren und Reproduzieren von bereits Gesagtem macht vorwiegend die Qualität einer wissenschaftlichen Arbeit aus, sondern es geht vielmehr doch darum, den eigenen Standpunkt herauszuarbeiten, der je nach Person auch immer individuell unterschiedlich sein kann. Das bedeutet, dass sich selbst bei gleicher Themenwahl unterschiedliche Perspektiven zeigen. In Bezug auf die Kreativität bedeutet das, dass das Neue dabei in unweigerlichem Zusammenhang mit der jeweiligen Person steht, die schreibt. Darin kommt auch die Vielschichtigkeit und Heterogenität der wissenschaftlichen Arbeiten zum Ausdruck.

Eine Herausforderung kann dabei sein, dass kreative Prozess maßgeblich von Unplanbarkeit bestimmt sind und sich gerade einer technischen Reproduzierbarkeit entziehen. Es lässt sich nämlich nicht zwingend planen und steuern, wann der ›kreative Einfall‹ kommt. Dem lässt sich sicherlich beggnen mit Übungen wie dem »automatischen Schreiben«, um Drucksituationen und auch Krisen zu begegnen, um diese etwa als Wendepunkte in der Bearbeitung zu begreifen.

> Für diesen Zusammenhang ist es jedoch erst einmal entscheidend, das Spannungsfeld wahrzunehmen, das sich in diesem Aspekt auftut und dem Schreibprozess selbst zu eigen ist: Was sich hier zeigt, ist einerseits ein von Formalisierung bestimmter Prozess der Techniken wissenschaftlichen Arbeitens und andererseits einer geforderten eigenständigen Erarbeitung von Themen in kreativer Form, die wiederum dem technischen und standardisierten Charakter geradezu entgegenlaufen.

Spätestens an dieser Stelle kann deutlich werden, wie stark die eigene Person mit dem Schreibprozess verknüpft ist und diesem gerade nicht externalisiert bzw. wie stark der Schreibprozess die eigene Person einbezieht, wie der nachfolgende Aspekt verdeutlicht.

5.6 Verwobenheit mit dem Gegenstand

Qualifizierungsarbeiten machen eine bestimmte, auf Distanz bedachte Beobachtungsperspektive erforderlich, die gerade von eigenen Meinungen und Ansichten abstrahieren soll. Denn es geht weniger um das Schreiben essayistischer Texte mit eigener Meinungsbildung, als vielmehr um ein wissenschaftliches Reflexionsniveau. Dennoch bleibt das eigene Involviert-Sein im Prozess nicht außen vor. Das gilt vorrangig, wenn es um den Fokus auf den Schreibprozess als solchen geht und – wie hier ins Blickfeld gerückt – Emotionen, Gefühle und Affekte eine Rolle spielen. Dabei können nicht nur – wie bereits angedeutet – die eigene Motivation der Studierenden sowie Ängste und Blockaden im Schreibprozess in den Blick geraten, sondern sozusagen auch umgekehrt, Gefühle und Affekte eine Rolle spielen, die in den Themen selbst eingelassen sind. Diese können im Schreibprozess zum Vorschein kommen. Das kann erst einmal irritieren und es kann hilfreich sein, sich dies zu verdeutlichen.

Eine intensive Beschäftigung mit einem Thema bringt es oft mit sich, mit dem Gegenstand so verbunden und selbst involviert zu sein, dass affektive Situationen auch körperlich nachempfunden werden können. Dies lässt sich bspw. mit dem aus dem psychoanalytischen Vokabular entlehnten Begriff der Übertragung beschreiben. Die mit der thematischen Auseinandersetzung verknüpften Affekte können dabei im Prozess der Auseinandersetzung aufgenommen und auch selbst erlebt werden. Ein plakatives Beispiel kann dafür sein, dass in der Beschäftigung mit dem Thema »Gewalt« affektive Stimmungen von Ohnmacht, Verletzbarkeit oder auch Wut präsent sein können, die mit dem Thema virulent werden. Auch eine Betonung wissenschaftlicher Rationalität verhindert gerade nicht, dass die Beschäftigung mit spezifischen Themen Affekte und Emotionen auslösen, die unweigerlich gerade mit dem jeweiligen Thema zu tun haben (Lubrich/Stodulka/Liebal 2017).

Dem liegt ein Verständnis zugrunde, das nicht von einer strikten Trennung von Körper und Geist ausgeht, sondern gerade deren Verwobenheit annimmt (Merleau-Ponty 1974). Das bedeutet in diesem Zusammenhang, dass kognitive und intellektuelle Auseinandersetzungen stets an emotionale und affektive Lagen, Stimmungen und Gefühle gekoppelt sind. Das denkende Gehirn ist ja auch eingelassen in einen Körper. Den Zusammenhang der jeweiligen Themen mit Affekten, die im Prozess auftauchen können, herzustellen, kann dann geradezu dazu beitragen, das verlangte wissenschaftliche Reflexionsniveau zu ermöglichen, indem Affekte als dem Prozess eingeschrieben und damit zugehörig eingeordnet werden können.

5.7 Aushalten von Unsicherheit

Qualifizierungsarbeiten müssen innerhalb einer bestimmten Frist fertiggestellt und eingereicht werden. Die Arbeit muss damit zu einem Abschluss kommen, der überwiegend darin besteht, eine bestimmte Frage zu beantworten, der im Laufe des Prozesses nachgegangen wurde und in Form eines Textprodukts vorliegen muss.

Nicht selten bleibt nach Fertigstellung und Einreichung der Arbeit ein Gefühl zurück, ob für die Arbeit ausreichend Literatur recherchiert und verwendet, der notwendige eigene kreative Eigenanteil verwirklicht und das Thema hinreichend bearbeitet wurde. Sicherlich lassen sich die Fragen ganz persönlich und individuell beantworten und auf die Fähigkeiten einzelner beziehen, jedoch soll auch auf noch etwas anderes hingewiesen werden, was die Abgabe gleichermaßen begleiten kann. Denn ein Gefühl von Unsicherheit kann schon in wissenschaftlicher Erkenntnis selbst begründet sein und ist damit unweigerlich auch unabhängig von individuellem und persönlichem Vermögen präsent.

> Ein gängiges Wissenschaftsverständnis geht davon aus, dass sich die Wissenschaftlichkeit von Aussagen darin auszeichnet, dass sie (zumindest) prinzipiell widerlegbar sind: Karl Popper hat dies im Rahmen des kritischen Rationalismus als Falsifizierbarkeit bezeichnet (Popper 1994). Darin kommt zum Ausdruck, dass Wissenschaft gerade eben nicht von einer dogmatisch wirkenden Wahrheit ausgeht, sondern die Vielschichtigkeit von Blickwinkeln in einem wissenschaftlichen Rahmen anerkennt. Das hat allerdings den Preis, bei aller Sicherheit der Ergebnisse gleichzeitig von einer Widerlegbarkeit auszugehen, und das bedeutet, dass eine Unsicherheit bleibt. Das gilt eben auch für die jeweiligen Forschungsprozesse der Qualifizierungsarbeiten, die zu gesicherten Ergebnissen kommen und gleichzeitig gerade aus Gründen der Wissenschaftlichkeit eine bleibende Unsicherheit akzeptiert werden muss. Es bleibt ein begleitendes Gefühl von Offenheit und auch Unabgeschlossenheit, was sich gerade nicht als ein unschöner Makel erweist, sondern konstitutiv ist.

Dem möglichen Grübeln über das eigene Ungenügen wird hier etwas beigestellt, was unweigerlich in der Sache selbst wurzelt und eine Ambivalenz zeigt: bei aller Sicherheit in gleichem Maße Unsicherheit aushalten zu müssen.

5.8 Schluss: Qualifizierungsarbeiten als Abschied

Bedeutet (wissenschaftliches) Schreiben Gedanken in Sprache und Worten zu verschriften (materialisieren), gilt es, einen kohärenten und in sich logisch aufbauenden Text herzustellen. Es gilt, einen roten Faden zu erarbeiten, der sich auch in einer stringenten Gliederung wiederfindet und die eigenen Überlegungen zum Ausdruck bringt. Diese Struktur gilt es zuallererst einmal zu entwerfen und in eine Form zu bringen und festzuschreiben. Damit sind immer auch Entscheidungsprozesse verbunden, etwas so oder aber eben gerade so (kreativ) zu konstruieren und entwerfen.

Entscheidungen bringen es mit sich, dass die Entscheidung für eine bestimmte Möglichkeit immer auch anderes ausschließt: Bestimmte Strukturen werden gewählt und andere Möglichkeiten werden damit ausgeblendet. Denn es gibt mehr als nur einen möglichen oder gar richtigen Weg, sich mit Aspekten zu beschäftigen, Konturen und Schwerpunkte zu setzen. Damit verliert die Einheitlichkeit an Eindeutigkeit. Es schreibt sich damit eine Unsicherheit in den Schreib- und Arbeitsprozess ein. Dabei gilt es, Kriterien zu finden, die den eigenen Weg markieren und die dazu dienen können, immer wieder zu prüfen und sogar zu rechtfertigen, was man hier eigentlich macht und tut und warum man sich genau für diese Art und gegen eine andere des Vorgehens entschieden hat. Und diese Kriterien selbst sind nicht zwangsläufig schon im Vorhinein immer klar und eindeutig. Denn ein Teil der Qualifizierungsarbeiten besteht ja gerade genau darin, eigenständig und damit von einer ›neuen‹ Perspektive aus ein Problem, Thema, Aspekt wissenschaftlich zu bearbeiten. Es lässt sich also nicht zwangsläufig auf etwas zurückgreifen, von dem aus ein Standpunkt als gesichert markiert wäre, das gilt es ja gerade erst zu erarbeiten.

Entscheidungen zu treffen, bedeutet damit auch, sich von anderen Möglichkeiten zu verabschieden. Ein Großteil des wissenschaftlichen Arbeitens besteht gerade im Selektieren und Fokussieren. Manchmal fällt die Wahl oder auch Eingrenzung des Themas nicht immer leicht, denn dabei gilt es sich von wichtigen, interessanten und bedeutsamen Inhalten auch zu entfernen. Dieses Loslassen und Ablösen von Themen und Vorgehensweisen lässt sich mit Abschiedsprozessen in Verbindung bringen und hat damit auch mit Trauer zu tun. Das mag erst einmal irritieren und besitzt einen pathetischen und theatralischen Unterton. Doch es kann an dieser Stelle darauf hingewiesen werden, dass Qualifizierungsarbeiten am Ende eines Studiums stehen. Zwar mögen sie mittlerweile vielleicht weniger den Charakter einer Abschlussarbeit besitzen, dennoch markieren sie neben anderen Prüfungen auch das Ende der Studienphase. Unabhängig davon, wie es nach dem Studium weitergeht, in jedem Fall steht ein Übergang an, der einen vorherigen Abschnitt abschließt und einen neuen, mitunter offenen und unbekannten Lebensabschnitt eröffnet. Begleitet wird der Schreibprozess also dabei stets auch von emotionalen Lagen des Abschiednehmens, was im Übrigen für die Soziale Arbeit im Allgemeinen evident dazu gehört (Gahleitner/Hahn 2012) und sich auch als komplementär zum Aufbau professioneller helfender Beziehung verstehen lässt. Erweitert man das Blickfeld um diese Tatsache, spielen Affekte und Emotionen genau diesen Abschied betreffend auch bei dem Verfassen wissenschaftlicher Qualifizierungsarbeiten eine Rolle und dies gilt es damit zunächst einmal als solche wahrzunehmen.

Betrachtet man die oben angeführten konstitutiven Aspekte, die unweigerlich zum Schreibprozess dazugehören, zeigt sich ein Spannungsfeld, das sich in Ambivalenzen und teils widersprüchlichen Auseinandersetzungen während der Schreib- und Arbeitsphasen zeigen können. Das bedeutet, dass sich diese Punkte auch durch das Negieren oder Unterdrücken dieses Erfahrungsspektrums nicht wegrationalisieren lassen. Ein erster Schritt kann dabei sein, sich diesen Aspekten gewiss zu werden. Dabei geht es weniger darum, vorgefertigte Lösungsmöglichkeiten an die Hand geben zu wollen, um so eine etwaige individualisierte Verantwortungszuschreibung und alleinige Last auf den Schultern der Schreibenden zu erhöhen. Vielmehr soll darauf hingewiesen werden, dass dem Prozess selbst diese Herausforderungen inne wohnen und die Affekte, Emotionen und Gefühlslagen den Prozess konstitutiv begleiten. Andere Studierende durchlaufen diesen Prozess in den Schreibphasen ebenfalls – der Solidarität der Kommiliton:innen kann man sich sicher sein. So gesehen kann ein möglicher Gewinn dieses Beitrags eine Entlastung sein. Das Ziel und Anliegen ist damit weniger auf der Ebene einer kognitiven, intellektuellen Hilfestellung und Unterstützungsleistung, sondern ist selbst auf einer affektiv-emotionalen anzusiedeln.

Literatur

Aeppli, J., Gasser, L., Gutzwiller, E., Tettenborn A. (Hrsg.) (2014): Empirisches wissenschaftliches Arbeiten. Ein Studienbuch für die Bildungswissenschaften. Bad Heilbrunn: Klinkhardt.

Blaha K., Meyer C., Colla H., Müller-Teusler, S. (Hrsg.) (2013): Die Person als Organon in der Sozialen Arbeit. Wiesbaden: Springer.
Esselborn-Krumbiegel, H. (2021): Tipps und Tricks bei Schreibblockaden. Paderborn: Schöningh.
Gahleitner, S., Hahn, G. (Hrsg.) (2012): Übergänge gestalten – Lebenskrisen gestalten. Köln: Psychiatrie Verlag.
Lubrich, O., Stodulka, T., Liebal, K. (2017): Affekte im Feld – Ein blinder Fleck der Forschung. In: G. Hartung, M. Herrgen (Hrsg.), Interdisziplinäre Anthropologie. Jahrbuch 5/2017: Lebensspanne 2.0 (179–197). Wiesbaden: Springer.
Massauer, M., Wührer, I. (2021): Emotionales wissenschaftliches Schreiben. Untersuchung der Wirkung des Bachelorarbeitsthemas auf den Schreibprozess unter dem Aspekt der Emotionen. zisch: zeitschrift für interdisziplinäre schreibforschung, 5, 22–37.
Merleau-Ponty, M. (1974). Phänomenologie der Wahrnehmung. Berlin: De Gruyter.
Popper, K. (1994). Die Logik der Forschung. Tübingen: Mohr.
Spiegel, H. v. (2018). Methodisches Handeln in der Sozialen Arbeit. München: Reinhardt.
Reckwitz, A. (2012). Die Erfindung der Kreativität. Zum Prozess gesellschaftlicher Ästhetisierung. Frankfurt a. M.: Suhrkamp.
Wrobel, A. (1995): Schreiben als Handlung. Tübingen: Niemeyer.

6 Die Angst vor dem leeren Blatt

Matthias Hoenen & Jan Tietmeyer

Fun Fact: Einer der Autoren begann das Schreiben dieses Textes erst über einen Monat nach der Abgabefrist des Erstentwurfs. Die Angst vor dem leeren Blatt, Schreibblockaden und Prokrastination (umgangssprachlich: Aufschieberitis) sind also auch den Autoren bekannt. Tatsächlich geben in einer studentischen Stichprobe aus Münster nur zwei Prozent der Befragten an, dass sie aufschiebendes Verhalten gar nicht kennten (Höcker et al. 2017), und ein Drittel der Befragten an amerikanischen Universitäten zeigte häufig prokrastinierende Verhaltensweisen (Day et al. 2000).

Im Folgenden werden die Erklärungsansätze der Prokrastination vorgestellt und Maßnahmen zur Reduktion des Aufschiebens im akademischen Kontext abgeleitet (▶ Kap. 6.1). Anschließend werden Methoden des Zeitmanagements vorgestellt, die die Durchführung von wissenschaftlichen Abschlussarbeiten unterstützen (▶ Kap. 6.2).

6.1 Erklärung und Lösung von Prokrastination

Dass Prokrastination erfolgt, obwohl das Verhalten als nachteilig erlebt wird und die negativen Konsequenzen bewusst sind, lässt sich mittels der Verhaltensanalyse nach Kanfer und Saslow (Reinecker 2015) und über das Rubikon-Modell der Handlungsphasen (Achtziger/Gollwitzer 2018) erklären. Aus beiden Modellen lassen sich Lösungsstrategien ableiten, die im Folgenden erläutert werden.

6.1.1 Verhaltensanalytische Sichtweise

Über die Verhaltensanalyse lässt sich die Reaktion des Aufschiebens erklären, die auf die Anforderung erfolgt, einen Text zu schreiben. Es wirken individuelle prädisponierende Faktoren, prokrastinationsfördernde Gedanken und kurzfristig wirksam werdende positive und negative Verstärker.

Prädisponierende Faktoren beruhen auf bisherigen Lernerfahrungen und beinhalten bspw.

- eine geringe Selbstwirksamkeitsüberzeugung (»Ich kann das nicht!«),
- Bewertungs- und Versagensangst (»Ich werde mich lächerlich machen!«),
- Misserfolgsvermeidungsmotivation (»Ich darf nicht versagen!«),
- die Erfahrung, dass die Aufgabe sehr unangenehm ist, oder
- Perfektionismus.

Prokrastinationsfördernde Gedanken sind bspw.:

- »Heute reicht die Zeit nicht/kann ich mich nicht konzentrieren.«
- »Wenn ich mich morgen hinsetze, kriege ich das ganz schnell fertig.«
- »Ich kann nur unter Druck arbeiten.«
- »Ich muss mich erstmal kurz ausruhen.«

Nach der Theorie der Operanten Konditionierung steigt die Wahrscheinlichkeit, ein Verhalten zu zeigen, wenn seine Konsequenzen als belohnend erlebt wurden (Verstärkung), während die Verhaltenswahrscheinlichkeit sinkt, wenn es negative Konsequenzen nach sich zog (Bestrafung). Lernwirksam sind jedoch nur kurzfristig auf das Verhalten folgende Konsequenzen (Koch/Stahl 2016). Der vor dem Abgabetermin zunehmende Stress beeinflusst daher nicht das Aufschieben. Als kurzfristige Verstärker wirken z. B. eine verminderte Anspannung, da von der Aufgabe abgelenkt wird (z. B. schnell etwas recherchieren), kurzfristige Erfolgserlebnisse (z. B. das Geschirr abgespült zu haben), angenehmere Tätigkeiten (z. B. Computerspielen) oder eine Ausrede für einen Misserfolg (Self-Handicapping: »Das konnte nichts werden, weil ich nicht pünktlich angefangen habe«; Ferrari/Tice 2000). Folgende Abbildung kann zur Selbstreflexion der eigenen prokrastinationsfördernden und -aufrechterhaltenden Bedingungen genutzt werden (▶ Abb. 6.1).

Aus dem verhaltensanalytischen Modell lassen sich Interventionen ableiten.

1. Aktive Prüfung prokrastinationsfördernder Gedanken (Höcker et al. 2022): Hinterfragen Sie prokrastinationsfördernde Gedanken, wie z. B. »Bei einer Stunde Zeit lohnt es sich nicht anzufangen«: a) Ist der Gedanke hilfreich/nützlich? b) Ist der Gedanke realistisch/rational? c) Ist der Gedanke die einzig mögliche Sichtweise? d) Ist der Gedanke selbstverständlich? e) Welche alternativen/ hilfreicheren Gedanken wären möglich?
2. Entkatastrophisieren von Fehlern (Hautzinger/Pössel 2017): Sorgen sind meist sehr diffus (»Wenn ich eine schlechte Arbeit abgebe, ist das eine Katastrophe!«). Konkretisiert man die Sorgen, zeigt sich häufig, dass das Eintreffen der Sorge weniger wahrscheinlich und weniger schlimm ist als erwartet und dass mehr Handlungsmöglichkeiten bestehen als angenommen. Eine Auseinandersetzung mit der Sorge, wenn auch unangenehm, kann daher die Sorgen reduzieren: a) Was sind die schlimmsten Fehler, die Sie machen könnten? b) Wie wahrscheinlich ist das? c) Wer wird die Fehler wahrnehmen und wie werden diese Personen darauf reagieren? d) Was ist ihre Reaktion darauf und wie lange dauert die Situation an? e) Was sind die schlimmsten Konsequenzen, die daraus in fünf Jahren folgen könnten? f) Wie wahrscheinlich ist das? g) Wie schlimm ist die Situation im Vergleich zu anderen belastenden Ereignissen, die Sie erlebt haben?

Teil B: Über das Schreiben und die Ängste

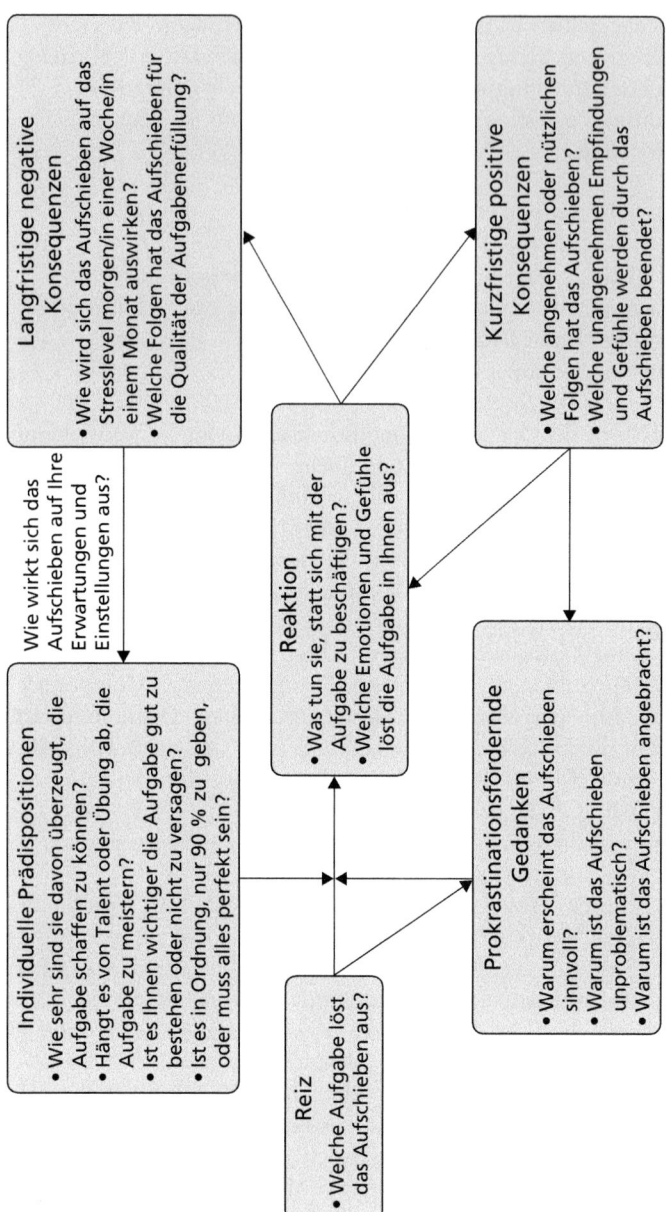

Abb. 6.1: Vereinfachtes verhaltensanalytisches Modell der Prokrastination mit Fragen zur Selbstreflexion (eigene Darstellung)

3. Modifikation der Selbstwirksamkeitserwartung: Sind Menschen der Überzeugung, dass sie eine Handlung nicht erfolgreich ausführen können, so werden sie sich auch nicht daran versuchen (z. B. Rovniak et al. 2002). Daher ist es hilfreich, die Selbstwirksamkeitsüberzeugung zu stärken: a) Wann in Ihrem Leben haben

Sie es geschafft, sich selbst zu überwinden? b) Wann haben Sie schon einmal eine ähnliche Aufgabe gelöst? c) Welches Teilziel könnten Sie mit 90 % Wahrscheinlichkeit erreichen?
4. Growth-Mindset: Sehen Sie das Schreiben als eine Aufgabe, an der Sie wachsen können und die nur durch Training und harte Arbeit lösbar ist (Dweck/Leggett 1988). Eine Abschlussarbeit ist wie ein Marathon. Den packt niemand ohne Training. Das Verständnis dafür, dass man kein Talent, sondern Übung benötigt, steigert die Schreibmotivation (Truax 2018). Hilfreich ist vor allem, regelmäßig etwas zu schreiben und Routinen für den Beginn der Arbeit zu entwickeln (Höcker et al. 2022).
5. Selbstbelohnung: Eine kontingente Belohnung (Verstärker) für die Arbeit am Text erhöht die Wahrscheinlichkeit, dass auch in Zukunft an dem Text gearbeitet wird. Kontingent heißt, dass die Belohnung nur erfolgt, wenn das festgesetzte Ziel auch erreicht wurde. Als Ziele eignen sich kleine Zwischenschritte, die innerhalb einer vorgesehenen Zeitspanne erreichbar sind. Belohnungen können in Form von ernstgemeintem Selbstlob erfolgen (jede Arbeit am Text ist ein Erfolg!) oder in Form von kleinen Belohnungen wie Kontakt zu Freund:innen, Schokolade, einer Auszeit oder ähnlichem.

Während die prokrastinationsfördernden Bedingungen zu einem geringeren Selbstwert und negativen selbsterfüllenden Prophezeiungen führen, entwickeln die oben genannten Interventionen einen positiven sich selbst verstärkenden Kreislauf, der zu einer positiveren Grundhaltung gegenüber der Aufgabe und positiven selbsterfüllenden Prophezeiungen führt.

6.1.2 Motivationspsychologische Sichtweise

Das Rubikon-Modell der Handlungsphasen (Achtziger/Gollwitzer 2018) unterteilt die Ausführung einer Handlung in vier Phasen mit unterschiedlichen Anforderungen. Mit dem Modell lässt sich prüfen, in welcher Phase Probleme auftreten, um dann adäquate Problemlösungen abzuleiten. Das Modell unterscheidet eine motivationale Phase, in der eine Handlung aus der Vielzahl möglicher Handlungen ausgewählt wird, und drei volitionale Phasen, die sich mit der Umsetzung der Handlung beschäftigen. Nach dem Übergang in die Volition ist die Festlegung einer neuen Handlung nur unter hohem psychischem Aufwand möglich.

- Phase 1: In Bezug auf Prokrastination können Probleme in Bezug auf die Handlungsauswahl auftreten. Diese Phase kann durch die im verhaltensanalytischen Modell beschriebenen kognitiven Methoden und die WOOP-Methode (▶ Kap. 6.1.3) adressiert werden.
- Phase 2: Eine gute Planung der Handlung erhöht die Wahrscheinlichkeit, dass die Handlung tatsächlich ausgeführt wird. Phase 2 profitiert ebenfalls von der WOOP-Methode und einer kleinschrittigen und realistischen Planung (▶ Kap. 6.2).

- Phase 3: Die Ausführung beansprucht Ressourcen (exekutive Funktionen), die durch die Schaffung günstiger Rahmenbedingungen reduziert werden können. Hierzu gehört bspw. die Wahl eines angenehmen Arbeitsplatzes, der wenig Ablenkung bietet. Auch das Aufsuchen eines außerhäuslichen Arbeitsplatzes kann Vorteile bieten wie die Reduktion ablenkender Reize oder eine klare Trennung von Arbeit und Alltag. Störungen (z. B. Hunger oder eingehende E-Mails) sollten minimiert werden. Des Weiteren können die Anforderungen durch eine Vereinfachung der Aufgabe reduziert werden: Beim Focused Free Writing wird ein Thema festgelegt (z. B. ein Unterkapitel) und für einen festgelegten Zeitraum von 5 bis 15 Minuten möglichst durchgehend geschrieben, ohne den Inhalt zu planen oder auf sprachliche Aspekte zu achten. Anschließend wird der Text hinsichtlich Struktur, Inhalt und Sprache überarbeitet (für eine Übersicht siehe Li 2007).
- Phase 4: Nach Durchführung oder Abbruch der Handlung werden Vorgehen und Zielerreichung bewertet. Hierbei ist es sinnvoll, das Ende der Handlung so zu wählen, dass ein Erfolgserlebnis entsteht (z. B., dass ein Absatz oder Kapitel beendet wurde), statt mitten in einer schwierigen Aufgabe aufzuhören. Dies fördert die Motivation zur Weiterarbeit und die Lösung von der Handlung.

Die vier Phasen und abgeleitete förderliche Faktoren sind in folgender Abbildung dargestellt (▶ Abb. 6.2).

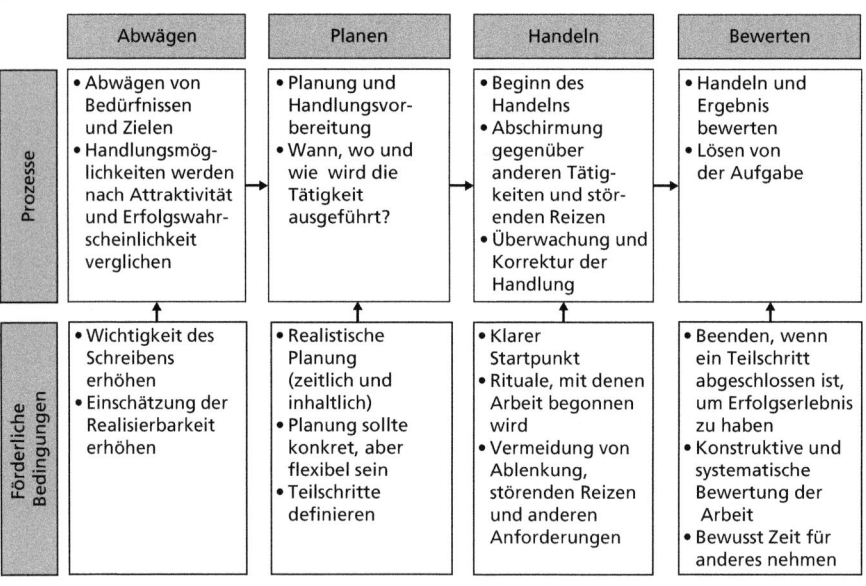

Abb. 6.2: Übersicht über die Phasen des Rubikon-Modells und förderlicher Faktoren (eigene Darstellung)

6.1.3 WOOP

WOOP (Wish, Outcome, Obstacle, Plan) bezeichnet griffig die Methode der Mentalen Kontrastierung mit Implementations-Intention (MCII; Adriaanse et al. 2010). WOOP ist eine wissenschaftlich evaluierte Methode (Wang et al. 2021), die die Wahrscheinlichkeit erhöht, dass gebildete Vorsätze umgesetzt werden. Beispielsweise bereiteten sich High-School-Schüler:innen, die an einer 30-minütigen WOOP-Intervention teilnahmen, umfangreicher auf einen wichtigen Test vor als die Kontrollgruppe (Duckworth et al. 2011).

WOOP besteht aus einer mentalen Kontrastierung der erwünschten Zukunft mit den Hindernissen auf dem Weg zur Zielerreichung und der Entwicklung konkreter Wenn-Dann-Pläne zur Zielerreichung (Adriaanse et al. 2010) mit folgenden Schritten:

1. Wish (Wunsch): Benennen Sie einen Wunsch, der für Sie wichtig ist und dessen Erreichung herausfordernd, aber realisierbar ist (z. B. eine [gute] Qualifikationsarbeit abzugeben).
2. Outcome (Ergebnis): Stellen Sie sich die für Sie besten Folgen der Wunscherfüllung möglichst bildlich und lebhaft vor (z. B.: den Stolz auf die Abgabe der Arbeit, die gewonnene Freizeit und Ruhe oder den Abschluss des Studiums).
3. Obstacle (Hindernisse): Identifizieren Sie die wichtigsten internalen Hindernisse, die der Wunscherfüllung im Weg stehen und stellen Sie sich auch diese möglichst bildlich und lebhaft vor (z. B.: die Beschäftigung mit anderen Aufgaben, negativen Emotionen oder irrationalen Überzeugungen). Anschließend entwickeln Sie effektive Möglichkeiten zur Überwindung des Hindernisses (z. B.: Verhaltensweisen wie den Browser nicht zu öffnen oder die Korrektur dysfunktionaler Gedanken wie »Morgen wird die Zeit knapp, ich sollte heute anfangen.«).
4. Plan: Anschließend formulieren Sie Wenn-Dann-Pläne, die vorgeben, was Sie tun, wenn ein Hindernis auftritt (z. B.: »Wenn mir der Gedanke kommt, dass ich vor dem Schreiben noch das Badezimmer aufräumen muss, prüfe ich, ob das wirklich notwendig ist und für eine pünktliche Abgabe hilfreich ist.«).

Wenn-Dann-Pläne können auch hilfreich sein, um festzulegen, wann Sie mit der Arbeit beginnen. Die Entwicklung eines Wenn-Dann-Plans erhöht die Wahrscheinlichkeit, dass Sie ein gewünschtes Verhalten umsetzen, da ein klarer Hinweis auf das Verhalten gegeben wird (Gollwitzer/Sheeran 2006). Beispielsweise könnten Sie den Plan entwickeln, dass Sie am Samstag, wenn Sie vom Einkaufen zurückkommen, an der Hausarbeit weiterschreiben. Je konkreter die Wenn-Dann-Pläne sind, desto wahrscheinlicher ist die Umsetzung.

Für den Übergang von der Planung in die Umsetzung und für die Aufrechterhaltung der Umsetzung ist eine gute Zeitplanung hilfreich. Daher werden im Folgenden Methoden aus dem Projektmanagement skizziert, die bei der Umsetzung komplexer Projekte unterstützen können. Übrigens kann auch WOOP das Zeitmanagement verbessern (Oettingen et al. 2015).

6.2 Zeitmanagement

Eine Schreibblockade führt insbesondere zu Zeitdruck. Zeitdruck wiederum fördert Schreibblockaden. Dieser Teufelskreis kann durch ein effektives Zeitmanagement durchbrochen werden. Im Weiteren wird Zeitmanagement zunächst auf der Makroebene betrachtet. Auf dieser Ebene geht es um das Management der Zeit in einer Gesamtbetrachtung der Aufgabe. Es folgt eine Betrachtung der Mikroebene, die die Planung konkreter einzelner Handlungsschritte in der Gesamtaufgabe als Gegenstand hat.

Auf der Makroebene ist zunächst zu definieren, um welche Art von Arbeitsaufgabe es sich bei der Erstellung einer wissenschaftlichen Arbeit aus Sicht von Studierenden handelt. Es lassen sich die folgenden drei Kriterien erkennen.

- Besonderheit der Arbeitsaufgabe: Wissenschaftliche Arbeiten sind besondere Herausforderungen, die sich stark von der üblichen Routine des Studiums unterscheiden. Sie kommen im Rahmen des Studiums selten vor und sind komplex.
- Zeitliche Begrenzung: Der Bearbeitungszeitraum ist durch eine unverrückbare Abgabefrist eingeschränkt.
- Zielorientierung: Ziel einer wissenschaftlichen Arbeit ist immer die Erstellung einer wissenschaftlichen Leistung. Trotz unterschiedlicher Ausgestaltungen – bspw. bei der angestrebten Benotung – ist dieses Ziel immer gleich.

Damit kann festgehalten werden, dass das Verfassen einer wissenschaftlichen Qualifikationsarbeit unter dem Begriff des Projekts zu fassen ist, denn die dargestellten Kriterien entsprechen den Kriterien für das Vorliegen eines Projekts.[1] Daher wird im Folgenden auf Instrumente zur zeitlichen Planung und Steuerung im Projektmanagement eingegangen. Sie unterscheiden sich grundlegend in zwei Prinzipien: Das Wasserfallprinzip und das Prinzip des agilen Projektmanagements. Das Wasserfallprinzip versucht durch eine intensive und exakte Planung vorausschauend zu planen und somit eine Vorhersage zu generieren. Agile Methoden sind im Gegensatz dazu sehr flexibel und schnell anpassbar. Je nach persönlicher Präferenz können diese Planungsinstrumente unterschiedlich hilfreich sein und werden daher beide in der Folge dargestellt.

6.2.1 Makroansatz mit dem Wasserfallprinzip

Das Wasserfallprinzip versucht bereits vor Projektbeginn, also vor Beginn der Erstellung einer wissenschaftlichen Arbeit, die Arbeitsaufgabe zu planen, und zwar nach Aktionen, Meilensteinen und der dafür benötigten Zeit. Ein mögliches Ergebnis einer solchen Planung wird für gewöhnlich als Balkenplan dargestellt – wie beispielhaft in folgender Abbildung ersichtlich (▶ Abb. 6.3).

---

[1] Vgl. hierzu die Definition des Begriffs Projekt bei Vogt und Schewe (2018).

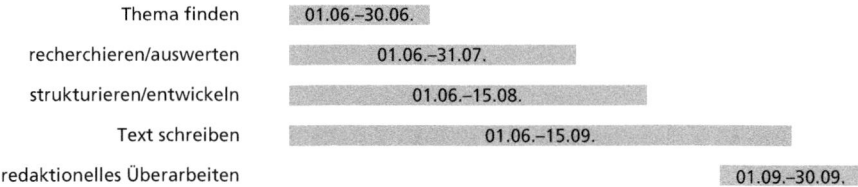

Abb. 6.3: Beispielhafte Darstellung eines Balkendiagramms (eigene Darstellung)

In dieser Abbildung werden die jeweiligen Arbeitspakte in Bezug auf ihre Dauer und zeitliche Lage dargestellt. Die beispielhafte Darstellung dient als einfaches Modell, das beliebig erweitert werden kann, z. B. durch die Darstellung von Abhängigkeiten zwischen Arbeitspaketen oder die Darstellung von Puffern oder Meilensteinen. Eine solche Darstellung erfordert drei Planungsschritte: die Aktionsplanung, die Meilensteinplanung und die Zeitplanung (Olfert 2012, 104 f.).

Die Aktionsplanung hat die Aufgabe, die verschiedenen Arbeitsschritte zu identifizieren. Im Rahmen des klassischen Projektmanagements werden dabei viele Informationen erhoben, auf die in diesem Rahmen verzichtet werden kann – wie bspw. Zuständigkeiten und Hilfsmittel. Dabei sollen am Ende dieses Planungsschrittes die Arbeitsaufgaben gut herausgearbeitet und dargestellt werden können. Die Meilensteinplanung hat die Aufgabe, besondere (Zwischen-)Ergebnisse oder Ereignisse zu identifizieren, die am Ende der Arbeitspakete erreicht sein sollen (sogenannte Meilensteine). Ausgehend von den üblichen Anforderungen an Ziele (z. B. SMART-Kriterien), sollen sie sowohl herausfordernd als auch erreichbar sein. Der abschließende Schritt ist die Zeitplanung. Sie nutzt die Aktions- und die Meilensteinplanung als Ausgangsbasis. Die Zeitspanne, die für eine Aufgabe zur Verfügung steht, kann entweder vom Startzeitpunkt ausgehen und dann zum Ende hin weitergerechnet werden (Vorwärtsrechnung) oder vom angestrebten Zeitpunkt der Fertigstellung ausgehen (Rückwärtsrechnung). Die Ergebnisse dieser drei Schritte sind im aufgeführten Beispiel beschrieben.

- Thema finden: Für die Themenfindung wird ein Monat angesetzt, startend mit dem Beginn des Bearbeitungszeitraums. In dieser Phase sollen sowohl der Themenbereich als auch die Forschungsfrage entwickelt werden. Daher ergibt sich eine Parallelität zu anderen Phasen. *Meilensteine:* formuliertes Thema und formulierte Forschungsfrage.
- Recherchieren/Auswerten: Da eine Themenfindung und das Entwickeln einer Forschungsfrage im wissenschaftlichen Bereich nur auf Grundlage bestehender Erkenntnisse sinnvoll sind, startet diese Phase ebenfalls mit dem Beginn. Insgesamt dauert sie zwei Monate und es ergeben sich weitere Parallelitäten zu weiteren Arbeitspaketen. *Meilensteine:* Kenntnis und Dokumentation der bestehenden Literatur im Zusammenhang mit dem Forschungsthema und der Forschungsfrage.
- Strukturieren/entwickeln: Die Methodenwahl wird vorgenommen und die Gliederung entsteht; sollte eine empirische Untersuchung vorgenommen werden, erfolgt auch die Datenerhebung in dieser Phase. Auch hier kann direkt mit

Beginn gestartet werden. Insgesamt dauert dieses Arbeitspaket 3,5 Monate. *Meilensteine:* Methodenwahl, Gliederung, ggf. Datenerhebung und -auswertung.
- Text schreiben: Das Verfassen des Textes kann direkt mit dem Beginn starten und parallel zu allen weiteren Phasen laufen, in unserem Beispiel sind es 3,5 Monate. *Meilenstein:* fertiggestellter Text.
- Redaktionelles Überarbeiten: Das redaktionelle Überarbeiten startet in diesem Fall zwei Wochen vor dem geplantem Ende der Textproduktion und dauert insgesamt vier Wochen. *Meilenstein:* abgeschlossene wissenschaftliche Arbeit.

6.2.2 Hybridansatz mit agilen Methoden

Agile Methoden unterscheiden sich fundamental von denen des Wasserfallprinzips. Dem Wasserfallprinzip wird häufig eine sehr geringe Flexibilität bei Abweichungen und Veränderungen vorgeworfen. Außerdem ist die Umsetzung sehr aufwendig. Die Frage, ob die Planungszeit nicht besser für die konkrete Arbeit an der wissenschaftlichen Aufgabe genutzt worden wäre, tut sich an dieser Stelle schnell auf. Dahingehend liegen agilen Methoden andere Leitgedanken zu Grunde (Gloger/Margetich 2014, 7 ff.):

- Veränderungen zu berücksichtigen und damit flexibel sein zu können, ist wichtiger als Pläne zu befolgen.
- Das tatsächliche Vorankommen ist wichtiger als das ständige Dokumentieren und Kontrollieren des Fortschritts.
- Die Zusammenarbeit mit dem:der Kund:in steht stark im Vordergrund und soll iterativ erfolgen. Auf das Erstellen einer wissenschaftlichen Arbeit übertragen bedeutet dies, dass Sichtweisen auf die Thematik wechseln können und sich daher auch die Vorgehensweise während der Bearbeitungszeit verändern kann.

Es haben sich mehrere agile Methoden herausgebildet, wie bspw. Design Thinking oder SCRUM. Für die Erstellung wissenschaftlicher Qualifikationsarbeiten ist besonders der Kanban-Ansatz geeignet, der seinen Ursprung zwar in der Steuerung von industriellen Fertigungsprozessen hat, aber durch den IT-Sektor für die Verwendung im Projektmanagement angepasst worden ist. Dabei folgt der Kanban-Ansatz drei Prinzipien (Timinger 2017, 198 ff.; auf Prinzipien, die nur in arbeitsteiligen Zusammenhängen nützlich sind, wird hier verzichtet):

- Starte mit dem, was du machst: Es soll an der aktuellen Situation gearbeitet werden. Womit beschäftigt man sich gerade? Dadurch wird Untätigkeit (und die häufig zu Belastungen führende Wahrnehmung der Untätigkeit) vermieden.
- Strebe kleine Verbesserungen/Fortschritte an: Dieses Prinzip führt zu kleinen Arbeitspaketen, die in einer kurzen Zeit realisierbar sind.
- Respektiere die aktuelle Situation: Veränderungen im Vorgehen müssen gut begründet sein und die aktuellen Aufgaben sollen ohne Widerstand behandelt werden. Die notwendige Selbstorganisation führt zu vielen Freiräumen, die als Verantwortung genutzt werden sollen.

Auf dieser Grundlage existieren sechs Praktiken im Kanban-Ansatz. Die Reihenfolge steht für eine sinkende Bedeutung der Praktiken im Rahmen der Erstellung von wissenschaftlichen Arbeiten.

1. Mache die Arbeit sichtbar: Durch die Planung wird auch kleinschrittiges Vorankommen wahrnehmbar.
2. Limitiere die Menge angefangener Arbeiten: Die verschiedenen Arbeitsströme bleiben beherrschbar, der Überblick über verschiedene Arbeitsstränge wird nicht verloren.
3. Messe und manage den Fluss: Auf der Grundlage der sichtbaren abgeschlossenen und angefangenen Arbeiten können bessere Entscheidungen getroffen werden, welche Arbeiten als nächstes sinnvoll sind.
4. Mache Prozessregeln explizit: Wenn bspw. die Formatierung oder das Literaturverzeichnis nicht im ersten Schritt der Textproduktion erfolgen soll, soll das deutlich werden (aufschreiben).
5. Entwickle Rückmeldemechanismen: Diese sind insbesondere in arbeitsteiligen Vorgehensweisen von sehr großer Bedeutung (z. B. die Einigung auf die Nutzung einer Kommentarfunktion beim Korrekturlesen).
6. Führe gemeinschaftlich Verbesserungen durch: Arbeitsteilige Prozesse sollen möglichst partizipativ fortentwickelt werden, mindestens durch eine gemeinsame Nachvollziehbarkeit.

Diese Praktiken werden im Kanban-Board eingesetzt, dem Kernstück des Kanban-Ansatzes. Es handelt sich dabei um eine tabellarische Darstellung des jeweiligen Bearbeitungsstandes von bereits vorhandenen Arbeitspaketen. Ein solches Kanban-Board könnte für die Erstellung einer wissenschaftlichen Arbeit mit den folgenden Spalten arbeiten:

- Ideen
- In Planung
- Als nächstes in Arbeit
- (Heute) in Arbeit
- Warten (auf)
- Erledigt
- Archiv

Dahinter steckt die Idee, dass die einzelnen sehr kleinen und nicht vollständig entwickelten Arbeitspakete das Board von links nach rechts durchlaufen. Ein mögliches Board gemäß des Planungsansatzes nach Kanban kann in der folgenden Tabelle beispielhaft zur Veranschaulichung betrachtet werden (▶ Tab. 6.1). Anzumerken ist in diesem Zusammenhang, dass es einerseits möglich ist, ein solches Kanban-Board physisch zu erstellen, aufzuhängen und mit einzelnen Karten zu bestücken. Andererseits stehen auch gute Software-Lösungen zur Verfügung, die teilweise kostenlos genutzt werden können.

Tab. 6.1: Beispielhafte Darstellung eines Kanban-Boards

Ideen	In Planung	Als nächstes in Arbeit	(heute) in Arbeit	Warten (auf)	Erledigt	Archiv
Bezug zur Studie xy prüfen	Softwaretool zur Datenauswertung wählen	Fragebogen entwerfen	Quelle zu xy lesen	Fernleihe yz	Gliederungsentwurf fertigstellen	Methodenwahl
Stand in Skript v etwas dazu?	Zu Bibliothek in z fahren		Kapitel 2.3 formulieren	Rückmeldung Gliederungsentwurf		

Eigene Darstellung

6.2.3 Mikroansatz mit der Pomodoro-Technik

Die Pomodoro-Technik (Cirillo 2013, 2023) beschreibt einen Mikroansatz der Planung und des Zeitmanagements. Die grundlegende Idee ist, dass eine hohe Frequenz an Pausen eine kurzfristige Anregung der geistigen Leistungsfähigkeit einer Person erzeugen soll. Daher sollen viele kleine Arbeitseinheiten umgesetzt werden, die dann jeweils von einer Pause unterbrochen werden. Hierdurch sollen mehrere Dinge erreicht werden:

- Verminderung von Prokrastination (Aufschieben),
- das Einhalten von geplanten Zeitfenstern (Timeboxing) und
- eine konstante Fortentwicklung des zu bearbeitenden Gegenstands.

Jedes Arbeitspaket soll eine Zeitdauer von 25 Minuten nicht überschreiten. Sichergestellt wird dies durch ein Pausensignal nach 25 Minuten (z. B. durch einen Wecker), damit die Arbeit durch eine Pause unterbrochen wird. Daher hat die Pomodoro-Technik auch ihren Namen: Ihr Erfinder Francesco Cirillo hatte eine Eieruhr in Tomatenform (italienisch: pomodoro) verwendet. Das konkrete Vorgehen besteht aus vier Schritten.

1. Formulierung des Arbeitspakets: Hier kann ein Zusammenspiel mit den zuvor vorgestellten Techniken hergestellt werden. Insbesondere ein Zusammenwirken mit einem Kanban-Board erscheint zielführend.
2. Stellen eines Weckers auf 25 Minuten.
3. Bearbeiten des formulierten Arbeitspakets während der 25 Minuten.
4. Ca. 5 Minuten Pause einlegen.

Diese vier Schritte sollen viermal wiederholt werden und dann eine längere Pause eingelegt werden, bspw. von einer Viertelstunde. Sollte es – wie zu erwarten ist –

dazu kommen, dass Arbeitspakete in den 25 Minuten nicht abgeschlossen werden, so sollten Sie in der folgenden Arbeitsphase fortgesetzt werden.

Literatur

Achtziger, A., Gollwitzer, P. M. (2018): Motivation und Volition im Handlungsverlauf. In: J. Heckhausen, H. Heckhausen (Hrsg.), Motivation und Handeln (5. Auflage) (277–300). Berlin/Heidelberg: Springer.

Adriaanse, M. A., Oettingen, G., Gollwitzer, P. M., Hennes, E. P., Ridder, D. T. D. de, Wit, J. B. F. de (2010):When Planning is not enough: Fighting Unhealthy Snacking Habits by Mental Contrasting with Implementation Intentions (MCII). European Journal of Social Psychology, 40 (7), 1277–1293.

Cirillo, F. (2013):The Pomodoro Technique: Do more and Have Fun with Time Management. Berlin: FC Garage.

Cirillo, F. (2023):The Pomodoro® Technique. Online verfügbar unter : https://francescocirillo.com/products/the-pomodoro-technique#, Zugriff am 04.02.2023.

Day, V., Mensink, D., O'Sullivan, M. (2000): Patterns of Academic Procrastination. Journal of College Reading and Learning, 30 (2), 120–134.

Duckworth, A. L., Grant, H., Loew, B., Oettingen, G., Gollwitzer, P. M. (2011): Self-Regulation Strategies Improve Self-Discipline in Adolescents: Benefits of Mental Contrasting and Implementation Intentions. Educational Psychology, 31 (1), 17–26.

Dweck, C. S., Leggett, E. L. (1988): A Social-Cognitive Approach to Motivation and Personality. Psychological Review, 95 (2), 256–273.

Ferrari, J. R., Tice, D. M. (2000): Procrastination as a Self-Handicap for Men and Women: A Task-Avoidance Strategy in a Laboratory Setting. Journal of Research in Personality, 34 (1), 73–83.

Gloger, B., Margetich, J. (2014): Das Scrum-Prinzip: Agile Organisationen aufbauen und gestalten. Stuttgart: Schäffer-Poeschel.

Gollwitzer, P. M., Sheeran, P. (2006): Implementation Intentions and Goal Achievement: A Meta-analysis of Effects and Processes. Advances in Experimental Social Psychology, 38, 69–119.

Hautzinger, M., Pössel, P. (2017): Kognitive Interventionen. Standards der Psychotherapie. Band 1. Göttingen: Hogrefe.

Höcker, A., Engberding, M., Rist, F. (2017): Prokrastination: Ein Manual zur Behandlung des pathologischen Aufschiebens (2. Auflage). Göttingen: Hogrefe.

Höcker, A., Engberding, M., Rist, F. (2022): Prokrastination: Extremes Aufschieben. Fortschritte der Psychotherapie. Band 84. Göttingen: Hogrefe.

Koch, I., Stahl, C. (2016): Assoziationsbildung, Konditionierung und implizites Lernen. In: J. Müsseler, M. Rieger (Hrsg.), Allgemeine Psychologie (3. Auflage) (319–355). Berlin/Heidelberg: Springer.

Li, L. Y. (2007): Exploring the Use of Focused Freewriting in Developing Academic Writing. Journal of University Teaching and Learning Practice, 4 (1), 46–60.

Oettingen, G., Kappes, H. B., Guttenberg, K. B., Gollwitzer, P. M. (2015): Self-Regulation of Time Management: Mental Contrasting with Implementation Intentions. European Journal of Social Psychology, 45 (2), 218–229.

Olfert, K. (2012): Projektmanagement: Kompakt-Training praktische Betriebswirtschaft (8. Auflage). Kiel.

Reinecker, H. (2015): Verhaltensanalyse: Ein Praxisleitfaden. Göttingen: Hogrefe.

Rovniak, L. S., Anderson, E. S., Winett, R. A., Stephens, R. S. (2002): Social Cognitive Determinants of Physical Activity in Young Adults: A Prospective Structural Equation Analysis. Annals of Behavioral Medicine, 24 (2), 149–156.

Timinger, H. (2017): Modernes Projektmanagement: Mit traditionellem, agilem und hybridem Vorgehen zum Erfolg. Weinheim: Wiley.

Truax, M. L. (2018): The Impact of Teacher Language and Growth Mindset Feedback on Writing Motivation. Literacy Research and Instruction, 57 (2), 135–157.

Vogt, K. I., Schewe, G. (2018): Projekt. In: Gabler Wirtschaftslexikon. Online verfügbar unter: https://wirtschaftslexikon.gabler.de/definition/projekt-42861/version-266202, Zugriff am 04.02.2023.

Wang, G., Wang, Y., Gai, X. (2021): A Meta-Analysis of the Effects of Mental Contrasting With Implementation Intentions on Goal Attainment. Frontiers in psychology, 12, 565202.

Teil C: Gestaltung und Struktur wissenschaftlicher Arbeiten in der Sozialen Arbeit

7 Forschen im Rahmen der Bachelorarbeit – warum sollte ich mir das antun?

Katrin Sen, Fatma Betül Ağırbaş Aslan & Çiğdem Erdoğan

7.1 Einleitung

Im folgenden Beitrag wird der Mehrwert eigener empirischer Untersuchungen im Rahmen einer Abschlussarbeit aufgezeigt. Er soll Studierende zu eigenen Forschungen in ihrer Bachelorarbeit motivieren und eine Hilfestellung bieten, wie Theorie und Praxis in der Sozialen Arbeit auf wissenschaftlichem Niveau miteinander verknüpft werden können, denn gute Praxis benötigt theoretische Grundlagen. Forschung ist elementar, um Erkenntnisse und Handlungsweisen auf ihre Gültigkeit sowie intuitives Wissen hin zu überprüfen (u. a. Bieker 2016).

Der Beitrag legt den Fokus auf Erfahrungswissen und bezieht die Perspektive von zwei Absolventinnen mit ein, die ihre Bachelorarbeit mithilfe eigener empirischer Untersuchungen erfolgreich abgeschlossen haben. Neben den persönlichen Einlassungen einer Professorin für Soziale Arbeit beschreiben die Absolventinnen, welche Chancen und Herausforderungen für sie im Rahmen ihrer qualitativen Abschlussarbeiten entstanden sind, und geben Studierenden Tipps für eine gelungene Abschlussarbeit.

7.2 Motivation für eigene Forschungen

Die Gründe für die Aufnahme eines Studiums der Sozialen Arbeit sind vielfältig. Neben der Auswahl an beruflichen Möglichkeiten und dem Interesse an der Entwicklung der eigenen Persönlichkeit, ist es für viele Studienanfänger:innen ein großes Anliegen, Menschen in schwierigen Situationen helfen zu wollen (Pulver/Matti 2021, 414). Die Motive zum Studium der Sozialen Arbeit orientieren sich stark an praktischen Umsetzungsmöglichkeiten sowie beruflichen Perspektiven und oft weniger an Forschung. Fachhochschulen heben ihren Praxisbezug hervor und eine Verbindung der theoretischen Inhalte mit Fallkonstruktionen aus der Praxis der Sozialen Arbeit werden explizit seitens der Studierenden eingefordert.

Im pädagogischen Alltag treten dann häufig Herausforderungen auf, für die Lösungen gesucht werden. Neben dem kollegialen Austausch wird vermehrt nach Forschungsergebnissen gesucht, die Antworten bieten für die Bearbeitung der Probleme in der Praxis.

Es gibt verschiedene Möglichkeiten, sich diesen Fragen aus der Praxis zu widmen und nach Antworten zu suchen. Es können (aktuelle) Literatur rezipiert und Forschungsergebnisse herangezogen werden. Je nach Forschungsgegenstand und Stand der Theorie kann es jedoch vorkommen, dass keine geeigneten Antworten auf die individuell spezifischen Fragestellungen gefunden werden können. Hier können eigene empirische Forschungen unterstützen, Antworten zu finden; genauer gesagt: sich dem Gegenstand zu nähern. Eine der Autorinnen dieses Beitrages beschreibt ihre persönliche Motivation wie folgt:

> »Da ich selbst einen Migrationshintergrund habe und mich das Arbeitsfeld Migration seit Beginn meines Studiums interessiert, war für mich klar, dass dies auch das Thema meiner Bachelorarbeit sein sollte. Es gibt vielfältige Themen und Aspekte, die auf die Migrationsarbeit bezogen werden können. Eine der größten Herausforderungen in der Migrationsarbeit, die mehr denn je eine hohe gesellschaftliche und politische Relevanz hat, ist z.B. die Chancenungleichheit und Bildungsbenachteiligung bei jungen Menschen mit Migrationsgeschichte, auch, wenn diese in Deutschland geboren und aufgewachsen sind und selbst keine eigene Migrationserfahrung haben. Da ich auch in meinem Umkreis viele Personen habe, die von dieser Problematik betroffen sind, habe ich dieses Thema für meine Abschlussarbeit gewählt, um die Gründe, Folgen sowie die daraus resultierenden Handlungsmöglichkeiten in der Sozialen Arbeit herauszuarbeiten. In der Literatur konnte ich zwar immer wieder Ansätze finden, dass eine Migrationsgeschichte ein Faktor neben z.B. dem Bildungsstand oder Einkommen der Eltern ist, der Chancenungleichheit verstärken kann, doch ich wollte mit Menschen sprechen, die sich selbst als betroffen bezeichnen, und ihre individuelle Perspektive beleuchten.«

Was sich zunächst nach der Lösung eines Praxisproblems durch eigene Forschung anhört, ist für viele Studierende der Zeitpunkt, der mit noch mehr Fragen einhergeht und der ihnen Sorge bereitet. Häufig sind Studierende unsicher, ob sie sich für eine qualitative oder quantitative Forschung entscheiden sollen, wie ein Forschungsprozess abläuft, wie Ergebnisse ausgewertet und dargestellt werden können und wie eine Verbindung zur aktuellen Theorie erfolgen kann. Die folgenden Abschnitte nähern sich diesem Prozess der eigenen Forschung und versuchen, diese zentralen Fragen zu beantworten.

7.3 Eigene empirische Forschung: Worin liegt der Mehrwert?

Stellt sich die Frage nach der Durchführung einer eigenen empirischen Forschung im Rahmen der Abschlussarbeit, stehen zu Beginn dieses Prozesses viele Fragen, und eigene Forschungen scheinen mit einem großen Arbeitsaufwand und zahlreichen Hürden verbunden zu sein. Bevor auf Fragen und die Überwindung von Hürden eingegangen wird, wird in diesem Abschnitt zunächst einmal auf den Mehrwert eigener empirischer Untersuchungen im Rahmen der Abschlussarbeit hingewiesen.

Ein zentraler, aber auch intrinsischer, Mehrwert ist im persönlichen Interesse bekundet und in der Weiterarbeit mit den daraus resultierenden Forschungsergebnissen. Studierende haben die Möglichkeit, im Rahmen eigener Forschungen z.B. einen Gegenstand aus der Praxis zu untersuchen und die Forschungsergebnisse anschließend unmittelbar in den pädagogischen Alltag zu übertragen. Pädagogische Teams könnten im Sinne eines Praxistransfers unmittelbar von den Ergebnissen profitieren. Eine Autorin dieses Beitrags beschreibt den persönlichen Nutzen ihrer Forschung anhand eines konkreten Beispiels aus der Praxis wie folgt:

»Wenn beispielsweise bei der Arbeit mit Geflüchteten eine Klientin sich scheinbar ohne Grund ungewöhnlich verhält und es mir als Sozialarbeiterin schwerfällt, mit diesem herausfordernden Verhalten umzugehen, sollte es in meinem professionellen Selbstverständnis begründet sein, nach Ursachen und möglichen Lösungen im Umgang damit zu suchen.

Flucht kann mit einem Trauma[1] und das Verhalten von Betroffenen mit dessen Symptomen verbunden sein. Ich kann dann entweder auf bereits existierende Literatur zurückgreifen, um das Verhalten der Klientin besser zu verstehen und Unterstützung anzubieten, oder ich kann selbst anfangen, zu forschen, zu den Erfahrungen von Geflüchteten und möglichen damit einhergehenden Traumata und dessen Auswirkungen. Dadurch habe ich die Möglichkeit, Erfahrungen aus erster Hand, aus einer Betroffenenperspektive, zu bekommen. Hier können dann noch einmal neue Aspekte angesprochen werden, die möglicherweise in der Literatur bisher keine Beachtung gefunden haben. Für meine Bachelorarbeit habe ich genau diese Forschung durchgeführt und ich empfinde sie bis heute als sehr wertvoll. Durch meinen Interviewpartner habe ich eine neue Sichtweise zum Thema Flucht entwickelt. Mir war im Vorfeld schon präsent, dass Betroffene es nicht einfach haben, sei es im Heimatland, auf dem Fluchtweg oder auch im Ankunftsland. Allerdings hat mir das Interview verdeutlicht, dass mir das Ausmaß dessen nicht bewusst war. Jetzt kann ich mich viel besser in meine Klient:innen hineinversetzen und ihnen somit auch mehr Verständnis entgegenbringen.«

Unabhängig von konkreten Fragen aus der Praxis heraus, beschreibt eine weitere Autorin dieses Beitrags, inwiefern es insgesamt interessant sein kann, sich eigenen Forschungen zu widmen, unabhängig des Gegenstands aus der Praxis.

---

1 Bei der Fragestellung handelt es sich um eine forschungsleitende Fragestellung, bei deren Übersetzung in eine Interviewfrage mit äußerster Sensibilität umgegangen werden muss. Durch gezieltes Nachfragen kann eine Retraumatisierung stattfinden und es ist auf die Forschungsethik zu achten.

»Alle Inhalte, die für die Ausarbeitung der Abschlussarbeit wichtig sind, lediglich durch Literaturrecherche zu erarbeiten, ist mit mehreren Nachteilen verbunden. Zum einen besteht die Gefahr, in den zahlreichen Literaturquellen den Überblick zu verlieren, und zum anderen kann es passieren, dass durch zu viele Informationen vom Thema abgewichen wird und der Fokus verloren geht. Um möglichst genaue Schlussfolgerungen zur eigenen Fragestellung herauszuarbeiten, eignet sich daher die Durchführung einer empirischen Forschung. Dadurch wird hilfreiches Material für die Ausarbeitung und ein persönlicher Einblick gewonnen. Außerdem kann ein praktischer Bezug zur Thematik hergestellt werden. Es ist durch qualitative Forschungen möglich, auf nähere Details, subjektive Erfahrungen und Sichtweisen bezüglich des Themas einzugehen und potenzielle neue Sachverhalte herauszuarbeiten. Ein weiterer Vorteil liegt darin, dass besonders bei einer qualitativen Untersuchung die Auswertung aus dem eigenen Datenmaterial wesentlich spannender ist als bei der reinen Literaturrecherche und eine Abwechslung zur Analyse aus wissenschaftlichen Quellen darbietet.«

Für Studierende stellt sich die Frage, welchen beruflichen Weg sie nach der Bachelorarbeit verfolgen. Während viele in der Praxis unterschiedlicher pädagogischer Einrichtungen arbeiten möchten, planen andere, das Studium mit einem Masterstudiengang fortzuführen, da sie sich weiterqualifizieren möchten oder eine wissenschaftliche Karriere anstreben. Für die Weiterqualifizierung oder eine Karriere in der Wissenschaft ist es sinnvoll, so früh wie möglich eigene empirische Untersuchungen durchzuführen. Zum einen wird dadurch ersichtlich, dass man in der Lage ist, Forschungsmethoden auf einen Gegenstand hin anzuwenden, und zum anderen können Forschungsergebnisse im Anschluss auf Konferenzen vorgestellt werden. Dadurch können wertvolle Kontakte geknüpft werden und der Anschluss an eine wissenschaftliche Community ist möglich.

7.4 Der nächste Schritt: Qualitative vs. quantitative Forschung

Ist der Mehrwert der Durchführung einer eigenen empirischen Forschung deutlich und die Entscheidung dafür gefallen, schließt sich häufig die Frage an, welche Forschungsmethode zur Bearbeitung einer Fragestellung geeignet ist. Studierende müssen sich zunächst für ein qualitatives oder quantitatives Vorgehen entscheiden. Meistens ist ihnen eine Forschungsmethodik aus ihrem Studium vertrauter und sie haben bereits eine Präferenz, bevor sie überprüfen, ob diese sich für ihren Forschungsgegenstand eignet. Zu Beginn aber sollte immer die Überlegung stehen, was man genau untersuchen möchte und welche Fragestellung dahintersteht. Danach wird entschieden, ob eine qualitative oder quantitative Forschung passend ist.

Quantitative Forschungsmethoden

Quantitative Forschungsmethoden folgen einem deduktiven Vorgehen: Vorannahmen sind vorhanden, Hypothesen werden aufgestellt und mithilfe einer repräsentativen Stichprobe überprüft. Es werden messbare Sachverhalte anhand der Gütekriterien Objektivität, Reliabilität und Validität überprüft. In den Sozialwissenschaften dient häufig ein Fragebogen mit einem Mix aus geschlossenen und offenen Fragen als Erhebungsmethode quantitativer Forschung.

Qualitative Forschungsmethoden

Qualitative Forschungsmethoden folgen einem induktiven Vorgehen: Es wird ein Einzelfall analysiert und aus diesem eine Theorie generiert. Die Sicht der Befragten steht im Vordergrund und das Verstehen und Deuten von Verhalten ist Ziel der Forschung. Ein Forschungsfeld, über das bisher häufig wenig bekannt ist, wird in einem offenen und flexiblen Verfahren erkundet, Hypothesen gesucht sowie die Ergebnisse in gegenstandsbezogenen Modellen zusammengefasst. An eine qualitative Erhebung könnte dann ggf. eine quantitative Datenerhebung und Auswertung anschließen. Die Stichprobe, auch Sampling genannt, wird während des qualitativen Forschungsprozesses bei der Datenerhebung festgelegt, da der Prozess der Datenerhebung und -auswertung parallel verläuft und die Analyse der Daten aufzeigt, ob weitere Befragungen nötig oder durch weitere Daten keine neuen Aussagen zu erwarten sind. Erhebungs- und Auswertungsmethode sind hochgradig aufeinander abgestimmt. In den Sozialwissenschaften werden häufig verschiedene Interviewformen (z. B. problemzentriertes, narratives Interview oder Expert:inneninterview) oder Gruppendiskussionen durchgeführt und diese mithilfe geeigneter Auswertungsverfahren wie der qualitativen Inhaltsanalyse, der Grounded Theory oder der dokumentarischen Methode ausgewertet (u. a. Przyborski/Wohlrab-Sahr 2021).

Die Entscheidung für qualitative oder quantitative Forschung werden seitens der Autor:innen wie folgt beschrieben.

> »Wenn nun auf das Beispiel ›Chancenungleichheit und Bildungsbenachteiligung bei jungen Menschen mit Migrationshintergrund‹ zurückgegriffen wird, könnte eine geeignete Frage lauten: ›Welche Bildungsbenachteiligungen erleben junge Menschen mit Migrationshintergrund im deutschen Bildungssystem?‹ Hierbei ist es wichtig, sich klarzumachen, welches Ziel man dabei verfolgen möchte und was durch die Fragestellung herausgefunden werden soll. Da hier der Fokus auf der Betroffenenperspektive liegt und individuelle Erfahrungen im Vordergrund stehen, wäre für diese Frage vorzugsweise die Durchführung einer qualitativen Forschung in Form eines Leitfadeninterviews geeignet.
>
> Wenn bezüglich des Themas Flucht und Trauma ein gewisses Interesse besteht und Auswirkungen und Erfahrungen näher untersucht werden sollen, wäre eine

mögliche Fragestellung: ›Welche traumatischen Erfahrungen machen Geflüchtete und wie wirken sich diese Traumata auf die Betroffenen aus?‹. Da es sich auch hierbei um die Betroffenenperspektive handelt, eignet sich ebenso eine qualitative Forschung, bei der ein Leitfadeninterview mit einer geflüchteten Person durchgeführt werden kann.

Interessiert dagegen insbesondere die Lebenszufriedenheit junger Geflüchteter im Vergleich zu Jugendlichen ohne Fluchthintergrund, würde sich eine quantitative Untersuchung eignen, um die Daten von möglichst vielen Proband:innen miteinander vergleichen zu können im Hinblick auf die Lebenszufriedenheit und mögliche Einflussfaktoren. Eine geeignete Fragestellung könnte hier lauten: ›Welchen Einfluss hat ein Fluchthintergrund auf die Lebenszufriedenheit junger Menschen?‹«

Beide Forschungsmethoden bieten Vor- und Nachteile. Die quantitative Forschung liefert repräsentative Ergebnisse und ist mit einem geringeren Zeitaufwand verbunden, lässt aber keine Rückschlüsse auf die Ursachen der Ergebnisse bzw. Einstellungen zu und es ist kein flexibles Nachfragen während der Erhebungssituation möglich. Die qualitative Forschung ist zwar zeitintensiver (vor allem in der Datenauswertung) und erfordert bestimmte Qualifikationen der Interviewenden, liefert jedoch tiefgründigere Informationen durch freie Antwortmöglichkeiten der Interviewten sowie die Interaktion während der Datenerhebung (Röbken/Wetzel 2016, 15 in Anlehnung an: Winter 2000).

7.5 Eigene Forschung und trotzdem Theorie? – Zum Verhältnis von Theorie und Empirie in empirischen Abschlussarbeiten

Für viele Studierende stellt sich bei eigenen Forschungen im Rahmen ihrer Abschlussarbeit die Frage, inwiefern sie theoretische Befunde einbeziehen sollen. Zunächst einmal ist es wichtig zu erwähnen, dass die eigene Forschungsfrage aus vorhandenen theoretischen Erkenntnissen abgeleitet wird. Stellt sich im Rahmen der eigenen Forschung z. B. die Frage nach dem Einfluss der Migrationsgeschichte auf den Bildungserfolg, ist es relevant, zu recherchieren, welche Erkenntnisse hierzu bereits vorliegen. Gibt es aktuelle (oder zusätzlich auch ältere, um einen Vergleich zu ermöglichen) Studien, die bereits Aussagen zu dieser Forschungsfrage liefern und wo liegt die Forschungslücke, die mit der eigenen Forschung geschlossen werden kann? Vielleicht existieren bisher überwiegend qualitative oder quantitative Studien, sodass durch die entsprechende Methodik die Forschungslücke aufgegriffen wird.

»Das Thema Flucht wird z. B. in der Politik und in den Medien eher im Zusammenhang mit Zahlen und Statistiken aufgegriffen, es existieren also viele quantitative Studien dazu (Schiefer 2017, 1). Was allerdings fehlt, ist eine gewisse qualitative Annäherung, weshalb die oben erwähnte Fragestellung: ›Welche traumatischen Erfahrungen machen Geflüchtete und wie wirken sich diese Traumata auf die Betroffenen aus?‹ dazu beträgt, diese Forschungslücke zu schließen.«

Die Recherche über das Vorhandensein von Theorien und Forschungen nennt sich die Darstellung des aktuellen Forschungsstandes. Neben dem Einbezug vorhandener Studien geht es auch um statistische Angaben und begriffliche Herleitungen. Begriffe, die im Titel und der Fragestellung verwendet werden, sollten auch im Theorieteil der Abschlussarbeit definiert werden. Hierfür ist es nicht zwingend notwendig, ein eigenes Kapitel zu begrifflichen Herleitungen oder Definitionen zu verfassen. Zentrale Begriffe können auch im Theorieteil definiert werden, ohne jedem Begriff ein eigenes Unterkapitel zuzuteilen.

Die Erwähnung kritischer und kontroverser Positionen ist immer wünschenswert. Es könnte z. B. darauf eingegangen werden, weshalb der Begriff des Migrationshintergrunds (vor allem auch im Rahmen der Sozialen Arbeit) kritisch reflektiert werden sollte (u. a. Schramkowski 2018).

Eine Autorin beschreibt ihr Vorgehen in Bezug auf die Darstellung des Forschungsstands wie folgt.

»Bei der beispielhaften Abschlussarbeit ›Chancenungleichheit – Bildungsbenachteiligung bei jungen Menschen mit Migrationshintergrund‹ konnten durch die Ausarbeitung der Geschichte von Migration und den Vergleich verschiedener statistischer Angaben wie z. B. der Anzahl der Zu- und Abgewanderten innerhalb der vergangenen Jahre wichtige Erkenntnisse zur Überleitung an die Forschung gewonnen werden. Es stellte sich beispielsweise heraus, dass Bildungsbenachteiligungen vor allem auf die Nachfahren der damaligen Gastarbeiter:innen zutreffen. Es wird erkennbar, dass das Kernproblem bezüglich der Chancenungleichheit von Migrant:innenkindern u. a. immer noch herrscht, da Deutschland lange Zeit verneint hat, ein Einwanderungsland zu sein und sich die Politik deshalb zu spät um die Integration und Teilhabe am gesellschaftlichen Leben der damaligen Migrant:innen gekümmert hat. Somit wirken sich diese Versäumnisse bis auf die heutigen Kinder und Enkelkinder der Gastarbeiter:innengeneration aus und können als einer der Gründe für die immer noch bestehende Bildungsbenachteiligung bei jungen Menschen mit Migrationshintergrund gesehen werden. Außerdem stützen viele theoretische Aspekte durch den Vergleich mit der durchgeführten Forschung die Forschungsergebnisse und ergänzen sich. Es wird deutlich, dass Aspekte bezüglich des Themas in der bisherigen Theorie noch fehlen, welches ebenfalls eine bedeutende Erkenntnis für die Forschungsarbeit sein kann. Die Forschung hat aufgezeigt, dass viele Migrant:innenkinder vor allem durch Diskriminierung in Bildungseinrichtungen benachteiligt werden.

Deshalb ist einer der Aspekte aus dem Fazit, dass weitere Untersuchungen bezüglich Rassismus und Diskriminierung an Schulen und Hochschulen durchgeführt und deren Auswirkungen näher erforscht werden sollten. In Bildungseinrichtungen gibt es nicht immer direkte Anlaufstellen bzw. Ansprechpersonen, oder diese sind den Schüler:innen sowie Studierenden oft nicht bekannt.«

Statistische Angaben im Rahmen der Theorie eignen sich, um aktuelle Tendenzen darzustellen, aber auch Entwicklungen aufzuzeigen. Sie zeigen die Relevanz eines Themas, wenn bspw. dadurch deutlich wird, dass über ein Viertel der Bevölkerung in Deutschland einen Migrationshintergrund aufweist (Bundeszentrale für politische Bildung 2022). Bereits in der Einleitung können sie verwendet werden, um auf die Bedeutung der eigenen Forschung hinzuweisen.

Die verwendete Literatur sollte immer möglichst aktuell sein und neueste Studien und Erkenntnisse müssen miteinbezogen werden. Je nach Thematik kann es aber auch sinnvoll sein, ältere Literatur mit einzufügen, um einen Vergleich zu ermöglichen. Wenn es um Konzepte geht, die ggf. älter sind, ist es sinnvoll, auf ältere Quellen in Form von Primärliteratur zurückzugreifen. Primärliteratur ist unbedingt zu berücksichtigen, kann aber durch Sekundärliteratur, die sich dann auch häufig kritisch mit den ursprünglichen Konzepten und Theorien auseinandersetzt, ergänzt werden.

Theorie und eigene Forschung sollten in einem ausgewogenen Verhältnis stehen und jeweils etwa hälftig aufgeteilt sein. Ein einleitendes erstes Kapitel führt zum Thema hin, benennt die Forschungsfrage und skizziert den Aufbau der Arbeit. Die Relevanz der Forschung für die Soziale Arbeit ist zu benennen. Daran schließen weitere Kapitel mit Unterkapiteln an, die zuvor beschriebene Definitionen und Entwicklungen aufzeigen, bevor anschließend eine Überleitung zur eigenen empirischen Forschung erfolgt durch ein Methodenkapitel. In diesem wird der Forschungsprozess erläutert, die Erhebungs- und Auswertungsmethode vorgestellt sowie das Setting im Rahmen der Forschung beschrieben. Eine Reflexion des Forschungsdesigns kann hier oder am Ende der Arbeit erfolgen. Wichtig aber ist die kritisch-reflektierte Auseinandersetzung mit dem eigenen Forschungsvorgehen.

Daran anschließend folgt die Darstellung der zentralen Ergebnisse der eigenen Forschung. Es eignet sich bei einem qualitativen Forschungsdesign z. B. die Präsentation anhand identifizierter Kategorien, die als Unterkapitel aufgeführt und beschrieben werden können. Auswertungstabellen oder Grafiken dürfen verwendet werden, wenn sie der Anschaulichkeit dienen. Tabellen, die zur Datenauswertung erstellt wurden, werden grundsätzlich im Anhang aufgeführt. Bei der Darstellung der Ergebnisse ist eine gewisse analytische Tiefe wichtig: Aussagekräftige direkte Zitate der Interviewten werden einbezogen, aber auch abstrahiert, beschrieben und diskutiert. Die Ergebnisse können anschließend in einem separaten Kapitel diskutiert werden im Hinblick auf aktuelle theoretische und gesellschaftliche Entwicklungen. Hierfür kann Literatur herangezogen werden, die nun aufgrund der Forschungsergebnisse zusätzlich rezipiert wird, es sollte jedoch auch ein Rückbezug zur zuvor präsentierten Theorie erfolgen: Inwiefern spiegeln die eigenen Forschungsergebnisse den aktuellen Stand der Forschung wider? Welche neuen Erkenntnisse wurden gewonnen? Die Diskussion der Ergebnisse kann auch als Handlungsempfehlung formuliert werden mit konkreten Bezügen zur Sozialen Arbeit im Allgemeinen oder zu einem spezifischen Berufsfeld.

Die Arbeit schließt mit einem Fazit. In diesem geht es nicht darum, die zuvor präsentierten Ergebnisse erneut im Detail zu wiederholen, sondern vielmehr um eine reflektierte Auseinandersetzung mit diesen. Zentrale Erkenntnisse der Arbeit werden dargestellt, ohne dass eine erneute Angabe von Quellen erfolgt. Elementar ist, dass die Forschungsfrage, die bereits in der Einleitung vorgestellt wurde, hier nun so konkret und aussagekräftig wie möglich beantwortet wird. Außerdem wird die eigene Forschung kritisch betrachtet und erläutert, was ggf. aus zeitökonomischen Gründen ausgelassen wurde und in weiteren Forschungen untersucht werden sollte (mögliche Limitationen). Ein Ausblick auf weitere Forschungsoptionen ist immer sinnvoll, um aufzuzeigen, dass man sich den Grenzen der eigenen Forschung bewusst ist.

Inhaltsverzeichnis

Erklärung/Sperrvermerk	III
Abstract	IV
Abbildungsverzeichnis	V
1 Einleitung	1
2 Trauma	1
2.2 Formen von Traumata	5
2.3 Auswirkungen und Krankheitsbild	
2.4 Therapie	10
3 Flucht	12
3.2 3Aktueller Stand	12
3.3 Fluchtursachen	15
3.4 Fluchtwege	18
3.5 Folgen	20
4 Forschungsdesign	23
4.2 Problemzentriertes Interview	
4.3 Grounded Theory	24
5 Geflüchtete mit Traumaerfahrungen – Forschungsergebnisse	24
5.2 Fluchtursachen	25
5.3 Fluchtweg	26
5.4 Rechtliche Situation	28
5.5 Leben in Deutschland	30
5.6 Folgen der Flucht	32
5.7 Trauma	34
6 Bedeutung für die Soziale Arbeit – Handlungsempfehlungen	36
7 Fazit	39
Literaturverzeichnis	41
Anhang A	45

Im Fazit ist es wichtig, erneut (mindestens neben der Einleitung) einen konkreten Bezug zur Sozialen Arbeit herzustellen: Welche Bedeutung hat die Bachelorarbeit bzw. deren Forschungsergebnisse für die Soziale Arbeit? Wie könnten die Ergebnisse

Einzug in die Praxis finden? Können aus den Ergebnissen Handlungsempfehlungen abgeleitet werden? Gibt es Anknüpfungspunkte an spezifische Berufsfelder?

Der obige Kasten zeigt beispielhaft das Literaturverzeichnis zur Bachelorarbeit »Flucht und Trauma – Erfahrungen und Auswirkungen auf Betroffene« mit der Fragestellung: »Welche traumatischen Erfahrungen machen Geflüchtete und wie wirken sich diese Traumata auf die Betroffenen aus?« Die Fragestellung wurde qualitativ mit einem problemzentrierten Interview beantwortet.

7.6 Tipps für Studierende von Absolventinnen – Worauf sollte ich achten bei eigenen Forschungen im Rahmen der Abschlussarbeit?

1. Du brauchst vor der Bachelorarbeit keine Angst zu haben! Im Laufe des Studiums lernst du, wie eine Hausarbeit aufgebaut und geschrieben wird. Die Abschlussarbeit ist nichts anderes, d.h., du bist schon geübt darin und weißt, wie du vorgehen musst. Betrachte die Bachelorarbeit wie eine größere Hausarbeit!
2. Such dir ein Thema aus, das Dich interessiert! Suche dir dann eine geeignete Betreuungsperson dafür. Wähle ein Thema, womit du Dich gerne beschäftigst. Du kannst z.B. eine Herausforderung aus deiner beruflichen Praxis untersuchen, die Dich sowieso schon beschäftigt, und könntest dir durch deine Abschlussarbeit somit selbst behilflich sein, indem du deine neuen Erkenntnisse gleich in der Praxis umsetzt. Auch deine Kolleg:innen könnten davon profitieren.
3. Plane genug Zeit ein! Fange mit deiner Bachelorarbeit früh genug an, damit du am Ende nicht in Stress gerätst. Baue in deinem Zeitplan auf jeden Fall zeitliche ›Puffer‹ mit ein, denn es wird Tage geben, an denen du eventuell dein Tagesziel nicht erreichen kannst, weil du z.B. krank bist oder dir einfach mal die Energie fehlt zum Schreiben. Außerdem könnten Interviewpartner:innen abspringen oder die Literatur in Bibliotheken vergriffen und nicht online abrufbar sein. Vergiss auch nicht, dass das Korrekturlesen durch Dritte am Ende ebenfalls Zeit in Anspruch nimmt und mit Überarbeitungen einhergehen wird.
4. Wende Dich bei Fragen an deine Betreuungsperson! Es gibt keine dummen Fragen. Dein:e Betreuer:in steht dir für Fragen zur Verfügung, egal ob sie inhaltlicher oder formaler Natur sind. Lieber fragst du einmal zu viel, als auf dem falschen Weg zu sein und deine Aufgabe zu verfehlen. Somit weißt du, in welcher Richtung du weiter machen musst und dies nimmt dir die Unsicherheit und verleiht dir Selbstsicherheit in deinem Tun. Deine Betreuungsperson sieht so, dass du Dich gewissenhaft der Abschlussarbeit widmest. Du kannst Dich auch mit Deinen Kommiliton:innen austauschen und ihr könnt euch gegenseitig bei der Datenauswertung unterstützen, z.B. in einer Art informellen Forschungswerkstatt.

5. Führe eine eigene Forschung durch! Das mag nach viel Arbeit klingen, allerdings lohnt es sich. Ja, die Umsetzung und Auswertung ist sehr zeitaufwendig, jedoch ist dies meist eine gute Vorarbeit, denn sobald du fertig ausgewertet hast, hast du viel wertvolles Material, dass du in deiner Bachelorarbeit einbringen kannst. Du musst das Erforschte nur noch ausformulieren und hast somit schon viele Seiten gefüllt. Außerdem kannst du deine Forschung so gestalten, wie du möchtest; sie muss nur zu deiner Fragestellung passen. Zudem ist es interessant, zu sehen, inwiefern deine Erkenntnisse mit der bereits existierenden Literatur übereinstimmen oder wo es Differenzen gibt. Außerdem kannst du deine Ergebnisse anschließend publizieren, z. B. in einem Fachbeitrag gemeinsam mit deiner Betreuungsperson oder im Rahmen eines Tagungsbeitrags oder einem Vortrag in deiner Praxis.
6. Grenze deine Literaturrecherche ein! Bei zu vielen Literaturangaben in einem Kapitel besteht die Gefahr, dass du während der Ausarbeitung den Fokus verlierst und vom eigentlichen Thema abweichst. Deshalb ist es sinnvoll, sich pro Kapitel auf zwei bis drei Hauptquellen zu beschränken. Du kannst immer mehr lesen, recherchieren und rezipieren, aber, du musst dich fokussieren, eingrenzen und zu einem Ergebnis kommen. Denke ökonomisch!

Literatur

Bieker, R. (2016): Soziale Arbeit studieren: Leitfaden für wissenschaftliches Arbeiten und Studienorganisation. Stuttgart: Kohlhammer.

Bundeszentrale für politische Bildung (2022): Bevölkerung mit Migrationshintergrund. Online verfügbar unter https://www.bpb.de/kurz-knapp/zahlen-und-fakten/soziale-situation-in-deutschland/61646/bevoelkerung-mit-migrationshintergrund/.

Przyborski, A., Wohlrab-Sahr, M. (2021): Qualitative Sozialforschung (5. überarbeitete und erweiterte Auflage). Ein Arbeitsbuch. Berlin: de Gruyter Odenbourg.

Pulver, C., Matti, T. (2021): Soziodemografische Herkunft, Persönlichkeitsmerkmale und Studienwahlmotive von Studierenden der Sozialen Arbeit – Anregungen und Hinweise für die Ausgestaltung der Förderung der Persönlichkeitsentwicklung in der Hochschulausbildung. Zeitschrift für Bildungsforschung, 11, 403–420

Röbken, H., Wetzel, K. (2016): Qualitative und quantitative Forschungsmethoden. Carl von Ossietzky Universität Oldenburg.

Schiefer, D. (2017): Was wirklich wichtig ist: Einblicke in die Lebenssituation von Flüchtlingen. Berlin: SVR. Online verfügbar unter: https://www.bosch-stiftung.de/sites/default/files/publications/pdf_import/SVR_Was_Fluechtlingen_wirklich_wichtig_ist.pdf.

8 Qualitative Forschungsprojekte erfolgreich umsetzen: Ein praxisorientierter Leitfaden für Studierende der Sozialen Arbeit

Anna Pfaffenstaller, Veronika Rosenberger & Amelie Zauner

8.1 Einleitung

Sozialwissenschaftliche Praxisforschung gewinnt zunehmend an Bedeutung. Es zeigt sich ein Anstieg an Sozialarbeitenden, die wissenschaftliche Untersuchungen in ihren Praxisstellen durchführen, um praxisorientierte Themen empirisch zu bearbeiten (vgl. Graumann 2021, 121). Diese Entwicklung zum Anlass nehmend, möchten wir Studierenden der Sozialen Arbeit einen komprimierten Leitfaden zum Einstieg in die Sozialarbeitsforschung an die Hand geben. Im Erkenntnisinteresse praxisorientierter Forschung liegen oft Themen, die im engen Zusammenhang mit Individuen stehen (vgl. DGSA 2021, 39). Daher ist die kontinuierliche ethische Reflexion der eigenen Forscher:innenrolle und des Forschungsthemas im Feld der Praxisforschung notwendig (vgl. ebd.).

Im Nachfolgenden werden Sie Schritt für Schritt durch den qualitativen Forschungsprozess begleitet. Dieses Vorgehen soll von der Ideenfindung bis zur Diskussion der Forschungsergebnisse eine Strukturierung und Hilfestellung auf Basis von konkreten Handlungsempfehlungen und den notwendigen Reflexionsprozessen während des gesamten Forschungsprojekts geben. Eine Übersicht mit Hilfestellungen am Ende des Beitrags zeigt einzelne Schritte und bietet nützliche Anregungen für das eigene Forschungsprojekt.

8.2 Themenfindung und Forschungsfrage

Der erste Schritt einer qualitativen Forschungsarbeit in der Sozialen Arbeit ist die Entscheidung für ein Themengebiet. Forschungsarbeiten können u.a. aus eigenen berufspraktischen Beobachtungen, aus eigenen Tätigkeits- und Interessensschwerpunkten, aus bearbeiteten Seminar- und Vorlesungsinhalten sowie aus von einem Lehrstuhl vorgegebenen Vorschlägen resultieren. Bei der Wahl des Themas ist das persönliche Interesse ein wichtiger Motivationsfaktor. Deshalb ist es wesentlich, die eigene Motivation sowie eigene Stärken und Schwächen zu reflektieren, um somit von Anfang an Vorannahmen und mögliche Problemkonstellationen identifizieren zu können (vgl. Voss 2020, 66f.). Dies ist besonders in der Praxisforschung ein zentraler Bestandteil, da sich Themen oft aus Beobachtungen, die aus den verschiedenen Handlungsfeldern der Sozialen Arbeit entspringen, ergeben (vgl. König 2022, 39 f.).

Ist die Themensuche abgeschlossen, folgt als nächster zentraler Schritt die Eingrenzung des Themas und die Formulierung einer differenzierten Forschungsfrage (vgl. Przyborski/Wohlrab-Sahr 2021, 1). Die zentrale Frage lautet hierbei: »Was will ich wissen?« (ebd.). Die Formulierung erfolgt »aufgrund erster Beobachtungen und Überlegungen, sowie in Auseinandersetzung mit der Fachliteratur und anderen Quellen« (ebd., 4). Die Forschungsfrage ist richtungsweisend für den gesamten Verlauf der Arbeit: »Das Ergebnis [.] [der] wissenschaftlichen Arbeit soll eine Antwort liefern, und zwar die Antwort auf eine Forschungsfrage!« (Karmasin/Ribing 2017, 24). Die Fragestellung ist auf theoretischer und empirischer Ebene zu formulieren (vgl. Döring 2022, 148). Ebenso sollte reflektiert werden, ob die Umsetzung realistisch ist, ein Zugang zum Forschungsfeld besteht und die eigenen Kompetenzen ausreichend sind (vgl. Sebe-Opfermann 2016, 23). Dies betrifft insbesondere den Umgang mit vulnerablen Adressat:innen (▶ Kap. 8.4) in den verschiedenen Handlungsfeldern der Sozialen Arbeit. Hilfreich für das Auffinden der Forschungsfrage sind nachfolgende Eingrenzungen nach Döring (2022, 149).

- Inhaltliche Eingrenzung: Welche Aspekte des Gegenstands sollen untersucht werden (W-Fragen beantworten)?
- Empirischer Forschungsstand: Welche Studien bestehen bereits mit welchen Erkenntnissen? Wie lassen sich diese in Bezug auf die Forschungsarbeit einordnen?
- Theoretischer Rahmen: Welche Theorien der Sozialen Arbeit und Bezugswissenschaften sind für die Forschungsarbeit anwendbar? Wie können diese genutzt werden?
- Methodisches Vorgehen: Welches qualitative Methodendesign wird für die Fragestellung ausgewählt?

Eine gute Forschungsfrage in der qualitativen Sozialforschung ist dadurch gekennzeichnet, dass sie offen, präzise, konkret und verständlich gestellt ist. Daher bietet es sich an, eine Hauptforschungsfrage in einem Satz auszuführen und diese dann in zwei bis drei Unterfragen zu gliedern. Forschungsfragen werden in der Anfangsphase des Projekts formuliert, da sie die Struktur für dessen weiteren Verlauf vorgeben. Aufgrund einer kontinuierlichen Überprüfung während des qualitativen Forschungsprozesses ist eine Anpassung der Fragestellung legitim (vgl. Sebe-Opfermann 2016, 26 ff.).

Bereits mit dem Interesse an einem bestimmten Forschungsthema beginnt die Suche nach einer passenden Betreuungsperson für die Forschungsarbeit. Im gegenseitigen Austausch werden die genaue Ausgestaltung, Erwartungen, Entwicklungs- und Verbesserungspotenziale besprochen. Insbesondere für Abschlussarbeiten ist es zu empfehlen, ein Exposé über die geplante Forschungsarbeit zu verfassen und dieses mit der Betreuungsperson zu besprechen. Dieses Exposé bildet die Diskussionsgrundlage und einen Leitfaden für den gesamten Prozess (vgl. Esselborn-Krumbiegel 2022, 101).

In der Auseinandersetzung zur Themenfindung und Frageformulierung erfolgt eine Recherche zum Stand der Forschung. Diese wird nach der Formulierung der

Forschungsfrage in einem eigenen Teil der Forschungsarbeit mit den zentralen Erkenntnissen bereits bestehender Studien und deren Entwicklung in den letzten Jahren, der kritischen Reflexion dieser und der Einordnung der eigenen Forschungsfrage dargestellt (vgl. Döring 2022, 166f.).

8.3 Wahl der Methodik

Die Wahl der passenden Forschungsmethode hängt von der Forschungsfrage, von der Zielgruppe und der forschenden Person selbst ab. Die Begründung für die Methodenwahl muss deshalb reflektiert und nachvollziehbar dargestellt werden, um das Forschungsziel zu erreichen (vgl. Misoch 2019, 213). In diesem Beitrag wird eine Auswahl qualitativer Forschungsmethoden angeführt, die sich für die Datenerhebung studentischer Arbeiten eignen. Im Feld der Sozialen Arbeit werden häufig Beobachtungen und Interviews eingesetzt, um Lebensbereiche von Menschen zu erfassen (vgl. Köttig et al. 2021, 27ff.). Darüber hinaus wird nachfolgend die Möglichkeit aufgezeigt, bereits vorhandene Daten für ein Forschungsprojekt zu nutzen.

8.3.1 Befragungsmethoden

Die Wahl einer Befragungsmethode wird nicht nur durch die oben genannten Kriterien beeinflusst, sondern auch durch die Kompetenzen der bzw. des Forschenden, bspw. situativ die passende Frage anzuschließen (vgl. Helfferich 2011, 12). Das Leitfadeninterview wird in Qualifizierungsarbeiten und in wissenschaftlichen Untersuchungen häufig verwendet. Es eignet sich bei besonders eng definierten Forschungsfragen und steckt die zu befragenden Themen im Vorfeld ab (vgl. Przyborski/Wohlrab-Sahr 2021, 164f.). Nach Ansicht der Autorinnen aufgrund ihrer Erfahrungen in der Praxis kann die Anwendung dieser Erhebungsmethode besonders für Studierende hilfreich sein, da sie noch mehr als andere Interviewformen eine Struktur vorgibt und sich insbesondere für Anfänge in der Sozialforschung bewährt hat.

Leitfadeninterviews sind semi-strukturierte Interviews, die durch einen Leitfaden inhaltlich gelenkt und gegliedert werden (vgl. Misoch 2019, 65). Das offene Leitfadeninterview kann, je nach Form, für eine Vielzahl von Personengruppen zum Einsatz kommen. Ein starres Abarbeiten der gelisteten Fragen sollte vermieden werden, um eine offene Gesprächsatmosphäre zu schaffen. Die Interviewführung erfordert ein aktives Zuhören und die Fähigkeit, den Redefluss der Teilnehmenden aufrechtzuerhalten, indem durch (non-)verbale Äußerungen (Nicken und zustimmende Laute) Interesse signalisiert wird (vgl. Przyborski/Wohlrab-Sahr 2021, 95ff.).

Gruppeninterviews werden ebenso in vielen Fällen strukturiert mit einem Leitfaden durchgeführt. Sie ermöglichen die Erhebung von Daten aus mehreren Blickwinkeln gleichzeitig, indem sich die Teilnehmenden durch ihre Antworten wechselseitig aktivieren, ergänzen und korrigieren können. Die Durchführung von Gruppeninterviews erfordert jedoch ausgeprägte kommunikative und soziale Fähigkeiten des:der Interviewenden, damit alle Personen gleichberechtigt zu Wort kommen (vgl. Misoch 2019, 165).

In den letzten Jahren haben Befragungen, die online abgehalten werden, zugenommen. In manchen Fällen wird dadurch der zeitliche Aufwand durch eine sonst erforderliche Anreise reduziert. Der Einsatz von Online-Befragungen sollte jedoch immer reflektiert werden, denn die fehlende körperliche Anwesenheit und der fehlende Blickkontakt können in manchen Fällen die Qualität der Daten beeinträchtigen. Es gibt Menschen, die bei einer virtuellen Interaktion zurückhaltender auftreten und einen persönlichen Kontakt bevorzugen (vgl. Przyborski/Wohlrab-Sahr 2021, 117 f.).

8.3.2 Beobachtungsmethoden

Bei Beobachtungen werden Situationen systematisiert betrachtet und so objektiv wie möglich dokumentiert. Beobachtungsmethoden bieten den Vorteil einer Echtzeiterfassung von Situationen und Teilnehmenden, wodurch eine präzise Abbildung der Situation und der Wechselwirkungen möglich ist. Es existieren verschiedene Formen von Beobachtungsmethoden, um die Praxis der Sozialen Arbeit darzustellen, z. B. Beratungs- oder Interaktionsabläufe oder Konfliktlösungsverhalten in Gruppen. Allerdings sind Beobachtungsmethoden auf die visuelle Erhebung von Situationen beschränkt und können nicht für eine Analyse von dahinter liegenden Beweggründen und Haltungen der Beteiligten genutzt werden (vgl. König 2022, 68 f.).

Neben Beobachtungs- oder Befragungsmethoden kann auch geprüft werden, ob es vorhandene Daten gibt, auf die zurückgegriffen werden kann, wie Teamprotokolle oder Akten (vgl. König 2022, 72). In der Praxisforschung werden zudem auch partizipative Methoden (z. B. Photovoice und Community Mapping) eingesetzt (vgl. von Unger 2014, 57). Die Zielgruppe ist hierbei integraler Bestandteil des Forschungsprozesses. Die Anwendung solcher Methoden erfordert jedoch einen größeren Planungs- und Ressourcenaufwand sowie entsprechende Forschungsstrukturen (vgl. Frieters-Reermann et al. 2021, 256 ff.).

8.4 Datenschutz

In Forschungsarbeiten der Sozialen Arbeit stehen häufig Menschen im Mittelpunkt, wodurch ein Arbeiten mit personenbezogenen Daten erforderlich ist. Eine besondere Sorgfalt im Umgang mit diesen Daten muss im vollständigen Forschungsprozess gewahrt sein. Eine Identifizierbarkeit Einzelner muss zum Schutz dieser durch eine konsequente Anonymisierung ausgeschlossen werden. Dies liegt in der

Verantwortung der forschenden Person. Verpflichtend ist, sich an die Grundsätze der Datenschutzgrundverordnung (DSGVO) zu halten. Bereits in Vorbereitung der Erhebung muss reflektiert werden, welche personenbezogenen Daten zur Beantwortung der Forschungsfrage notwendig sind. Diese werden gemäß den Prinzipien der Datensparsamkeit und Zweckbindung akquiriert (vgl. Voss 2020, 130).

Ebenso muss sichergestellt sein, dass die Personen freiwillig an der Erhebung teilnehmen und über die Rahmenbedingungen, das Ziel und den Verwendungszweck der erhobenen Daten informiert sind. Eine gründliche, verständliche und zielgruppenadäquate Aufklärung über diese Aspekte ist notwendig und sollte vor der Datenerhebung erfolgen. Studierenden wird empfohlen, diesen Prozess zu dokumentieren und eine Einverständniserklärung im Vorfeld von den Beteiligten, Einwilligungsfähigkeit vorausgesetzt, unterschreiben zu lassen. Dieses Einverständnis kann während oder nach der Erhebung widerrufen werden. Für diesen Fall oder für Rückfragen sind Kontaktmöglichkeiten zu kommunizieren (vgl. Döring 2022, 121 f.). Es ist zu prüfen, welche weiteren Zustimmungen erforderlich sind, bspw. von sorgeberechtigten Personen oder der Leitung einer Einrichtung (vgl. König 2022, 76).

8.5 Feldzugang, Datengewinnung, -aufbereitung und -auswertung

Die Gestaltung des Feldzugangs ist ein wichtiger Schritt zur Erhebung der Daten, da durch diesen Forschende den Zugang zu ihrer Zielgruppe im Rahmen des Forschungsprojekts erhalten. Der Feldzugang kann auf verschiedene Weise gestaltet werden und ist abhängig von der Art und dem Zweck der Studie (vgl. König 2022, 65). Ein häufiger Zugang zum Feld, insbesondere bei schwierigen Zugangsmöglichkeiten, ermöglichen sogenannte Gatekeeper, die sich aufgrund ihrer eigenen Lebenssituation oder beruflichen Rolle innerhalb des Feldes befinden und dadurch den Forschenden den Zugang vermitteln können (vgl. Misoch 2019, 201).

Forschungsethikkodex der DGSA

Vor dem Hintergrund der kontinuierlichen ethischen Reflexion nach dem Forschungsethikkodex der DGSA sind Forschende im Hinblick auf die möglichen Zugänge zum Feld (z. B. Kontaktaufnahme und Auswahl der Teilnehmenden) sowie die damit verbundenen Machtgefälle angehalten, diese ethisch zu hinterfragen (vgl. DGSA 2021, 43). Demnach können bspw. Personen, die in stationären Institutionen der Behindertenhilfe leben, sich aufgrund von institutionellen Machtgefügen verpflichtet fühlen, an Forschungsprojekten teilzunehmen (vgl. Korntheuer et al. 2021, 234). Grundsätzlich muss überprüft werden, ob die Berücksichtigung von Assistent:innen oder Sprachmittler:innen aufgrund von physischen, psychischen oder sprachlichen Einschränkungen notwendig ist und welche Folgen dies für die betroffenen Personen und die Erhebungssituation hat (vgl. DGSA 2021, 45 f.).

Die forschende Person hat einen wesentlichen Einfluss auf die Interviewsituation und damit auf die erhobenen Daten (vgl. Misoch 2019, 215). Auch die Auswahl des Ortes und die eigene Positionierung sind zu beachtende Aspekte bei der Datenerhebung. Bei Interviews ist die Gestaltung einer angenehmen Atmosphäre, bei der sich die Befragten wohlfühlen und Störungen bestmöglich vermieden werden, wichtig, da es sich insbesondere in der Sozialen Arbeit oftmals um sensible und persönliche Lebenserfahrungen handeln kann. Die Entscheidung für den Interviewort sollte deshalb im gemeinsamen Austausch mit der interviewten Person getroffen werden (ebd., 223).

Nach der Gewinnung der Daten bedeutet die Datenaufbereitung einen nicht zu unterschätzenden qualitativen und zeitlichen Faktor für die Auswertung der Daten. Die Transkription der erhobenen Daten bildet deshalb den Grundbaustein für den gesamten Auswertungsprozess (vgl. Przyborski/Wohlrab-Sahr 2021, 216 ff.). Die Transkripte müssen regelgeleitet umgesetzt und anonymisiert werden (vgl. ebd., 214).

Nach der Aufbereitung der Daten erfolgt deren Auswertung mithilfe qualitativer Verfahren. Wie bei der Erhebungsmethode hängt die Wahl der Auswertung von der Forschungsfrage ab (vgl. Döring 2022, 149). In diesem Beitrag werden die Qualitative Inhaltsanalyse und Grounded-Theory-Methodologie knapp vorgestellt, da diese im Kontext von Studien- und Abschlussarbeiten häufig verwendet werden. Es besteht jedoch eine Vielzahl an weiteren Auswertungsmöglichkeiten (bspw. die Dokumentarische Methode, Objektive Hermeneutik, Narrationsanalyse).

Grounded-Theory-Methodologie

Die Grounded-Theory-Methodologie ist ein induktives Verfahren mit dem Ziel, eine gegenstandsverankerte Theorie aus dem Datenmaterial heraus zu generieren (vgl. Strauss/Corbin 1996, 7 ff.). Sie ist u. a. für die Auswertung von Interviews und Beobachtungen geeignet, wobei die Fragestellung »immer eine *Handlungs-* und *Prozeß*orientierung [beinhaltet]« (ebd., 23; Herv. i. O.). Die Grounded Theory wird systematisch und regelgeleitet umgesetzt und die Datenerhebung und -auswertung wechseln sich im Forschungsprozess meist miteinander ab (vgl. ebd., 8 ff.). Kennzeichnend für den Auswertungsprozess ist das Schreiben von Memos, das theorieorientierte Kodieren des Datenmaterials und die Verknüpfung von Konzepten und Kategorien durch ständige Vergleiche (vgl. Przyborski/Wohlrab-Sahr 2021, 252 f.).

> **Qualitative Inhaltsanalyse**
>
> Die Qualitative Inhaltsanalyse arbeitet induktiv auf Basis der Daten und teilweise auch deduktiv auf Basis von Theorien (vgl. Döring 2022, 533). Sie ist ein Auswertungsverfahren, mit dem Ziel, »die zentralen manifesten und latenten Bedeutungen von Dokumenten [zu erfassen]« (Döring 2022, 533). Dokumente können u. a. Interviewtranskripte, Beobachtungsprotokolle oder visuelles Material sein. Im Auswertungsprozess werden systematisch und regelgeleitet Codes und Kategorien gebildet (vgl. ebd., 533 f.). Die Qualitative Inhaltsanalyse ordnet das Datenmaterial eher ein und klassifiziert es, wohingegen es bei der Grounded Theory um das tieferliegende Verstehen geht (vgl. Przyborski/Wohlrab-Sahr 2021, 239).

8.6 Diskussion der Ergebnisse und Anschlussfähigkeit an die Soziale Arbeit

In der Forschungsarbeit empfiehlt es sich, die Vorstellung der Ergebnisse und deren Diskussion im Sinne einer guten Lesbarkeit aufzuteilen. Die Beantwortung der eingangs gestellten Forschungsfrage gibt den Leitfaden für den Aufbau vor. Daher sollten zuerst die Ergebnisse der eigenen Forschung wertfrei und nachvollziehbar präsentiert werden (vgl. Esselborn-Krumbiegel 2022, 131 ff.). Die Diskussion eigener Ergebnisse mit dem Forschungsstand verbindet die neuen Erkenntnisse mit bereits Bekanntem und stellt Zusammenhänge her. Eine Diskussion kann nach Müller (2013, 132) verschiedene Aspekte umfassen, bspw.:

- kritische Gegenüberstellung der eigenen Daten und des Forschungsstands,
- Aufzeigen möglicher Gemeinsamkeiten bzw. Unterschiede zwischen den Erkenntnissen,
- Ableitung neuer Folgerungen und Zusammenführung der Erkenntnisse.

Die Diskussion gibt so eine Antwort auf die Forschungsfrage einer wissenschaftlichen Arbeit, wobei die Ergebnisse kritisch reflektiert und weitere offene Fragestellungen thematisiert werden (vgl. Esselborn-Krumbiegel 2022, 135 ff.). In Forschungsprojekten der Sozialen Arbeit sollte die Einordnung der Ergebnisse und deren Anschlussfähigkeit zur Praxis der Sozialen Arbeit kritisch diskutiert werden (vgl. Przyborski/Wohlrab-Sahr 2021, 503). Zusätzlich können die Ergebnisse der Forschung in die Berufspraxis zurückgespielt werden, um so die Professionalisierung der Sozialen Arbeiten voranzubringen (vgl. König 2022, 31 f.).

8.7 Zusammenfassung

Nach der voranstehenden Darstellung verschiedener Phasen des qualitativen Forschungsprozesses sind ausgewählte Schritte in Tabelle 8.1 zusammengefasst. Mit dieser Übersicht hilfreicher Methoden und Verweise soll Studierenden der Sozialen Arbeit Unterstützung im eigenen Praxisforschungsprojekt gegeben werden (▶ Tab. 8.1).

Tab. 8.1: Übersicht der Forschungsschritte mit weiterführenden Hinweisen

Phase	Hilfestellungen
Themenfindung und Forschungsfrage	• Kreativitätstechniken: Mindmapping oder gestütztes Freewriting (vgl. Wolfberger 2021, 83f.) • Elemente des Projektmanagements: SWOT-Analyse (vgl. Voss 2020, 74) • Forschungsfragen: Sieben W-Fragen (vgl. Esselborn-Krumbiegel 2021, 67)
Betreuer:innensuche	• Bei Abschlussarbeiten: Kurzexposé erstellen (vgl. Döring 2022, 57)
Forschungsstand	• Recherchestrategie: Rechercheprotokoll (vgl. Voss 2020, 99); Literaturverwaltungsprogramm (z.B. Citavi) (vgl. ebd., 109f.)
Entscheidung für ein methodisches Vorgehen	• Interviewleitfaden: SPSS-Methode (vgl. Helfferich 2011, 182ff.) • Pretest des Leitfadens (vgl. König 2022, 73) • Regelmäßige Gespräche mit Praxisakteur:innen (vgl. König 2022, 75)
Kontinuierliche Reflexion	• DGSA-Ethikrichtlinien • Forschungstagebuch führen (vgl. Döring 2022, 110) • Regelmäßiges Feedback durch Betreuungsperson (vgl. Döring 2022, 157) • Angebote kollegialer Beratung nutzen (vgl. Döring 2022, 340f.)
Datenschutz	• Kontakt zu Datenschutzbeauftragten der jeweiligen Institution (vgl. Döring 2022, 23) • Erstellung einer datenschutzkonformen Einwilligungserklärung
Datengewinnung	• Datenschutzkonformes Aufnahmegerät nutzen • Vertrautheit mit eigenem Leitfaden
Datenaufbereitung	• Einplanung eines ausreichenden Zeitfensters (vgl. Misoch 2019, 186) • Transkriptionsregeln beachten
Datenauswertung	• Ggf. Nutzung von Programmen der Datenauswertung (z.B. Atlas.ti, MAXQDA) (vgl. Döring 2022, 589)

Tab. 8.1: Übersicht der Forschungsschritte mit weiterführenden Hinweisen – Fortsetzung

Phase	Hilfestellungen
Diskussion der Ergebnisse	• Verwendung von Formulierungshilfen (vgl. Esselborn-Krumbiegel 2022, 131 ff.)
Anschlussfähigkeit an die Soziale Arbeit	• Information der Praxispartner:innen z. B. in Form einer Informationsbroschüre oder einer Präsentation (vgl. König 2022, 90 f.)

Eigene Darstellung

Literatur

DGSA (2021): Forschungsethische Prinzipien und wissenschaftliche Standards für Forschung der Sozialen Arbeit. Forschungsethikkodex der DGSA. In: J. Franz/U. Unterkofler (Hrsg.), Forschungsethik in der Sozialen Arbeit. Prinzipien und Erfahrungen (39–56). Opladen u. a.: Budrich.

Döring, N. (2022): Forschungsmethoden und Evaluation in den Sozial- und Humanwissenschaften (6. Auflage). Berlin/Heidelberg: Springer.

Dunker, N., Joyce-Finnern, N.-K., Koppel, I. (Hrsg.) (2016): Wege durch den Forschungsdschungel. Wiesbaden: Springer.

Esselborn-Krumbiegel, H. (2022): Richtig wissenschaftlich schreiben. Wissenschaftssprache in Regeln und Übungen (7. Auflage). Paderborn: Brill Schöningh.

Esselborn-Krumbiegel, H. (2021): Von der Idee zum Text. Eine Anleitung zum wissenschaftlichen Schreiben (6. Auflage). Paderborn: Brill Schöningh.

Franz, J., Unterkofler, U. (Hrsg.) (2021): Forschungsethik in der Sozialen Arbeit. Prinzipien und Erfahrungen. Opladen u. a.: Budrich.

Frieters-Reermann, N., Klomann, V., Genenger-Stricker, M., Sylla, N. (2021): Wir sind nicht dein nächstes Forschungsprojekt! Kritische Reflexion zu Ethik, Methodik und Machtverhältnissen in Forschungsprozessen im Kontext von Bildung und Migration. In: J. Franz, U. Unterkofler (Hrsg.), Forschungsethik in der Sozialen Arbeit. Prinzipien und Erfahrungen (255–270). Opladen u. a.: Budrich.

Graumann, S. (2021): Ethische Aspekte von Forschungsförderung und Forschungsförderungspolitik. In: J. Franz, U. Unterkofler (Hrsg.), Forschungsethik in der Sozialen Arbeit. Prinzipien und Erfahrungen (119–127). Opladen u. a.: Budrich.

Helfferich, C. (2011): Die Qualität qualitativer Daten. Manual für die Durchführung qualitativer Interviews (4. Auflage). Wiesbaden: Springer.

Karmasin, M., Ribing, R. (2017): Die Gestaltung wissenschaftlicher Arbeiten. Ein Leitfaden für Facharbeit/VWA, Seminararbeiten, Bachelor-, Master-, Magister- und Diplomarbeiten sowie Dissertationen (9. Auflage). Wien: Facultas.

König, J. (Hrsg.) (2022): Praxisforschung in der Sozialen Arbeit. Ein Lehr- und Arbeitsbuch. Stuttgart: Kohlhammer.

König, J. (2022): Praxisforschung in zwölf Arbeitsschritten. Handlungswissen im Überblick. In: J. König (Hrsg.), Praxisforschung in der Sozialen Arbeit. Ein Lehr- und Arbeitsbuch (29–92). Stuttgart: Kohlhammer.

Korntheuer, A., Afeworki A., Westphal, M. (2021): Forschen in den Feldern von Flucht und Behinderung: Ein Vergleich von forschungsethischen Herausforderungen und notwendigen forschungspraktischen Rahmenbedingungen. In: J. Franz, U. Unterkofler (Hrsg.), Forschungsethik in der Sozialen Arbeit. Prinzipien und Erfahrungen (229–243). Opladen u. a.: Budrich.

Köttig, M., Thiessen, B., Kubisch, S., Borrmann, S., Röh, D., Spatscheck, C., Steckelberg, C. (2021): Entwicklung und Implementation forschungsethischer Prinzipien und Verfahren in der Deutschen Gesellschaft für Soziale Arbeit (DGSA) – ein diskursiver Prozess. In: J. Franz, U. Unterkofler (Hrsg.), Forschungsethik in der Sozialen Arbeit. Prinzipien und Erfahrungen (25–39). Opladen u. a.: Budrich.

Misoch, S. (2019): Qualitative Interviews (2. Auflage). Berlin: de Gruyter.

Müller, E. (2013): Schreiben in Naturwissenschaften und Medizin. Paderborn: Schöningh.

Przyborski, A. (2021): Qualitative Sozialforschung. Ein Arbeitsbuch (5. Auflage). München/Wien: de Gruyter.

Rechberg, K.-H. (2022): Qualitative Datenauswertung. Anwendungswissen. In: J. König (Hrsg.), Praxisforschung in der Sozialen Arbeit. Ein Lehr- und Arbeitsbuch (257–275). Stuttgart: Kohlhammer.

Reiter, H. (2021): Anmerkungen zur Schutzbedürftigkeit qualitativer Sozialforscher:innen im Rahmen einer erweiterten Forschungsethik. In: J. Franz, U. Unterkofler (Hrsg.), Forschungsethik in der Sozialen Arbeit. Prinzipien und Erfahrungen (269–281). Opladen u. a.: Budrich.

Sebe-Opfermann, A. (2016): Die Fragen der Fragen – was ist eine gute Forschungsfrage? In: N. Dunker, N.-K. Joyce-Finnern, I. Koppel (Hrsg.), Wege durch den Forschungsdschungel (21–36). Wiesbaden: Springer.

Strauss, A., Corbin, J. (1996): Grounded Theory. Grundlagen Qualitativer Sozialforschung. Weinheim: Beltz.

Von Unger, H. (2014): Partizipative Forschung. Einführung in die Forschungspraxis. Wiesbaden: Springer.

Voss, R. (2020): Wissenschaftliches Arbeiten. … leicht verständlich! (7. Auflage). Stuttgart: UVK.

Wolfsberger, J. (2021): Frei geschrieben. Mut, Freiheit und Strategie für wissenschaftliche Abschlussarbeiten (5. Auflage). Wien u. a.: Böhlau.

9 Gestaltung und Struktur wissenschaftlicher Abschlussarbeiten in der Sozialen Arbeit – Von der Idee bis zur fertigen Arbeit

Katharina Peinemann

9.1 Einleitung

Zu Beginn des Studiums ist die Abschlussarbeit noch in weiter Ferne. Zunächst geht es darum, die akademische Welt kennenzulernen, Theorien und Modelle, die die Realität beschreiben, zu erörtern und Prüfungsleistungen zu bestehen. Einige dieser Prüfungsleistungen sind Haus- oder Seminararbeiten, schriftliche Arbeiten in unterschiedlichem Umfang und mit verschiedenartiger Themenstellung. Diese sollen Studierenden einerseits das wissenschaftliche, analytische Vorgehen der akademischen Welt näherbringen und sie andererseits auf das Ende des Studiums – das Schreiben der Abschlussarbeit – vorbereiten. So spielen bei den Haus- und Seminararbeiten das objektive, sachliche Herangehen an einen Gegenstand, die Zitation von wissenschaftlichen Quellen sowie die Angabe dieser im Literaturverzeichnis eine wichtige Rolle. In der Abschlussarbeit kommt dann in der Regel noch etwas hinzu – die systematische Recherche und Analyse vorliegender Literatur oder die Erhebung eigener Daten mit Forschungsmethoden, die im Studium vermittelt wurden. Die große Herausforderung besteht häufig darin, eigenständig eine in Seitenzahlen so umfassende Arbeit zu strukturieren, sich über Thema, Forschungsfrage und Methodik Gedanken zu machen und begründete Entscheidungen zu treffen.

9.2 Wissenschaftliche Praxis

Die Soziale Arbeit ist eine Handlungswissenschaft und hat daher einen deutlichen Bezug zur Lebensrealität der Praxis der Fachkräfte sowie Klient:innen. Innerhalb der Sozialen Arbeit ist daher zu betonen, dass Forschungsinhalte aus der Praxis aufgegriffen und auch Forschungserkenntnisse in die Praxis integriert werden, es besteht also ein enger und reger Austausch. Es geht darum, die Gesellschaft zu beschreiben und herauszufinden, warum bestimmte Dinge so sind, wie sie sind und ob sie ggf. verändert werden können und sollen. Dabei nimmt die Soziale Arbeit Bezug auf andere Fachbereiche wie die Psychologie, die Erziehungswissenschaft oder auch die Ökonomie. Dies ist sinnvoll, da das Leben der Individuen in der Gesellschaft so umfassend und ganzheitlich wie möglich beschrieben werden soll, denn ansonsten wären die Erkenntnisse immer nur begrenzt und würden nicht die Wirklichkeit abbilden (Döring/Bortz 2016, 5 ff.; Hussy et al. 2013, 5 ff., Helfrich 2016, 7).

Somit bilden die Basis der wissenschaftlichen Forschung die Literatur und der aktuelle Forschungsstand zu einem Thema. Diese müssen berücksichtigt werden, damit die Fachdisziplin weiterentwickelt und die bereits bestehenden Erkenntnisse genutzt werden. Eine Recherche zu dem gewählten Thema ist daher unerlässlich. Die Darstellung der gewählten theoretischen Grundlagen, die eigene Vorgehensweise und die Analyse der Ergebnisse muss nachvollziehbar, angemessen und transparent für die Leser:innen dargestellt sein. Das Ziel dabei ist, sicherzustellen, dass die:der Autor:in ›sauber‹, d. h. im Sinne einer guten wissenschaftlichen Praxis gearbeitet hat und die Qualität der schriftlichen Ausarbeitung dem wissenschaftlichen Anspruch genügt (Kornmeier 2021, 60 ff.).

9.3 Themenfindung

Die Entscheidung für oder gegen ein Thema – gerade bei der Abschlussarbeit – ist ein wichtiger Schritt, der zu Beginn durchgeführt werden muss. Im Studium wurden in der Regel die unterschiedlichsten Themen und Handlungsfelder angesprochen, da das Studium der Sozialen Arbeit aufgrund des Tätigkeitsfelds breit gefächert ist. Die Abschlussarbeit ist im Vergleich zu Seminar- und Hausarbeiten ca. doppelt (Bachelorarbeiten) oder dreifach (Masterarbeiten) so umfangreich, wodurch bei vielen Studierenden zunächst die Sorge entsteht, die Seitenanzahl nicht füllen zu können. Der womöglich größte Unterschied zu Haus- und Seminararbeiten ist wohl in der Regel der, dass ein methodisches, systematisches Vorgehen gefordert ist, das einen höheren Anspruch hat – eben eine wissenschaftliche Abschlussarbeit.

Hinzu kommt, dass für die Erstellung der Abschlussarbeit ein festgelegter Zeitrahmen gegeben ist, der je nach Universität/Hochschule, Studiengang oder Studienmodell (Teilzeit, Vollzeit etc.) unterschiedlich lang sein kann. In der Regel ist die zur Verfügung gestellte Zeit länger als bei Seminar- und Hausarbeiten. Das bedeutet, die Studierenden müssen sich länger und intensiver als sonst mit einem Thema befassen – daher sollte das Thema für sie interessant, im besten Fall gewinnbringend sein. Gerade in der Sozialen Arbeit macht es daher Sinn, sich selbst zu fragen, wie ein Thema oder die Erkenntnisse, die durch die Forschung gewonnen werden können, die Praxis verbessern oder wo es in der Praxis der Studierenden Themen, Probleme gibt, die mithilfe von Forschung oder intensiver Analyse zumindest ein Stück weit gelöst werden können. Auch wenn es sich ggf. nur um Einzelfälle handelt, können die Ergebnisse einen Forschungsbeitrag leisten.

Können eine oder mehrere diese Fragen mit »Ja« beantwortet werden, können nächste Schritte eingeleitet werden, um dem Thema und der fertigen Abschlussarbeit näher zu kommen. Dies erfolgt anhand einer ersten Recherche zum Themenfeld. Es sollte ausreichend Literatur zu dem Thema geben, aber noch nicht so viel, dass es als vollständig erforscht gilt – dann stellt sich die Frage, was die eigene

Forschung noch bieten könnte, was nicht bereits existiert (Heister 2017, 25f.). Es sollte auch nicht gar keine oder nur sehr wenig Literatur vorliegen, da sonst die Frage besteht, auf was sich bezogen wird, welche Grundlage die eigene Forschung hat. Die nötige Literatur sollte außerdem verfügbar sein, d.h. in einer den Studierenden geläufigen Sprache und als Buch oder Onlineliteratur erreichbar sein. Während der ersten Recherche kann das eigene Thema in der Regel schon ein wenig mehr eingegrenzt und präzisiert werden – hierbei sollten die vorgegebene Seitenanzahl der Abschlussarbeit und der mögliche zeitliche Umfang berücksichtigt werden. Auch erste Ideen zu einem Forschungsvorgehen können an dieser Stelle angestellt werden. In der Regel passt mehr als eine Methode, die Auswahl richtet sich nach der Zielsetzung der Studierenden (Döring/Bortz 2016, 144ff.).

Fragen zur Themenfindung

Die ersten wichtigen Fragen sind:

- Welches Thema/Themenfeld/Handlungsfeld interessiert mich?
- Kann ich mir vorstellen, mich für die Zeit der Abschlussarbeit mit diesem Thema zu beschäftigen oder wird mir dabei höchstwahrscheinlich langweilig?
- Ist das Thema für meine berufliche Praxis relevant oder kann es mich meinen Zielen näherbringen?
- Ist das Thema für die Disziplin der Sozialen Arbeit relevant?

9.4 Forschungsfrage

Nach der Suche und Festlegung eines Themas folgt die Erstellung einer Forschungsfrage. Dieser Punkt ist einer der wichtigsten im Prozess der Abschlussarbeit, da die Forschungsfrage den Kern der Arbeit bildet. Die Fragestellung, der in der Arbeit nachgegangen werden soll, bestimmt maßgeblich die Gliederung (also die einzelnen Kapitel der Arbeit) sowie die zu nutzenden Forschungsmethoden. Es ist auch möglich, nicht nur eine Frage zu stellen, sondern diese in eine Haupt- und mehrere Unterfragen zu gliedern. Dabei sollte im besten Fall eine Forschungslücke durch die eigene Arbeit geschlossen werden können. Durch die erste Recherche sind hier in der Regel bereits Ideen vorhanden, die weiterverfolgt werden können.

Die Frage oder Fragen geben den roten Faden für die Erstellung der Abschlussarbeit vor, die Studierenden können sich an der Frage orientieren: »Was muss ich wissen, um die Frage(n) zu beantworten?« Diese Frage kann sich stets gestellt werden, wenn es darum geht, ob ein Thema in die Gliederung aufgenommen werden soll, welche Methode als sinnvoll gilt oder wie die Ergebnisse analysiert werden. Daher sollte die Fragestellung so konkret wie möglich formuliert werden.

> **Eingrenzung der Forschungsfrage**
>
> Folgendes ist dazu möglich:
>
> - eine zeitliche Einschränkung zu machen – bspw. die Erziehungsstile des 20. Jahrhunderts,
> - eine örtliche Einschränkung auf ein Land oder eine Region,
> - die Limitation auf eine bestimmte Personengruppe – bspw. Menschen mit Einschränkungen
> - oder auch bestimmte Theorieansätze, die im Fokus stehen sollen.

Die erste Recherche innerhalb der Themenfindung sollte zu diesen möglichen Einschränkungen bereits einen Eindruck vermittelt haben, sodass die entsprechenden Entscheidungen getroffen werden können. Wenn nicht, sollte die Recherche tiefgründiger wiederholt werden. Dabei ist vor allem der aktuelle Stand der Forschung herauszuarbeiten, damit die Studierenden wissen, worauf sie aufbauen können, welche Erkenntnisse es bereits gibt und wo ggf. noch Lücken bestehen.

9.5 Gliederung

Als nächster Schritt gilt es eine Gliederung zu erstellen, die sich so aufbaut, dass sie die Forschungsfrage beantworten kann. Durch die ersten Recherchen und den Blick in die Inhaltsverzeichnisse der wissenschaftlichen Literatur sollte an dieser Stelle bereits ein Eindruck über wichtige Unterthemen bestehen. Um sich über diese zunächst einen Überblick zu verschaffen, kann es sinnvoll sein, eine Art Mindmap zur Fragestellung zu erstellen – immer anhand der Frage »Was muss ich wissen, um meine Forschungsfrage zu beantworten?«. Hierbei können dann durchaus auch Themen erscheinen, die (noch) nicht in der wissenschaftlichen Literatur benannt wurden. Anschließend können die einzelnen Punkte geordnet werden – hier spielt die Chronologie eine wichtige Rolle. So sollten zunächst die Begriffe und die Basis des Themas den Leser:innen verdeutlicht werden, bevor es in die Tiefe einzelner Theorien oder Studien geht. Dabei sollte der rote Faden stets weitergesponnen werden.

Zu Beginn einer Abschlussarbeit steht die *Einleitung*. Hier sollte das Thema – das zu bearbeitende Problem – dargestellt und abgegrenzt werden. Den Leser:innen soll deutlich werden, warum das Thema relevant ist, wie es sich aktuell darstellt und welches Ziel mit der vorliegenden Arbeit verfolgt wird. Außerdem folgt ein kurzer Einblick in den Ablauf der Arbeit – welche Kapitel stellen was warum dar, warum ist das im Kontext der Ziel- und Fragestellung relevant? Wie wurde vorgegangen? Welche Methoden werden genutzt?

Der nächste große Punkt ist die *theoretische Fundierung*, die sich in verschieden viele Unterkapitel gliedern kann. Sie sollte alle wichtigen Unterthemen des Themas beinhalten. Zudem sollten die bestehende wissenschaftliche Literatur und bestehende Studien kritisch, sachlich und objektiv dargestellt werden – immer mit dem Fokus auf die Fragestellung. Wie der konkrete Aufbau aussieht, liegt in der Entscheidung der Studierenden, wichtig dabei ist nur, dass dies nachvollziehbar ist und alle wichtigen Modelle, Theorien etc. zum Thema aufgegriffen werden.

> Auch wenn dies nicht die erste wissenschaftliche schriftliche Arbeit ist, soll an dieser Stelle betont werden, dass die wissenschaftlichen Quellen entsprechend belegt, also zitiert werden müssen. Ob dies im Text oder im Fußnoten-Stil durchgeführt wird, ist in der Regel den Zitierleitfäden der Universitäten/Hochschulen und/oder der entsprechenden Fachbereiche zu entnehmen.

Nach der Darstellung der Theorie folgt die Beschreibung der genutzten *Methoden*. Dabei muss bei empirischen Arbeiten ein Kapitel enthalten sein, das die Forschungsmethodik darstellt. Bei rein literarischen Arbeiten können die Methodik und die ausgewählten Quellen bereits nach der Einleitung benannt sein. Handelt es sich um die Analyse von ausgewählten Quellen (bspw. zehn Studien zur Entwicklung von Kindergartenkindern während der Covid-19 Pandemie), dann folgt an dieser Stelle ebenfalls ein ›Methodenkapitel‹. Die Methoden, die in der Regel innerhalb der Sozialen Arbeit genutzt werden, sind die systematische Literaturrecherche sowie die qualitativen und/oder quantitativen Methoden, die auch als Mix-Method-Ansatz kombiniert werden können. Diese sollen an dieser Stelle nicht im Detail erläutert werden, die Literatur zu Forschungsmethoden bietet hier genug Erklärungen (siehe hierzu bspw. Döring/Bortz 2016; Hussy et al. 2013).

Neben der Darstellung der Methoden soll den Leser:innen vor allem verdeutlicht werden, warum diese Methoden gewählt wurden – sowohl bei der Erhebung (bspw. Experteninterviews) als auch bei der Auswertung (bspw. Inhaltsanalyse). Außerdem soll auf die Vor- und Nachteile der gewählten Methoden eingegangen werden – so wird deutlich, warum Thema, Fragestellung und Methode zusammenpassen.

Die *Ergebnisse* bilden dann den nächsten Teil der Gliederung, im besten Fall unterschieden nach deskriptiver Analyse, in der die Ergebnisse nur beschrieben werden (»Drei von sechs Befragten gaben an, dass ...«), und die Interpretation/Diskussion, in der darauf eingegangen wird, warum sich die Ergebnisse ggf. so darstellen (»Befragter 1 verfügt über 20 Jahre Berufserfahrung, wodurch sich sein umfangreiches Antwortverhalten erklärt«). In der Interpretation wird dann auch der Rückschluss auf die in der theoretischen Fundierung dargestellten Literatur hergestellt. Es ist durchaus möglich, hier Tabellen oder Abbildungen zu nutzen, um die Ergebnisse visuell darzustellen.

Nachdem die Ergebnisse vorgestellt, analysiert und interpretiert worden sind, sollte der *Forschungsprozess reflektiert* werden. Dazu zählt einerseits, ob die gewählten Methoden sinnvoll für die Beantwortung der Forschungsfrage waren, ob sie wie geplant eingesetzt werden konnten oder ob es Hindernisse gab – bspw., dass die Befragten bei einem Fragebogen die Fragen nicht richtig verstanden haben. Jede

Methode hat Vor- und Nachteile, diese gilt es hier nochmals zu betrachten und zu reflektieren, ob andere Methoden gewinnbringender hätten sein können.

Ein weiterer Punkt ist der Blick auf die *Gütekriterien*. Je nachdem welche Forschungsrichtung und welche Methode genutzt wurde, können quantitative oder qualitative Gütekriterien gewählt werden, die sichern sollen, dass die vorliegende Forschung sinnvoll, transparent und angemessen war. Auch diese sind in der Forschungsliteratur zahlreich benannt und stellen die Qualität der Abschlussarbeit dar. Das heißt nicht, dass alles, was getan wurde, gerechtfertigt werden muss, sondern, dass auch ehrlich zugegeben werden kann, wenn Fehler gemacht wurden oder eine Durchführung nicht so wie geplant stattfand – Stichwort Transparenz (Döring/Bortz 2016, 81 ff.).

Handlungsempfehlung und *Fazit* bilden den letzten Teil des Textteils der Arbeit. Hier sollten die Ergebnisse nochmal konkret und zugespitzt im Kontext der Forschungsfrage betrachtet und ggf. Empfehlungen für die Zukunft formuliert werden. Diese könnten sich bspw. darauf beziehen, wie die Forschungsergebnisse in die Praxis umgesetzt oder wie in weiterführenden Forschungen vorgegangen werden könnte. Das Fazit schließt die Arbeit ab, kann sich auf die Ziele beziehen, die in der Einleitung benannt wurden, und hinterfragen, inwiefern diese erreicht wurden.

Nach dem Textteil folgt noch das *Literaturverzeichnis*, in dem alle verwendeten Quellen angegeben werden und ggf. der Anhang. Hier sind in der Regel Transkripte von Interviews, zusätzliches Material oder große Tabellen/Abbildungen zu finden, auf die innerhalb der Arbeit verwiesen wurde.

9.6 Forschungsdesign

In den vorangegangenen Abschnitten klang bereits an, dass eine wissenschaftliche Abschlussarbeit einen Forschungsanteil beinhalten sollte. In der Praxis haben Studierende häufig die Sorge, dass sie dies überfordern könnte, weil eine eigene Forschung in der Regel noch nicht gemacht wurde und somit viele Unsicherheiten bestehen. Somit fällt nicht selten die Wahl auf eine Literaturarbeit, was aber nicht unbedingt einfacher als eine empirische Arbeit ist. Auch eine Literaturarbeit muss im wissenschaftlichen Kontext strukturiert und systematisch durchgeführt werden, und vor allem eignet sie sich nicht zu jedem Thema.

Das gewählte Thema sollte sich also nicht an der Methode orientieren, die die Studierenden nutzen möchten, sondern an der Forschungsfrage – wie kann die Frage am besten beantwortet werden? Macht es Sinn, Literatur oder Studien gegenüberzustellen, Expert:innen zu interviewen, eine Online-Befragung durchzuführen oder Menschen zu einem Thema zu beobachten? Je passender die Methode zur Forschungsfrage ist, desto besser gelingen auch die Durchführung und die Reflexion am Ende des Prozesses (Döring/Bortz 2016, 14 ff.).

Bei der Erstellung des Erhebungsinstruments, bspw. eines Leitfadens für ein Interview, ist es unabdingbar, dass die Erkenntnisse aus der theoretischen Fundierung, also aus der wissenschaftlichen Literatur und dem aktuellen Forschungsstand, miteinbezogen werden. Die eigene Forschung soll auf der bereits bestehenden aufbauen – das kann sie nur, wenn sie diese auch tatsächlich berücksichtigt. Das heißt, es sollten Fragen in den Leitfaden aufgenommen werden, die über die bestehenden Studien hinausgehen oder überprüfen, ob die theoretischen Modelle auch tatsächlich so in der Praxis vorkommen (Heister 2017, 71 ff.).

In der Erarbeitung eines Forschungsdesigns muss zwischen Erhebungsmethode und Auswertungsmethode unterschieden werden. Erstere sind bspw. Interviewverfahren, Fragebögen, Beobachtungsstudien oder Experimente. Die so erhobenen Daten müssen nach Abschluss der Erhebung ausgewertet werden – und das nicht ›einfach so‹, sondern auch systematisch und methodisch geleitet. Die Wahl der Methode richtet sich einerseits nach der Fragestellung, andererseits nach der Erhebungsmetode. So können Interviews nach der Transkription (Verschriftlichung des Gesprochenen) mit der Inhaltsanalyse ausgewertet werden, Fragebögen mit statistischen Berechnungen (Ebster/Stalzer 2017, 151 ff.). Auch hier muss immer darauf geachtet werden, dass die Beantwortung der Forschungsfrage im Fokus bleibt, da in der Regel mehr Daten und Informationen gewonnen wurden als notwendig. Die Erhebungsmethode generiert somit die Daten, die anschließend analysiert und interpretiert werden.

9.7 Analyse der Ergebnisse – Verbindung Theorie und Empirie

Dass die Ergebnisse in Analyse und Interpretation unterschieden werden können/sollten, wurde bereits erwähnt. Es soll noch einmal betont werden, wie wichtig die Verbindung der einzelnen Teile der Abschlussarbeit ist. Damit ein roter Faden entsteht, sollte den Leser:innen in oder am Ende jeden Kapitels deutlich werden, warum diese Inhalte wichtig sind, um die Forschungsfrage zu beantworten. Des Weiteren müssen sich die Inhalte/Aspekte der theoretischen Fundierung im Erhebungsinstrument wiederfinden. Entsprechend gestaltet sich dann auch die Auswertung der erhobenen Daten – es besteht in der Analyse der Ergebnisse die Möglichkeit, Rückbezüge herzustellen, die Theorie und die gewonnenen Ergebnisse gegenüberzustellen. Stimmen diese überein? Widersprechen sie sich? Gehen sie über das bestehende Wissen hinaus? Und was könnte der Grund dafür sein? Die erhobenen Daten bieten möglicherweise die Chance, bestehende Modelle und/oder Theorien weiterzuentwickeln oder neue Perspektiven aufzuzeigen.

Zusätzlich werden die Ergebnisse in der Regel auch untereinander verglichen. Expert:innen werden in der Regel zum gleichen Thema mit demselben Leitfaden interviewt: Sind die Expert:innen sich einig oder unterscheiden sie sich? Wie verhält es sich, wenn bspw. Fachkräfte und betroffene Klient:innen interviewt werden? Wie unterscheiden sich die Sichtweisen? Ähnliche Vergleiche können auch in Beobachtungsstudien oder Umfragen angestellt werden, bei letzterem bspw., ob ein Zusammenhang zwischen Alter der Befragten und dem Antwortverhalten besteht.

9.8　Zeitplanung und Beachtung der Formalia

Zeit ist ein entscheidender Faktor bei der Erstellung einer wissenschaftlichen Arbeit und beeinflusst die Qualität in hohem Maße. Daher ist es wichtig, ehrlich zu sich selbst zu sein hinsichtlich der Arbeitsgeschwindigkeit und der Ereignisse, die im eigenen Leben parallel zur Abschlussarbeit stattfinden.

Es ist daher ratsam, sich einen Kalender zur Hand zu nehmen, zu schauen, wie lang die Bearbeitungszeit ist, wann der persönlich gewünschte Abgabetermin ansteht, bspw. wegen anschließender Berufstätigkeit. Wenn berufsbegleitend geschrieben wird, ist auch dies mit einzuplanen: Wann sind hier ggf. Hochphasen, die einbezogen werden sollten. Puffer einzuplanen, macht in der Regel immer Sinn. Wenn diese nicht nötig sind, kann entweder eher abgegeben oder die Zeit für Freizeit genutzt werden. Je nach Lern- und Schreibtyp können auch unterschiedliche Methoden genutzt werden wie To-Do-Listen oder die »Eisenhower Methode«, in der nach dringenden und wichtigen Aspekten sortiert und priorisiert wird. Ein weiterer Punkt sind Zeitfresser oder Ablenkungen, diese sollten eliminiert werden. Daher kann es hilfreich sein, nicht zu Hause zu schreiben, sondern in die Bibliothek der Universität/Hochschule oder auch der Stadt zu gehen. Hier stehen meist Tische, Internet- und Stromanschlüsse bereit, die genutzt werden können. Außerdem kann auf die nötige Literatur direkt vor Ort zugegriffen werden (Folz 2020, 5 ff.).

Ein weiterer Punkt, der vor Abgabe der Abschlussarbeit zu beachten ist, ist die Einhaltung der Formalia. Durch das Korrekturlesen von Fachkolleg:innen oder Lektor:innen können nicht nur inhaltliche Zusammenhänge hinterfragt werden, sondern auch Hinweise auf bspw. richtige Zitierweise oder Ähnliches gegeben werden.

Vor Abgabe sollte nochmal sichergestellt werden, dass alle formalen Richtlinien auch in Hinsicht auf Plagiate, eidesstattliche Erklärungen usw. laut den Vorschriften der Hochschule/Universität eingehalten wurden. Daher gilt es bereits zu Beginn der Planung genug Zeit für diese letzte Überprüfung einzukalkulieren.

9.9 Nochmal zurück zum Anfang – Schreiben eines Exposés

Zu Beginn einer Abschlussarbeit ein Exposé zu verfassen, wird an einigen Universitäten/Hochschulen bereits verlangt und bildet für einige Betreuende die Voraussetzung für eine gute Zusammenarbeit. Auch wenn ein Exposé nicht verlangt wird, ist es sinnvoll, eines zu erstellen, da hier die ersten Gedanken, die Ziele und erste Überlegungen zur Methode festgehalten werden. Es hilft den Studierenden, selbst einen Überblick über ihr Thema zu erhalten, sich zu fragen, warum das Thema wichtig ist und somit erste Argumentationslinien aufzuzeigen.

> **Aufbau und Inhalt des Exposés**
>
> Ein Exposé sollte neben dem gewählten Thema auch die Ziele bzw. das Erkenntnisinteresse der Arbeit benennen und diese anhand eines kurzen Einblicks in die Theorie sowie den aktuellen Forschungsstand begründen. An dieser Stelle wird wieder auf die Forschungslücke verwiesen, die es darzustellen gilt. Anschließend wird die wissenschaftliche Methode benannt, die genutzt werden soll, eine erste Gliederung sowie ein Zeitplan dargelegt, in dem die Arbeit erstellt werden soll. Als letztes sollte die für das Thema relevante Literatur benannt werden.

Es wird deutlich, dass viele Teile des Exposés der Gliederung der Abschlussarbeit entsprechen, sodass diese Vorarbeit nicht nur für die eigene Orientierung wichtig ist, sondern bereits einen Teil der Arbeit und Recherche beinhaltet, die für die Abschlussarbeit durchgeführt werden muss. Diese Erkenntnisse und gewonnene Literatur können anschließend genutzt werden.

9.10 Zusammenarbeit mit den Betreuenden

Die Abschlussarbeiten werden an Universitäten und Hochschulen von wissenschaftlichen Mitarbeiter:innen, von Professor:innen betreut und auch anschließend begutachtet. Die Ansprüche können durchaus unterschiedlich sein, da bei diesen Personen in der Regel unterschiedliche Forschungsschwerpunkte und Methodiken vorliegen. Daher macht es unbedingt Sinn, sich mit den Betreuenden abzustimmen, ob es zusätzliche Vorgaben ihrerseits gibt – bspw. eine gewisse Anzahl an zu nutzenden Quellen oder der Verweis auf internationale Literatur. Des Weiteren können die gewünschten Themen, Forschungsfragen oder Leitfäden für Interviews häufig besprochen werden, sodass seitens der Studierenden Unsicherheiten abgebaut werden können. Im Vorfeld können auch die Webseiten der Personen besucht werden, um herauszufinden, welche Themenfelder und Forschungsgebiete diese vertreten.

9.11 Schluss

Die Erstellung einer Abschlussarbeit ist für viele Studierende ein spannender, neuer und herausfordernder Prozess. Auch wenn sich die Arbeit zu Beginn noch ein wenig unübersichtlich gestaltet, macht es Sinn, Schritt für Schritt vorzugehen und eine gute strukturierte Zeitplanung vorzunehmen. Dabei ist zu beachten, dass das ›normale‹ Leben in der Regel weitergeht, sodass auch ggf. die Erwerbstätigkeit und auch die Freizeit miteingeplant werden sollten, um am Ende nicht in Zeitnot zu geraten. Hier hilft es, ehrlich zu sich selbst zu sein und zu reflektieren, wie die Erstellung von Haus- und Seminararbeiten in der Vergangenheit bewältigt worden ist und wie sich dies wohl im Kontext der Abschlussarbeit gestalten wird.

Grundsätzlich gibt es in Forschungsvorhaben und Vorgehen kein richtig oder falsch in der Wahl der Methode, es kommt vor allem auf die Begründung und die Passung zur Forschungsfrage an. Daher sollte von Beginn an, d. h. mit der Erstellung des Exposés, bereits darauf geachtet werden, nicht den vermeintlich einfachsten Weg zu gehen, sondern den roten begründeten Faden nachvollziehbar zu spinnen.

Literatur

Döring, N., Bortz, J. (2016): Forschungsmethoden und Evaluation in den Sozial- und Humanwissenschaften (5. Auflage). Berlin/Heidelberg: Springer.
Ebster, C., Stalzer, L. (2017): Wissenschaftliches Arbeiten für Wirtschafts- und Sozialwissenschaftler (5. Auflage). Wien: Facultas.
Folz, K. (2020): Zeitmanagement bei der Abschlussarbeit. Perfektes Timing für die Bachelor- und Masterthesis. Wiesbaden: Springer Gabler.
Heister, W. (2017): Die Abschlussarbeit. In neun Etappen von der Themensuche zur Abgabe. Stuttgart: Schäfer Poeschel.
Helfrich, H. (2016): Wissenschaftstheorie für Betriebswirtschaftler. Wiesbaden: Springer Gabler.
Hussy, W., Schreier, M., Echterhoff, G. (2013). Forschungsmethoden in Psychologie und Sozialwissenschaften für Bachelor (2. Auflage). Berlin/Heidelberg: Springer.
Kornmeier, M. (2021). Wissenschaftlich schreiben leicht gemacht: Für Bachelor, Master und Dissertation (9. Auflage). Bern: Haupt.

Teil D: Grundlagen der Methoden empirischer Sozialforschung und ausgewählte Beispiele der Methodenanwendung

10 Methodenkompetenz als »Future Skill« in sozialen Diensten – Warum wissenschaftliche Methoden auch in der Praxis nützlich sind

Janina Evers

10.1 Einleitung

Die Transformation der Arbeitswelt und die damit zusammenhängende Diskussion, z. B. um Künstliche Intelligenz (KI) und Digitalisierung, eröffnet den Blick auf die Frage nach den Kompetenzen, die zukünftig in der Arbeitswelt relevant sein werden. Jene sogenannten »Future Skills« sollten hierbei berücksichtigen, dass es nicht mehr nur darum geht, fachliches Wissen in Lernsituationen aufzubauen, sondern Kompetenzen zu erwerben, die dazu beitragen, einerseits in sich wandelnden Rahmenbedingungen handlungsfähig zu bleiben und andererseits fortlaufenden Wandel aktiv in Organisationen mitzugestalten (vgl. z. B. Ehlers 2020; Rump et al. 2022).

Die hier genannten exemplarischen Beispiele illustrieren den fortlaufenden Wandel in Organisationen, der auch soziale Dienstleistungsorganisationen betrifft (vgl. z. B. Arnold 2022), was den Blick auf die Fragestellung eröffnet, welche zukünftigen Kompetenzen in sozialen Diensten relevant sein werden. Dieser Beitrag thematisiert in diesem Zusammenhang die Methodenkompetenz und illustriert deren praktische Relevanz in der Gestaltung von Veränderungsprozessen in sozialen Diensten.

Der Beitrag ist Teil des Bandes zu schriftlichen Qualifizierungsarbeiten im Studium Soziale Arbeit. Es geht also auch um das wissenschaftliche Arbeiten im Studium: Sofern schriftliche Qualifizierungsarbeiten auf Primärforschung beruhen, sind für die eigene Forschung wissenschaftliche Methoden qualitativer oder quantitativer Art relevant. In diesem Rahmen lernen Sie u. a. konkrete wissenschaftliche Methoden kennen, z. B. Interviews, Gruppendiskussionen oder Fragebogenerhebungen, die Sie im Rahmen der Diskussion Ihrer eigenen Forschungsfrage einsetzen. Methodenkenntnis und -anwendungskompetenz, z. B. zum wissenschaftlichen Arbeiten oder zur Durchführung von Fragebogenerhebungen, Interviews etc. und deren methodisch kontrollierte Auswertung, sind hierfür oft die Basis. Diese Methoden unterstützen Sie einerseits dabei, Ihre wissenschaftlichen Arbeiten zu schreiben. Die Kompetenz, solche Methoden anzuwenden, ist jedoch nicht nur für Ihr Studium von Bedeutung, sondern bleibt in der Praxis relevant. Auch hier werden Methoden benötigt, wenn es z. B. um die Gestaltung von Veränderungsprozessen in sozialen Diensten geht.

Methodenkompetenz ist also auch in der Praxis hilfreich – so die These. Diesen Zusammenhang greift dieser Beitrag auf und diskutiert den Nutzen von Methodenkompetenz nach dem Studium der Sozialen Arbeit. Methodenkompetenz wird hierbei als Teil der Professionalität sozialer Arbeit verstanden (vgl. zur Professionalität z. B. Bauer 2018; Müller-Hermann/Becker-Lenz 2018).

Der Begriff Kompetenz wird im kommenden Abschnitt zunächst allgemein vorgestellt (▶ Kap. 10.2). Der darauffolgende Abschnitt befasst sich mit Methodenkompetenz als »Future Skill« (▶ Kap. 10.3), bevor das Veränderungsmanagement als Anwendungsfeld für Methodenkompetenz diskutiert wird (▶ Kap. 10.4). Der Beitrag endet mit einem Fazit (▶ Kap. 10.5).

10.2 Worum geht es eigentlich beim Thema »Kompetenz«?

Professionelles Handeln in sozialen Diensten setzt Kompetenz voraus. Doch was bedeutet der Begriff »Kompetenz« in diesem Zusammenhang konkret?

> **Kompetenz – eine erste Definition**
>
> Zunächst einmal ist Kompetenz nicht trennscharf wissenschaftlich und analytisch definiert (Bornewasser et al. 2018, 14; Erpenbeck et al. 2017). Vielen Ansätzen zu Kompetenzen ist allerdings gemeinsam, dass Kompetenz an Wissen ansetzt und u. a. die passende Anwendung von Wissen und Qualifikationen in beruflichen Kontexten beschreibt. Wissen würde in diesem Zusammenhang das ›Kennen‹ umschreiben, Kompetenz wäre als Umsetzung in die Praxis das ›Können‹ (vgl. z. B. Bornewasser et al. 2018).

Kompetenzen sind in diesem Zusammenhang nicht eindimensional, sondern setzen sich aus verschiedenen Facetten zusammen. So werden Selbstorganisationskompetenz, Sozialkompetenz, Fachkompetenz, Selbst- bzw. persönliche Kompetenz, Methodenkompetenz, Medienkompetenz, Moderationskompetenz, Digitalisierungskompetenz, Kooperationskompetenz und viele weitere mehr diskutiert (vgl. z. B. Bleses et al. 2020; Bornewasser et al. 2018; Evers et al. 2014; Rump/Eilers 2022; Erpenbeck et al. 2017). Diese Kompetenzfacetten eint in der Regel, dass sie ein gelingendes und selbstorganisiertes Handeln in der Praxis ermöglichen sollen. Neben Fachkompetenzen, die z. B. durch den Aufbau fachlichen Wissens im Studium unterstützt werden können, sind viele der oben genannten Kompetenzen sogenannte überfachliche Kompetenzen, z. B. Sozialkompetenz in der Kooperation, persönliche Kompetenz im selbstverantwortlichen Arbeitshandeln oder eben Methodenkompetenz, die u. a. bedeutet, dass wissenschaftliche Methoden im Arbeitsalltag eingesetzt werden können. Hierbei zeigt sich eine zunehmende Veränderung von dem Konzept der klassischen Fachkompetenzen hin zu überfachlichen Kompetenzen (vgl. Erpenbeck et al. 2017; Rump/Eilers 2022; Ehlers 2020).

Die hier genannten Kompetenzen und Kompetenzfacetten sind nicht trennscharf voneinander abzugrenzen. Sie sind auch nicht zu ›messen‹ oder zu ›erheben‹, sondern sie erschließen sich im praktischen Handeln durch die sogenannte Performanz und lassen sich in der Praxis beobachten (vgl. Bornewasser et al. 2018; Erpenbeck et al. 2017).

Kompetenzen sind damit an Personen geknüpft und fragen nach der Handlungs- und Selbstorganisationsfähigkeit, z. B. praxisorientiert in Organisationen. An der Stelle knüpft dieser Beitrag an das sogenannte strategische Personalmanagement bzw. strategische Kompetenzmanagement an, das sich u. a. damit befasst, wie die Organisation sich unter Berücksichtigung der Mitarbeiter:innen und deren Kompetenzen zukunftsorientiert aufstellen kann (vgl. z. B. Lebrenz 2017). In sozialen Diensten spielt der demografische Wandel im strategischen Personalmanagement eine Rolle: Während einerseits die Nachfrage nach sozialen Diensten z. B. aufgrund der zunehmenden Alterung der Gesellschaft steigt, verringert sich die Zahl der potenziellen Mitarbeiter:innen aufgrund des Fach- und Arbeitskräftemangels (vgl. Becke/Bleses 2016). Andererseits sind (soziale) Dienstleistungen durch Interaktionsarbeit gekennzeichnet, bei der die Beschäftigten und deren Kompetenzen zentral für die Dienstleistungsqualität und die Leistungserstellung sind (vgl. z. B. Bornewasser 2014; vgl. zur Interaktionsarbeit in sozialen Dienstleistungsorganisationen z. B. Böhle/Weihrich 2020). Neben der Gewinnung und Bindung der Mitarbeiter:innen stellt sich damit die Frage nach deren Kompetenzentwicklung, um auch im fortlaufenden Wandel handlungsfähig zu bleiben. Die Frage der Umsetzung und Gestaltung von Veränderungsprozessen ist so mit der Personal- und Kompetenzentwicklung verbunden (vgl. z. B. Friemer 2020).

10.3 »Future Skill« Methodenkompetenz

Der Begriff »Future Skill« bezieht sich auf die Kompetenzen, die in der Zukunft relevant sein werden (vgl. zum Konzept der Future Skills z. B. Ehlers 2020). Hierbei ist die Zukunft dadurch gekennzeichnet, dass über sie ein begrenztes Wissen verfügbar und unklar ist, welche Kompetenzen tatsächlich allgemein und konkret zur Handlungsfähigkeit in Organisationen beitragen (vgl. ebd.). Auch, wenn nur ein begrenztes Wissen über die Zukunft verfügbar ist, so scheint Einigkeit darüber zu bestehen, dass Wandel den Organisationen bleiben wird und die Mitarbeiter:innen weiter betreffen wird. Insofern ist nicht nur zu fragen, ob die Beschäftigten in sozialen Diensten die für ihre fachliche Arbeit notwendigen Kompetenzen haben (vgl. zu den Handlungskompetenzen in der Sozialen Arbeit z. B. Heiner 2012), sondern auch, ob und inwiefern sie Kompetenzen haben bzw. entwickeln können, um soziale Dienstleistungsorganisationen im Wandel mitzugestalten und dahingehend selbst handlungsfähig zu bleiben (vgl. z. B. Bäcker et al. 2020, 515; Ehlers 2020).

Auch wenn Professionalisierung in der Sozialen Arbeit differenziert definiert ist (vgl. Müller-Hermann/Becker-Lenz 2018; Fuchs-Rechlin 2018), so wird doch immer wieder die Fachkompetenz genannt, die nötig ist, um in sozialen Diensten zu arbeiten (vgl. Fuchs-Rechlin 2018). Die – wenn man so möchte – Querschnittsdimension »Methodenkompetenz« wird mitunter nicht oder nur selten im Diskurs um Professionalität in der Sozialen Arbeit berücksichtigt (vgl. Müller-Hermann/Becker-Lenz 2018; Arnold 2022). Sie ist jedoch in einer sich schnell wandelnden Arbeits- und Organisationswelt relevant. Als Teil der Professionalisierung wird z. B. diskutiert, dass Studierende der Sozialen Arbeit solche Kompetenzen erwerben sollten, die für die spätere Berufspraxis relevant seien (vgl. Müller-Hermann/Becker-Lenz 2018, 693). Da Veränderungen in Organisationen beständig sind, gehört zur Berufspraxis auch, diese gestalten zu können.

Methodenkompetenz bezieht sich in diesem Zusammenhang auf die Anwendung und Auswertung wissenschaftlicher Methoden (vgl. Döring 2022). Wenn Sie also im Studium Wissen über quantitative und qualitative Methoden erworben haben, dann bedeutet Methodenkompetenz, dass Sie dieses Wissen in den Organisationen, in denen Sie beruflich tätig sind, im Alltag passend einsetzen können. Dass Sie im Studium Methoden kennen und anwenden lernen, ist somit die Grundlage für die Herausbildung der Methodenkompetenz (vgl. zur Abgrenzung von Wissen, Qualifikation und Kompetenz Erpenbeck et al. 2017). Methodenkompetenz ist in verschiedenen Situationen ergänzend nützlich, um eine (wissenschaftliche) Forschungsfrage zu beantworten und Erkenntnis zu gewinnen. Ein solcher Erkenntnisgewinn ist auch in der Praxis der Sozialen Arbeit relevant, da dieser dazu dient, Entscheidungen zu treffen und Handlungen zu legitimieren (Döring 2022, 5).

Methodenkompetenz ist also nicht nur auf das Studium begrenzt und neben dem hier diskutierten Anwendungsfeld der Gestaltung von Veränderungsprozessen gibt es weitere. Methodenkompetenz kann somit als »Future Skill« bezeichnet werden, der soziale Dienstleistungsorganisationen darin unterstützt, die vielfältigen und im Heute noch nicht absehbaren zukünftigen Veränderungsprozesse zu gestalten. Veränderungen werden durch die Anwendung qualitativer und quantitativer Methoden und deren Auswertung aktiv gestaltet. Hinzu kommt die Reflexion damit verbundener ethischer und rechtlicher Rahmenbedingungen z. B. bei eigenen Erhebungen im Unternehmen und die daraus zu ziehenden notwendigen Schlussfolgerungen für die praktische Anwendung und Absicherung des Forschungsprozesses.[1]

---

1 Im Fokus dieses Beitrags steht nicht die Wissenschafts- und Forschungsethik. Dennoch soll diese hier ergänzend zumindest erwähnt werden: Sie erheben in der Organisationen Daten von Ihren Kolleg:innen und sollten Ihren Erhebungs- und Auswertungsprozess dahingehend reflektieren (vgl. z. B. Döring 2022). Zudem sind ggf. weitere Akteur:innen im Unternehmen einzubinden, deren Zustimmung im Übrigen erforderlich ist. Achten Sie also auf die ethischen und rechtlichen Rahmenbedingungen, die für Ihren Forschungsprozess zu berücksichtigen sind.

10.4 Anwendungsfeld: Gestaltung geplanter Veränderungsprozesse in sozialen Diensten

Fortlaufender Wandel gehört in sozialen Diensten zum Alltag, was sowohl den intentionalen Wandel (z. B. Change-Management, vgl. Arnold 2022) als auch die sonstige Dynamik und ungeplanten Wandel einschließt (vgl. Grunwald 2022). Ökonomisierung, gesellschaftliche Trends, New Work oder Digitalisierung – die Liste der relevanten Einflussfaktoren ließe sich hier weiter verlängern (vgl. z. B. Gehrlach et al. 2022). Allen Entwicklungen gemeinsam ist allerdings: Sie erzeugen Veränderungsbedarfe in sozialen Dienstleistungsorganisationen. Diese Veränderungen fortlaufend zu gestalten und zu evaluieren wird somit zu einer relevanten Zukunftskompetenz, einem »Future Skill« (▶ Kap. 10.3). Wandel vollzieht sich in diesem Zusammenhang in Prozessen und Strukturen von Organisationen, aber auch in der Arbeitswelt. Begriffe wie New Work, Digitalisierung und Nachhaltigkeit werden u. a. diskutiert und sind auch für die Soziale Arbeit relevant – wobei hier die branchenbezogenen Herausforderungen zu beachten sind. Bei der Diskussion von New Work sind z. B. Arbeitsort- und Arbeitszeitflexibilität vieldiskutierte Konzepte – die jedoch in der Sozialwirtschaft nur begrenzt umsetzbar sind (vgl. Helmold 2022). Digitalisierung ist also auch in sozialen Dienstleistungsorganisationen ein nennenswerter Treiber von Veränderungen (vgl. z. B. Bleses et al. 2020) – nicht nur im Rahmen der New-Work-Diskussion.

Change-Management adressiert in diesem Zusammenhang den intentional geplanten Wandel und integriert den »Management«-Begriff, was eine bewusste Steuerung der Strategie und des Prozesses berücksichtigt (vgl. Vahs/Weiand 2020).[2] Hiermit sind Aktivitäten wie die Analyse, Planung und Evaluierung gemeint. Je nach Ansatz bzw. Konzept zum Change-Management bzw. zur Organisationsentwicklung wird der Prozess unterschiedlich gestaltet. Oftmals orientiert sich der Veränderungsprozess jedoch an der Gestaltung von Projekten, wobei hier berücksichtigt wird, dass es sich bei Projekten um innovative Bereiche handelt (vgl. Schiersmann/Thiel 2018; Döring 2022). Neben weiteren Aspekten und Prozessschritten ist Beteiligung ein zentrales Element im Change-Management (vgl. Stolzenberg/Heberle 2021; Vahs/Weiand 2020).[3] Methodenkompetenz bietet das Potenzial, vielfältige Beteiligungsprozesse zielorientiert zu gestalten. Die folgenden Abschnitte diskutieren dahingehend exemplarische Ansätze, in denen Methodenkompetenz bei der Analyse der Ausgangssituation (▶ Kap. 10.4.1) und der Evaluation (▶ Kap. 10.4.2) unterstützen kann.

---

2 Die Steuerung von Veränderungsprojekten ist komplex und im Rahmen weiterer Literatur vielfältig und ausführlich diskutiert (vgl. Vahs/Weiand 2020; Stolzenberg/Eberle 2021). Dieser Beitrag ist daher nicht als weiterer Ansatz hinsichtlich der Gestaltung eines konkreten Veränderungsprozesses zu verstehen, sondern analysiert den Nutzen von Methodenkompetenz in der Praxis am Beispiel von Veränderungsprojekten.

3 Hierbei sind zwei Seiten zu berücksichtigen: Einerseits wird Beteiligung im Change-Management als hilfreich diskutiert (vgl. Vahs/Weiand 2020). Andererseits bedeutet Beteiligung auch Verantwortung, was nicht von allen Beschäftigten gleichermaßen als positiv wahrgenommen wird (vgl. Evers 2018).

10.4.1 Analyse der Ausgangssituation

Change-Management geht zielorientiert vor und möchte eine neue Situation erreichen, seien es neue organisationale Strukturen und Prozesse oder neue Formen der Arbeitsgestaltung, z. B. im Rahmen von New Work. Zielorientierung bedeutet in diesem Zusammenhang, dass die relevanten Einflussfaktoren in und außerhalb der Organisation (z. B. gesellschaftliche Trends) mitberücksichtigt werden sollten.

Qualitative und quantitative Methoden unterstützen die organisationsinterne Analysephase und dienen somit der Beteiligung derjenigen Mitarbeiter:innen, die von den Veränderungen betroffen sind, bzw. sie können relevante Stakeholder in das Veränderungsprojekt einbinden. Dies kann durch Methoden wie Interviews, Gruppendiskussionen und Fragebogenerhebungen unterstützt werden. Diese dienen dazu, unter Berücksichtigung des Veränderungsziels die aktuelle Situation und die Veränderungsbedarfe in der Organisation zu erheben. Es geht dabei einerseits um die Anwendung von quantitativen und qualitativen Methoden, andererseits auch um deren methodisch kontrollierte Auswertung. Da aus der Analysephase konkrete Maßnahmen resultieren, hilft ein methodisch geplanter Prozess, der die Gütekriterien empirischer Forschung berücksichtigt, zusätzlich bei der Legitimation des Change-Prozesses (vgl. z. B. Döring 2022).

> **Reflexion von Change-Prozessen**
>
> Es soll nicht unerwähnt bleiben, dass auch die Methodenanwendung in Change-Prozessen kritisch reflektiert und analysiert werden sollte. Der Einsatz von z. B. Interviews und Gruppendiskussionen erzeugt Erwartungen auf Seiten der Beteiligten, die sich nicht nur auf eine angemessene Kommunikation der Ergebnisse beziehen, sondern auch darauf, dass aus den Ergebnissen tatsächlich etwas abgeleitet und in der Organisation umgesetzt wird.[4] Zudem können die Methoden dazu führen, dass ›unerwünschte‹ Antworten erhoben werden, die jedoch ebenfalls in den Prozess eingebunden werden sollten. Substanzielle, also zielführende Beteiligung basiert somit darauf, dass diese über den gesamten Change-Prozess mitgedacht wird. Passiert dies nicht, kann dies Widerstände und Demotivation im Veränderungsprozess auslösen (vgl. Vahs/Weiand 2020).

10.4.2 Evaluation

Die praxisorientierte Evaluationsforschung unterstützt die methodisch und wissenschaftlich kontrollierte Bewertung der Zielerreichung (vgl. Döring 2022a), im vorliegenden Beispiel des Veränderungsprozesses in sozialen Diensten. Neben quantitativen Methoden kann über qualitative Methoden beteiligungsorientiert ergänzend die subjektive Sichtweise derjenigen eingebunden werden, die von diesen

---

4 Die Umsetzung ist zudem hinsichtlich der Beteiligung von weiteren Akteur:innen in Organisationen (z. B. Führungskräfte, Leitungen, Betriebs- oder Personalrat) zu prüfen.

Veränderungsprozessen betroffen sind. Qualitative Methoden haben zum Ziel, insbesondere subjektive Sichtweisen in einem kommunikativen Prozess zu erheben (vgl. z. B. Schiersmann/Thiel 2018). Ergänzend kann das eigene Handeln, d. h. die Gestaltung oder Begleitung des Veränderungsprozesses überprüft werden (vgl. Ernst 2010; Döring 2022). Diese Perspektive ist für Organisationen hilfreich, da die Organisationsmitglieder – also die Mitarbeiter:innen in sozialen Diensten – in der Interaktion zusammenarbeiten und aus dieser Interaktion heraus z. B. Veränderungsprozesse deuten und bewerten (vgl. z. B. Ernst 2010). Auf Basis der Bewertung der Zielerreichung sollen weitergehende Entscheidungen im Veränderungsmanagement getroffen und umgesetzt werden. Dies dient dann der Diskussion, z. B. im Controlling, und sollte dementsprechend über eine sorgfältige Evaluation begründet sein (vgl. Döring 2022a; Vahs/Weiand 2020).

Abschließend sollten die Ergebnisse von Analyse-, Planungs- und Evaluationsprozessen im Unternehmen transparent dargestellt werden. Die hierfür relevanten Präsentations-Skills sind ebenfalls Teil der Methodenkompetenz.

> Insgesamt verdeutlicht das Anwendungsfeld Change-Management, dass die Gestaltung von Veränderungsprozessen unter Einsatz von Methoden, die Sie im Studium gelernt haben, einerseits hilft, den fortlaufenden Wandel von Organisationen sozialer Dienste mitzugestalten. Andererseits sollte der Methodeneinsatz und die eigene Rolle im Erhebungsprozess ergänzend zielorientiert kritisch reflektiert werden. Zudem ist die Anwendung von qualitativen und quantitativen Methoden mit nicht unerheblichem Aufwand für die Organisation verbunden – kann allerdings auch den Erfolg von Change-Management unterstützen (vgl. Vahs/Weiand 2020).

10.5 Fazit

Organisationen sozialer Dienste wandeln sich beständig, Trendthemen wie die Digitalisierung oder New Work setzen neue Veränderungsimpulse und erzeugen Bedarfe sowie Potenziale, Herausforderungen auch zu bewältigen. Dieser Beitrag hat anhand der Anwendung von im Studium erlernten quantitativen und qualitativen Methoden exemplarisch illustriert, wie Methodenkompetenz Veränderungsprozesse unterstützen kann. Um Veränderungsprozesse in sozialen Diensten zielführend zu gestalten, sind viele weitere Tools und Prozesse notwendig, die hier jedoch nicht ergänzend diskutiert wurden. Die Gestaltung von Veränderungsprozessen kann durchaus erfolgskritisch für Organisationen sein – geht es hierbei doch darum, die Organisation zukunftsfähig aufzustellen (vgl. z. B. Arnold 2022). Die kompetenzbasierte Gestaltung des Veränderungsprozesses kann dazu einen Beitrag leisten.

Nicht nur in Veränderungsprozessen ist Methodenkompetenz relevant. Auch in weiteren Bereichen in der Sozialen Arbeit wird auf quantitative und qualitative

Methoden zurückgegriffen, z. B. im Rahmen des professionellen Handelns in Organisationen oder zur Analyse sozialer Ungleichheit in Gesellschaften (vgl. Bastian 2018). Hier kann nur erneut erwähnt werden, dass wissenschaftliches Arbeiten nicht mit dem Studium aufhört, sondern in vielfältigen Praxiskontexten wirksam werden kann.

Die Gestaltung fortlaufender Veränderungen und eine damit einhergehende Veränderungsbereitschaft ist auch Teil des Konzepts der Agilität. Kritisch zu reflektieren bleibt hier abschließend sowohl die Ressourcenintensität der Gestaltung fortlaufender Veränderungsprozesse als auch der Druck, den diese auf die Beschäftigten auslösen können (vgl. Bleses et al. 2020; Rump et al. 2022). Dies äußert sich z. B. darin, dass Stresssituationen und gesundheitliche Belastungen entstehen können (vgl. Rump et al. 2022), als auch in der Form, dass nicht alle Mitarbeiter:innen in Veränderungsprozessen beteiligt werden möchten (vgl. Evers 2018) – obwohl Beteiligung in vielen Ansätzen als positiv diskutiert wird (▶ Kap. 10.4).

Literatur

Arnold, M. (2022): Change-Management in Studiengängen des Sozialmanagements: Eine Verhältnisbestimmung zwischen Wissenschaft und Praxis. In: C. Gehrlach, M. von Bergen, K. Eiler (Hrsg.), Zwischen gesellschaftlichem Auftrag und Wettbewerb. Perspektiven Sozialwirtschaft und Sozialmanagement (497–512). Wiesbaden: Springer VS. https://doi.org/10.1007/978-3-658-35381-0_29.

Bäcker, G., Naegele, G., Bispinck, R. (2020): Qualifikation. In: Sozialpolitik und soziale Lage in Deutschland (6. Auflage) (513–582). Wiesbaden: Springer VS. https://doi.org/10.1007/978-3-658-06249-1_6.

Bastian, P. (2018): Forschung in der Sozialen Arbeit. In: G. Graßhoff, A. Renker, W. Schröer (Hrsg.), Soziale Arbeit. Eine elementare Einführung (651–660). Wiesbaden: Springer VS. https://doi.org/10.1007/978-3-658-15666-4_44.

Bauer, P. (2018): Multiprofessionalität. In: G. Graßhoff, A. Renker, W. Schröer (Hrsg.), Soziale Arbeit. Eine elementare Einführung (727–739). Wiesbaden: Springer VS. https://doi.org/10.1007/978-3-658-15666-4_50.

Becke, G., Bleses, P. (2016): ZUSAMMENARBEITGESTALTEN in sozialen und gesundheitsbezogenen Dienstleistungen – zur Einführung. In: G. Becke, P. Bleses, F. Frerichs, M. Goldmann, B. Hinding. M. K. W. Schweer (Hrsg.), Zusammen – Arbeit – Gestalten: Soziale Innovationen in sozialen und gesundheitsbezogenen Dienstleistungen (3–8). Wiesbaden: Springer VS. https://doi.org/10.1007/978-3-658-04059-8_1.

Bleses, P., Busse, B., Friemer, A. (2020): Veränderungsprojekte Digitalisierung der Arbeit in der Langzeitpflege. Anforderungen und Gestaltungsoptionen im Rahmen umfassender Veränderungsprozesse. In: P. Bleses, B. Busse, A. Friemer (Hrsg.), Digitalisierung der Arbeit in der Langzeitpflege als Veränderungsprojekt (11–31). Berlin/Heidelberg: Springer Vieweg. https://doi.org/10.1007/978-3-662-60874-6_2.

Böhle, F., Weihrich, M. (2020): Das Konzept der Interaktionsarbeit. Z. Arb. Wiss., 74, 9–22. https://doi.org/10.1007/s41449-020-00190-2.

Bornewasser, M., Evers, J., Warner, N. (2018): Kompetenzerwerb in vernetzten Strukturen. In: M. Bornewasser (Hrsg.), Vernetztes Kompetenzmanagement. Kompetenzmanagement in Organisationen (11–23). Berlin/Heidelberg: Springer. https://doi.org/10.1007/978-3-662-54954-4_2.

Bornewasser, M. (2014): Dienstleistungen im Gesundheitssektor. In: M. Bornewasser, B. Kriegesmann, J. Zülch (Hrsg.), Dienstleistungen im Gesundheitssektor (1–25). Wiesbaden: Springer Gabler. https://doi.org/10.1007/978-3-658-02958-6_1.

Döring, N. (2022): Forschungsmethoden und Evaluation in den Sozial- und Humanwissenschaften (6. Auflage). Berlin/Heidelberg: Springer. https://doi.org/10.1007/978-3-662-64762-2.

Döring, N. (2022a): Evaluationsforschung. In: N. Baur, J. Blasius. (Hrsg.), Handbuch Methoden der empirischen Sozialforschung (3. Auflage) (195–211). Wiesbaden: Springer VS. https://doi.org/10.1007/978-3-658-37985-8_11.

Ehlers, U.-D. (2020): Future Skills. Zukunft der Hochschulbildung – Future Higher Education. Wiesbaden: Springer VS. https://doi.org/10.1007/978-3-658-29297-3.

Ernst, S. (2010): Prozessorientierte Methoden in der Arbeits- und Organisationsforschung. Wiesbaden: Springer VS. https://doi.org/10.1007/978-3-531-92387-1.

Erpenbeck, J., Grote, S., Sauter, W. (2017): Einführung. In: J. Erpenbeck, L. von Rosenstiel, S. Grote, W. Sauter (Hrsg.), Handbuch Kompetenzmessung. Erkennen, verstehen und bewerten von Kompetenzen in der betrieblichen, pädagogischen und psychologischen Praxis (3. Auflage) (IX–XXXVIII). Stuttgart: Schäffer-Poeschel.

Evers, J. (2018): Vertrauen und Wandel sozialer Dienstleistungsorganisationen. Wiesbaden: Springer VS. https://doi.org/10.1007/978-3-658-19618-9.

Evers, J., Krause, M., Hafkesbrink, J. (2014): Soziale Dienstleistungen im Umbruch. In: M. Bornewasser, B. Kriegesmann, J. Zülch (Hrsg.), Dienstleistungen im Gesundheitssektor (277–295). Wiesbaden: Springer Gabler. https://doi.org/10.1007/978-3-658-02958-6_13.

Friemer, A. (2020): Digitale Technik droht? Bedroht? Wirklich nur? Kompetenzentwicklung in Veränderungsprojekten. In: P. Bleses, B. Busse, A. Friemer (Hrsg.), Digitalisierung der Arbeit in der Langzeitpflege als Veränderungsprojekt (135–150). Berlin/Heidelberg: Springer Vieweg. https://doi.org/10.1007/978-3-662-60874-6_9.

Fuchs-Rechlin, K. (2018): Beschäftigungsbedingungen in sozialen Berufen im Spiegel der amtlichen Statistik. In: G. Graßhoff, A. Renker, W. Schröer (Hrsg.), Soziale Arbeit. Eine elementare Einführung (699–711). Wiesbaden: Springer VS. https://doi.org/10.1007/978-3-658-15666-4_48.

Gehrlach, C., Pfiffner, R., von Bergen, M., Eiler, K. (2022): Sozialmanagement und Sozialwirtschaft in einem sich wandelnden Umfeld. Zwischen öffentlichem Auftrag, gesellschaftlichem Engagement und Markt. In: C. Gehrlach, M. von Bergen, K. Eiler (Hrsg.), Zwischen gesellschaftlichem Auftrag und Wettbewerb. Perspektiven Sozialwirtschaft und Sozialmanagement (1–17). Wiesbaden: Springer VS. https://doi.org/10.1007/978-3-658-35381-0_1.

Grunwald, K. (2022): Management sozialwirtschaftlicher Organisationen. Basiswissen Sozialwirtschaft und Sozialmanagement. Wiesbaden: Springer VS. https://doi.org/10.1007/978-3-658-26340-9.

Heiner, M. (2012): Handlungskompetenz und Handlungstypen. In: W. Thole (Hrsg.), Grundriss Soziale Arbeit (4. Auflage) (611–624). Wiesbaden: Springer VS. https://doi.org/10.1007/978-3-531-94311-4_38.

Helmold, M. (2022): New Work, transformatorische und virtuelle Führung. Was wir aus aktuellen Krisen lernen können. Cham: Springer Gabler. https://doi.org/10.1007/978-3-031-16516-0.

Lebrenz, C. (2017): Strategisches Kompetenzmanagement. In: Strategie und Personalmanagement (201–223). Wiesbaden: Springer Gabler. https://doi.org/10.1007/978-3-658-14330-5_8.

Müller-Hermann, S., Becker-Lenz, R. (2018): Professionalisierung: Studium, Ausbildung und Fachlichkeit. In: G. Graßhoff, A. Renker, W. Schröer (Hrsg.), Soziale Arbeit. Eine elementare Einführung (687–697). Wiesbaden: Springer VS. https://doi.org/10.1007/978-3-658-15666-4_47.

Rump, J., Eilers, S. (2022): Employability und Employability Management in der neuen Normalität. In: Employability Management 5.0. Stuttgart: Schäffer-Poeschel. https://doi.org/10.34156/978-3-7910-5675-3_2.

Rump, J., Eilers, S., Wilms, G. (2022): Ein Blick hinter die Kulissen agiler Organisations- und Arbeitsformen. In: J. Rump, S. Eilers (Hrsg.), Arbeiten in der neuen Normalität (103–127). IBE-Reihe. Berlin/Heidelberg: Springer Gabler. https://doi.org/10.1007/978-3-662-64393-8_7.

Schiersmann, C., Thiel, HU. (2018): Projekte als Kern organisationaler Veränderungsstrategien. In: Organisationsentwicklung (5. Auflage) (161–216). Wiesbaden: Springer VS. https://doi.org/10.1007/978-3-658-21857-7_5.

Stolzenberg, K., Heberle, K. (2021): Beteiligung. In: Change Management (4. Auflage) (171–245). Berlin/Heidelberg: Springer. https://doi.org/10.1007/978-3-662-61895-0_6.

Vahs, D., Weiand, A. (2020): Workbook Change Management: Methoden und Techniken (3. Auflage). Stuttgart: Schäffer-Poeschel. doi.org/10.34156/9783791046983.

11 Memos als reflexive Schreibpraxis in forschungsbezogenen Qualifizierungsarbeiten. Ein Werkstattbericht für Studierende

Silvia Thünemann

11.1 Einleitung

Memos sind vielen aus dem beruflichen oder privaten Alltag gut bekannt: Wir erinnern uns selbst oder Kolleg:innen mittels schnell geschriebener Memos an offene Aufgaben, halten einen guten Einfall unterwegs fest oder hinterlassen unserer Familie eine Erinnerung für den Abend. Auch im kreativen Schreiben sind Memos als klassische Strategie bekannt, um in den Schreibfluss zu kommen und das kreative Denken anzuregen. Sie werden z. B. »Schreibsprints« (Scheuermann 2012, 74), »Notizstrategien« (ebd., 92) oder auch »freewritings« (Wolfsberger 2010, 141) genannt. Diese Memos haben trotz ihrer Unterschiedlichkeit einiges gemeinsam: Sie sind informell geschrieben, nicht für eine Dokumentation oder Veröffentlichung gedacht und fungieren eher als Tool für das Denken und Schreiben. Ähnlich verhält es sich bei einer spezifischen Form von Memos, die im Fokus dieses Beitrages stehen: Memos im Kontext der qualitativen Sozialforschung.[1]

Im Beitrag erläutere ich letztere Form von Memos und ordne sie methodologisch ein. Anhand von Beispielen aus der Forschungsberatung zeige ich den Mehrwert dieser reflexiven Schreibpraxis für forschungsbezogene Qualifizierungsarbeiten auf. Die Beispiele verdeutlichen, wie Studierende mithilfe von Memos ihre Standortgebundenheit reflektieren, erste Codes in der Auswertung entwickeln und Forschungskrisen bearbeiten.

---

[1] Memos werden im Forschungsstil der Grounded Theory Methodologie (GTM) nach Strauss und Corbin (Strauss/Corbin 2010) sowie in deren Weiterentwicklung zur reflexiven GTM (rGTM, Breuer/Muckel/Dieris 2019) konzeptionell aufgegriffen und methodisch ausbuchstabiert. Im vorliegenden Beitrag thematisiere ich Memos unabhängig von der GTM als allgemeine Schreibstrategie in der qualitativen Sozialforschung.

11.2 Memos als reflexive Schreibpraxis im Forschungsprozess

Das Schreiben von Memos ist im Prinzip eine Methode des schreibenden Denkens. Memos sind im Kontext qualitativer Forschung informelle kurze Texte, auch Schreibvignetten genannt, die die Arbeit mit Daten, die Entwicklung kreativer Ideen und ein Nachdenken über die Involviertheit der Forschenden begleiten. Laut Petra Muckel, Mitbegründerin des Forschungsstils der reflexiven Grounded Theory, ist jeder Forschungsprozess »eine Reise ins Unbekannte« (Muckel 2016, 215). Durch Memos lernen Studierende, Unwägbarkeiten dieser Reise zu reflektieren und produktiv zu nutzen.

Die Sketchnote (▶ Abb. 11.1) zum Forschenden Studieren verdeutlicht, dass der Prozess einer forschungsbezogenen Qualifizierungsarbeit aus unterschiedlichen Erkenntnisstrategien besteht. Sie sind eng miteinander verwoben und werden zirkulär, nicht linear aufeinanderfolgend, bearbeitet. Es sind die Strategie der theoretischen Grundlegung des Themas, die Strategie des Forschens im engeren Sinn und, begleitend zu allen Phasen, die Strategie der Reflexion.

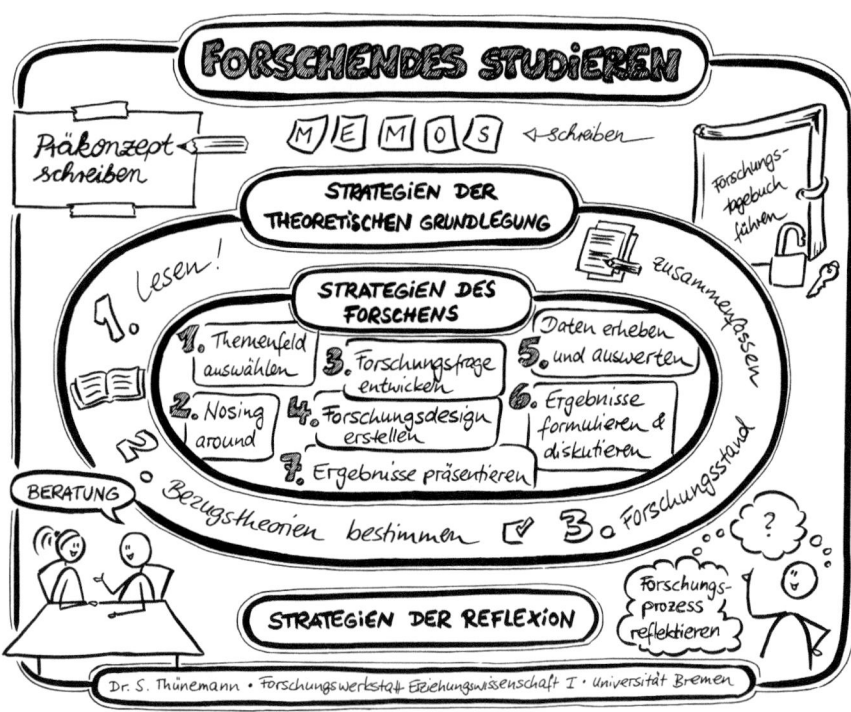

Abb. 11.1: Die drei Strategien des Forschenden Studierens (eigene Darstellung)

Die Strategie der Reflexion ist über den gesamten Prozess notwendig, um in einer Kultur der Distanzierung das eigene forschende Tun zu betrachten. So ist es zu Beginn sinnvoll, die persönliche Haltung zum beforschten Themenfeld zu reflektieren und bisheriges Wissen zu explizieren, um mit einer relativen Offenheit auf die Daten blicken zu können.

In der Qualifizierungsphase beginnt die Forschungsaktivität weit vor der Entwicklung des Erhebungsinstruments und auch vor der Formulierung der Forschungsfrage. Gerade die ersten Schritte, die Auswahl eines Themenfelds sowie ein erstes und unbestimmtes »Nosing Around« im Feld oder in der Literatur, sind schnelllebig und von zirkulären Suchbewegungen gekennzeichnet. Ideen werden dynamisch entwickelt – und genauso schnell wieder verworfen. In diesen Phasen hat das systematische Verfassen von längeren Fließtexten keine Priorität, vielmehr bedarf es kreativer Methoden. Es gilt, die Ideen und Gedanken zunächst unsystematisch festzuhalten, sich inspirieren zu lassen und sich in die Forschungsarbeit hineinzuschreiben. Und dazu bieten sich Memos an.

Qualitative Forschung besteht nicht nur aus den drei Strategien, sie wird methodologisch gerahmt durch allgemeingültige Gütekriterien der qualitativen Forschung (Steinke 2007). Um die Güte einer Forschungsarbeit nach den Regeln der qualitativen Sozialforschung bestimmen zu können, werden z. B. folgende Aspekte untersucht: Aussagekraft der Ergebnisse, deren empirische Verankerung, Transparenz und intersubjektive Nachvollziehbarkeit der Forschung – um nur einige zu nennen – werden der Forschungsarbeit angelegt, um deren Güte nach den Regeln der Qualitativen Sozialforschung bestimmen zu können. Methodologisch zielt das Schreiben von Memos auf das Gütekriterium der »reflektierten Subjektivität«, das danach fragt,

> »inwiefern die konstituierende Rolle des Forschers als Subjekt (mit seinen Forschungsinteressen, Vorannahmen, Kommunikationsstilen, biografischem Hintergrund etc.) und als Teil der sozialen Welt, die er erforscht, möglichst weitgehend methodisch reflektiert in die Theoriebildung einbezogen wird« (Steinke 2007, 330 f.).

Die reflexive Grounded Theory (Breuer/Muckel/Dieris 2019), eine Modifikation der GTM, befasst sich mit dem Schreiben von Memos als übergeordnete Forschungsstrategie. In diesem Kontext stehen Memos für »einen extensional offenen Ausdruck, der vielerlei Ausdeutungen und Phänomene umschließt: Aufzeichnungen zum Thema, zum Forschungsfeld, zur Verquickung und Berührung mit der eigenen Person, zur Wandlung der eigenen Sichtweise des fokussierten Problembereichs, zu Felderlebnissen, zur Interaktion mit Personen im Feld, zu Behagen und Unbehagen, zu Leseerfahrungen, zu Reaktionen in der eigenen Forscher:innen-Gemeinschaft, zur Forschungsplanung, zu »Erleuchtungen« und »Sackgassen« aller Art (ebd., 175).

Zum Weiterlesen

Die Lernplattform BOOC der Universität Bremen[2] (Blended Open Online Cources), ein digitales Studienangebot zum Forschenden Studieren, beinhaltet

---

2 BOOC ist ein Teilprojekt des Projektes »Schnittstellen gestalten – Qualitätsoffensive Leh-

> ausführliche Kapitel zur reflexiven GTM mit Erklärvideos, interaktiven Übungen und Interviews mit Petra Muckel. Der Pfad lautet: booc → Analyse → Qualitative Auswertungsmethoden → Grounded Theory. URL: https://booc.uni-bremen.de/.

11.3 Das kreative Potenzial von Memos in Forschungskrisen

Die jahrelange Praxis in der Forschungsberatung zeigt, dass eigentlich eine wichtige Phase des Forschens in der Sketchnote (▶ Abb. 11.1) fehlt: die Forschungskrise. Zu forschen bedeutet auch, krisenhafte Momente zu akzeptieren und mit ihnen umzugehen, denn sie unterliegen einer Eigendynamik und ihre Überwindung ist nicht vollends planbar. Forschungskrisen entwickeln ihre Virulenz häufig an den »neuralgischen Stellen des Forschungsprozesses« (Thünemann et al. 2020, 103), also im Übergang zwischen den einzelnen Phasen, und zeigen sich durch Chaotisierungsprozesse oder Stagnation. Man ist sozusagen ›lost in data‹.

Ein besseres Verständnis für Forschungskrisen offenbart sich beim Blick auf Kreativitätstheorien. Hier zeigen sich durchaus Entsprechungen zwischen dem Forschungszyklus und dem kreativen Prozess bzw. zwischen der Forschungskrise und der sogenannte Inkubationsphase im kreativen Prozess. Denn auch im schöpferischen Tun ist dem kreativen Durchbruch, in dem Neues entsteht, eine unproduktive krisenhafte »Inkubationsphase, in der man mit dem Problem schwanger geht« (Stenger 2002, 128), vorgelagert. Auch hier ist der Prozess höchst fragil, ungewiss und nicht planbar. Ähnlich der Asynchronizität schöpferischer Prozesse entfaltet sich auch der Forschungsprozess wegen seiner Nicht-Linearität entlang von Phasen des Nicht-Wissens und der Stagnation.

Petra Muckel verweist auf den israelischen Naturwissenschaftler Uri Alon und seine Art, Forschung zu lehren. Alon vergleicht den Weg der wissenschaftlichen Erkenntnis mit dem Improvisationstheater und markiert für diese differenten Welten den Kontakt mit dem Nicht-Wissen als essenziell. Dieses gelte es nicht nur auszuhalten, sondern produktiv zu nutzen. »Being in the cloud« (Alon 2009, zitiert nach Muckel 2016, 223), also das Aushalten der Forschungskrise an der Schnittstelle zwischen »Known« und »Unknown« (Alon 2014), bedeutet in Alons Argumentation, die Angst vor dem Scheitern zu verlieren. Die Krise wird zu einem notwendigen und konstruktiven Entdeckungsprozess. Nach Muckel entmystifiziert Uri Alon herkömmliche Vorstellungen über den wissenschaftlichen Erkenntnisprozess und stellt dem Narrativ der linearen Forschung ein Bild der produktiv zu nutzenden Forschungskrise in einem zirkulären Forschungsprozess entgegen. Diese Sichtweise entlastet forschende Studierende. Jedoch ist es wichtig, sie auf die produktiv zu

---

rerbildung« der Universität Bremen; vgl. https://www.uni-bremen.de/zflb/projekte-forschung/schnittstellen-gestalten-qualitaetsoffensive-lehrerbildung/.

nutzenden Forschungskrisen vorzubereiten, da viele von ihnen Forschung lediglich in Form von Studien kennen, die in einer linearen Darstellung reorganisiert und veröffentlicht sind. Ohne eine entsprechende Vorbereitung besteht die Gefahr eines pragmatischen Umgangs mit der Forschungskrise, indem z. B. alternative Lesarten der Daten zugunsten einer vermeintlich schlüssigen ignoriert werden. Man spricht in diesem Fall von einer pragmatischen Schließung der Analyse.

> **Doch was ist zu tun in der ›Cloud‹?**
>
> In Forschungskrisen haben Memos ihren grandiosen Auftritt, denn in diesen Phasen passiert nicht einfach nur nichts. Es geht darum, in Form von Memos Assoziationen aufzuschreiben, erste Gedanken zu entwickeln, Befürchtungen zu versprachlichen, einen neuen Blick zu wagen und in Sprache zu bringen. Memos können in Forschungskrisen als Prozessbeschleuniger fungieren und Wege zu neuen Ideen bereiten. Sie lassen die Forschenden in einen Dialog mit dem Nicht-Wissen, das eigentlich ein »Noch-nicht-Wissen« (Kade/Seitter 2003, 57) ist, treten.
> »Being in the cloud« schließt Irrwege, Umwege und neue Wege mit ein, die in den Memos sichtbar bleiben. Der etwaige Prozess der Neuorientierung wird transparent festgehalten und kann forschungsstrategisch begründet werden.

Letztlich zeigen Memos Forschung als das, was sie ist: ein nichtlinearer sowie sehr kreativer Prozess, in dem Erkenntnisse entlang von Phasen des Nicht-Wissens entstehen.

11.4 Memos und ihre Formate

Petra Muckel zählt das Schreiben von Memos zu den »übergeordneten Forschungsstrategien« (Muckel 2016, 213), die den gesamten Forschungsprozess begleiten. Dabei entstehen verschiedene Formen von Memos:

- allgemeine Planungsmemos,
- Memos zur eigenen Involviertheit im Feld,
- theoretische Memos zum beforschten Themenfeld,
- Memos zu Leseeindrücken,
- Memos zu Forschungskrisen,
- Memos zu Irritationen in Bezug auf Daten,
- Memos zu Erlebnissen im Feld,
- Memos als Postskriptum direkt nach der Datenerhebung,
- empirische Memos während des Codierens,

- aber auch übergeordnete Memos, die Diagramme als gedankliche Explikation bzw. Visualisierungen zur Verdeutlichung von Bezügen enthalten können und zur Abstraktion erster Ergebnisse beitragen.

Beispielhaft anführen möchte ich zwei spezielle Memoformen, die am Anfang bzw. gegen Ende des Forschungsprozesses geschrieben werden: das Präkonzept (▶ Kap. 11.4.1) und die Story-Line (▶ Kap. 11.4.2).

11.4.1 Das Präkonzept

Der Begriff *Präkonzept* ist ein Containerbegriff für verschiedene kognitive und emotionale subjektgebundene Voraussetzungen, die Forscher:innen beim Forschen mitbringen. Das Präkonzept besteht aus expliziten sowie impliziten Wissensbeständen zum gewählten Thema, weiteren Alltagstheorien, vagen Annahmen, biografisch erworbenen Haltungen zum Sachverhalt, eigenen Erfahrungen, aber ggf. auch Vorurteilen. Dieses Konglomerat aus kognitiven und emotionalen Strukturen ist den Forschenden in unterschiedlichem Maße bewusst. Implizites muss zu Beginn der Forschung expliziert werden – sofern es reflexiv zugänglich ist –, damit eigene Deutungshorizonte und Normalitätskonstruktionen nicht den Auswertungsprozess färben. Hilfreich ist die schriftliche Auseinandersetzung mit dem eigenen Präkonzept in Form von Memos.

> Folgende Fragen können orientierungsleitend sein (vgl. Breuer/Muckel/Dieris 2019, 176):
>
> - Was weiß ich aufgrund welcher Quellen bereits zum Thema?
> - Was halte ich im Themenfeld für (un-)wichtig oder (un-)interessant?
> - Welche Vorstellungen, Annahmen oder Erwartungen habe ich diesbezüglich?
> - Verfüge ich über konkrete persönliche Erfahrungen dazu?
> - Welchen Fokus möchte ich setzen – und was möchte ich nicht weiterverfolgen?

11.4.2 Die Story-Line

Die Story-Line wird eigentlich im letzten Codierschritt der GTM verfasst, um entlang einer Kernkategorie ein Bezugsdiagramm der Ergebnisse zu entwickeln (Strauss/Corbin 2010). Sie bietet sich aber auch als ein übergeordnetes Memo am Ende jeder Datenauswertung an. Zu diesem Zeitpunkt stehen die Forscher:innen nach einer langen Zeit der differenzierten Analyse vor der Aufgabe, auf Distanz zu den einzelnen Ergebnissen zu gehen, um das große Ganze ihrer Forschung in den Blick zu bekommen. Dies ist nach einer langen Zeit der Binnenperspektive durchaus eine Herausforderung, bei der eine schlüssige Forschungsantwort auf die eingangs gestellte Forschungsfrage geschrieben werden muss. Die sogenannte Story-Line, also die Geschichte zur Forschung, kann hilfreich dabei sein, die einzelnen Ergebnisse in Relation zueinander zu setzen und Kernaspekte zu priorisieren.

Folgende Fragen können orientierungsleitend sein:

- Wie lautet meine Forschungsfrage? Und was habe ich empirisch herausgearbeitet?
- Was ist das Wesentliche meiner Ergebnisse, welche Aspekte sind zentral zu diskutieren?
- Wie stehen meine Ergebnisse in Bezug zueinander, welche Bezugselemente ergeben Sinn? Kann ich eine Visualisierung entwerfen?
- Was steht am Anfang? Und wie entwickelt es sich weiter?
- Gibt es überraschende, irritierende Ergebnisse?
- Wo zeigen sich notwendige Differenzierungen, die ich prominent behandeln muss?
- Wie lautet der »rote Faden der Geschichte« (Strauss/Corbin 2010, 94)?

11.5 »Stop and Memo!« Sich in die eigene Forschungsarbeit hineinschreiben

Memos geben den Schreibenden viele Gestaltungsfreiheiten. Sie initiieren ein niedrigschwelliges Schreiben, fernab eines wissenschaftlichen Sprachduktus. Lediglich die Bereitschaft, im forschungsbezogenen Schreiben einen Überschuss zu produzieren, der nicht in die Qualifikationsarbeit einfließen wird, muss vorhanden sein. Memos sind reflexiv angelegt und werden im eigenen Stil geschrieben, es gibt also kein *richtig* oder *falsch*. Empfohlen wird das schnelle Schreiben im Stil des »freewriting« (Wolfsberger 2010, 141), das die rechte, kreative Gehirnhälfte aktiviert und dem inneren Dialog mit dem kritischen Zensor ausweicht (ebd.).

Auch die Orte sind beliebig. Memos entstehen nicht nur am heimischen Schreibtisch, sondern dann und dort, wenn sich die Situation anbietet: unmittelbar nach der Datenerhebung als Postskriptum, bei einem Spaziergang, in der Forschungskrise, nach der Forschungsberatung, im Auswertungsprozess etc.

Der Slogan »Stop and Memo« wird Anselm Strauss zugeschrieben und verdeutlicht die Situativität und Spontanität von Memos (Breuer/Muckel/Dieris 2019, 179). »Stop« steht für das Innehalten. Die Forschenden treten einen Schritt aus der Situation heraus und gewinnen eine gewisse Distanz. »Memo« steht für das darauffolgende reflexive Schreiben aus der Distanz heraus.

Trotz aller Freiheiten erfordern auch Memos ein Minimum an Systematik. Sie werden mit einem Datum, einem Titel und einem Bezugspunkt versehen und nach einer sukzessiv entstehenden Ordnung in einem Forschungstagebuch festgehalten, damit sie für eine weitere Bearbeitung zugänglich sind. Auf diese Weise systematisiert, können zentrale Memos auch in die Qualifikationsarbeit aufgenommen werden, um wichtige forschungsstrategische Entscheidungen zu verdeutlichen.

Zum Weiterlesen

Ein Forschungstagebuch zu führen ist in der qualitativen Sozialforschung unerlässlich. Für die Gestaltung und Systematik können Sie sich inspirieren lassen durch: Breuer/Muckel/Dieris 2019, Kapitel 6.8.3. Oder im entsprechenden Kapitel auf BOOC, mit dem Pfad: booc → Analyse → Qualitative Auswertungsmethoden → Grounded Theory → Forschungstagebuch und Memos. URL: https://booc.uni-bremen.de/.

Beispiele aus der Forschungsberatung

Beispielhaft sind in diesem Kapitel drei Memos aus verschiedenen Forschungsvorhaben und Forschungsphasen aufgeführt und kommentiert. Sie wurden anonymisiert und inhaltlich verfremdet, unangetastet blieb der Schreibstil und die Systematik.

Memo 1:	**Empirisches Memo, offenes Codieren**
Forschungsvorhaben:	Kooperationskultur zwischen Schulsozialarbeiter:innen und Inklusionspädagog:innen
In-vivo-Code:	»**Die Professionen KNALLEN manchmal aufeinander und finden dann ihren Weg**«
Dokument:	**Interview Sam, IP**

Ist knallen hier eine Metapher? Knallen ist sehr laut und heftig. Wenn es zu laut ist, dann hat man ein Knalltrauma. Ich knall dir eine. Bei denen hat es geknallt … alles heftig. Anscheinend nähern sich die beiden Professionen nicht vorsichtig einander an und treten nicht als homogenes pädagogisches Team auf. Das Gegenteil wäre: sprechen, zuhören, vorsichtig sein. Warum ist das so? Welchen Konfliktstoff bringen sie mit? Persönlich bedingt oder qua Rolle? Das muss ich rausfinden. Auch an den anderen Schulen. Was genau bedeutet »… finden dann ihren Weg«? – wohin? Ist das ein gemeinsamer Weg? Oder findet jede Profession ihren Weg? Arbeiten sie nebeneinanderher?

Memo 1 entstand während des offenen Codierens eines Interviews. Die schreibende Person wurde auf eine ungewöhnliche Formulierung der Befragten aufmerksam, stoppte die Codierarbeit und schrieb ein Memo. Sie befasste sich schreibend mit dem eindrucksvollen Bild »aufeinander knallen« entlang der Fragen: Woher kenne

11 Memos als reflexive Schreibpraxis in forschungsbezogenen Qualifizierungsarbeiten

ich den Ausdruck? Welche Assoziationen finde ich? Was sagt dieses Bild über den beforschten Gegenstand, die Kooperationskultur verschiedener Professionen, aus? Sie wurde auf ein mögliches Konfliktpotenzial der multiprofessionellen Kooperation aufmerksam und entwickelte eine Lesart, die in der weiteren Analyse zu überprüfen war.

Memo 2:   **Planungsmemo**
Forschungsvorhaben: **Sozialpädagogische Konzepte in der Arbeit mit geflüchteten minderjährigen Jungen**
Bezugswort: **Die Wendeltreppe**
Dokument: **Nach der Forschungsberatung**

Ich bin seit Wochen wie gelähmt, kam nicht weiter, Codieren klappte nicht so recht, weil ich mich immer wieder im Kreis drehte. Ich sollte für die Beratung ein Memo schreiben zum »Sich-im-Kreis-Drehen«. Kreisspiele fielen mir ein. Aber darin passiert ja was. Dann dachten wir darüber nach, dass das Codieren ja auch zirkulär ist. Behalten habe ich: »Es ist wie auf einer Wendeltreppe: Sie sehen immer wieder den gleichen Gegenstand, aber in Wirklichkeit aus einer anderen Perspektive. Sie sind schon eine Etage höher.« Dann habe ich mir ein Bild einer Wendeltreppe an die Wand geheftet, um mir das bewusst zu machen. Es passiert ja was.

Jetzt ist meine Motivation und Produktivität durch die Kombination verschiedener Medien gesteigert. Karteikarten, um Bewegung hineinzubekommen. Mutig ausprobieren und immer wieder verschieben. Was sehe ich nun? Passt das? Ich habe häufig verschoben und fange an, innerlich meine Kategorien zu diskutieren. Das tut mir gut.

Memo 2 wurde nach einer längeren Phase der Stagnation geschrieben. Auf textformaler Ebene zeigt der Tempuswechsel die Virulenz der Forschungskrise und ihre Überwindung. Die schreibende Person konnte einen Impuls aus der Beratung aufnehmen und die Krise kreativ wenden, indem sie sich mithilfe eines Bildes einer Wendeltreppe buchstäblich den Wandel vor Augen führte. Aus der Stagnation heraus entwickelte sich eine Dynamik und den Mut, kreativer mit den Daten umzugehen.

Memo 3:   **Reflexion des Präkonzepts**
Forschungsfrage: **Inwieweit sind Schulsozialarbeiter:innen (SSA) Teil der erweiterten Schulleitung?**
Autorin: **N.N.**

Mein Präkonzept hatte einen großen Einfluss auf die Interviewsituation, da ich Forscherin und Lehrerin zugleich an der Schule bin. Als Lehrerin bin ich davon überzeugt, dass die SSA in der erweiterten Schulleitung mitmachen sollte, sie

> bekäme dann mehr Anerkennung. Und der Berufsstand würde mehr beachtet werden.
>
> Das Transkript zum Interview 4 verdeutlicht den Einfluss auf die Datenerhebung. Ich stellte im Interview eine geschlossene Suggestivfrage, um meine Sichtweise bestätigt zu bekommen. Danach legte ich meine eigene Sichtweise offen, beides soll aber im Leitfadeninterview absolut vermieden werden!
>
> Die Stärke meines Präkonzepts habe ich auch körperlich gespürt. Z. B. habe ich im Interview mit der Schulleitung eine körperliche Spannung aufgebaut, als es darum ging, dass die SSA nicht in die Schulleitung soll. Was war los? Ich merkte, dass mich Erzählungen einer Freundin, die als Sozialarbeiterin in der Schule arbeitet, beeinflussen. Ich hatte ein Schwarz-Weiß-Bild im Kopf. Nun habe ich Distanz dazu und ich muss gucken, ob diese Veränderung Auswirkungen auf meine Interviews und auch auf meine tägliche Arbeit in der Schule hat.

Die schreibende Person lernte die Arbeit mit dem eigenen Präkonzept erst nach der Datenerhebung kennen. In Memo 3 reflektiert sie den Einfluss des Präkonzepts auf die Interviewführung und thematisiert auch körperliche Resonanzen. Sie kann anhand des Memos zu einem späteren Zeitpunkt die Fehler in der Interviewführung in der Qualifikationsarbeit reflektieren und in der Datenanalyse bewusster zum eigenen Deutungshorizont Abstand gewinnen.

> **Zum Weiterlesen**
>
> Sie finden weitere Memos in: Breuer/Muckel/Dieris 2019, Kapitel 6.8.4 und 6.10.4.

11.6 Fazit

In diesem Beitrag fokussiere ich das Schreiben von Memos als reflexive Schreibstrategie für forschungsbezogene Qualifikationsarbeiten im Rahmen des qualitativen Forschungsparadigmas. Die Erörterungen und Beispiele dienen als Anregungen für einen individuellen kreativen Umgang mit Memos, der unmittelbar in die Tat umgesetzt werden kann. Das Schreiben von Memos stoppt ein Hinauszögern des vermeintlich ›richtigen‹ Schreibens und verhilft den Forschenden zu einer eigenen Schreibstimme. Schreiben wird auf diese Weise stressfreier und zur täglichen Routine. Memos vertiefen den analytischen Blick auf die Daten und erhöhen die Selbstreflexion der Forschenden. Sie können durch eine ständige Weiterentwicklung sogar spätere Kapitel der Qualifikationsarbeit vorstrukturieren. Auch Dozierende profitieren in der Begleitung von Qualifikationsarbeiten von der reflexiven

Schreibpraxis der Studierenden, denn die Aufforderung, ein Memo zu schreiben, kann den Beratungsanlass pointieren und vor- bzw. nachbereitend wirken.

> Kurzum: Wer Memos schreibt, denkt nach, prüft, fragt, hält Nicht-Wissen aus, gewinnt schreibend Klarheit.

Und nun sind Sie dran, ganz nach dem Prinzip: »Stop and Memo!«

Literatur

Alon, U. (2009): How to Choose a Good Scientific Problem. Molecular Cell 35. Online verfügbar unter: http://dx.doi.org/10.1016/j.molcel.2009.09.013, Zugriff am 24.03.2023.

Alon, Uri (2014): Why Truly Innovative Science Demands a Leap into the Inknown. TED Talk. Online verfügbar unter: https://www.youtube.com/watch?v=F1U26PLiXjM, Zugriff am 24.03.2023.

Breuer, F., Muckel, P., Dieris, B. (2019): Reflexive Grounded Theory. Eine Einführung für die Forschungspraxis (4., durchgesehene und aktualisierte Auflage). Wiesbaden: Springer VS.

Kade, J., Seitter, W. (2003): Jenseits des Goldstandards. Über Erziehung und Bildung unter den Bedingungen von Nicht-Wissen, Ungewissheit, Risiko und Vertrauen. In: W. Helsper, R. Hörster, J. Kade (Hrsg.), Ungewissheit. Pädagogische Felder im Modernisierungsprozess (50–72). Weilerswist: Velbrück Wissenschaft.

Muckel, P. (2016): Lernen zu forschen: Ideen der Grounded Theory-Methodologie für eine Konzeption des Forschungsprozesses im forschungsbasierten Lernen. In: D. Kergel, B. Heidkamp (Hrsg.), Forschendes Lernen 2.0. Partizipatives Lernen zwischen Globalisierung und medialem Wandel (213–228). Wiesbaden: Springer VS.

Scheuermann, U. (2012): Schreibdenken. Schreiben als Denk- und Lernwerkzeug nutzen und vermitteln. Opladen: Budrich.

Steinke, I. (2007): Gütekriterien qualitativer Forschung. In: U. Flick, E. v. Kardorff, I. Steinke (Hrsg.), Qualitative Forschung. Ein Handbuch (319–331). Reinbek bei Hamburg: Rowohlt.

Stenger, U. (2002): Schöpferische Prozesse. Phänomenologisch-anthropologische Analysen zur Konstitution von Ich und Welt. Weinheim/München: Juventa.

Strauss, A., Corbin, J. M. (2010): Grounded Theory. Grundlagen Qualitativer Sozialforschung (unveränderter Nachdruck der letzten Auflage). Weinheim: Beltz.

Thünemann, S., Bentler, A., Kunze, I., Stiller, K.-T., Bührmann, T. (AG Forschungsberatung im Verbund schulbezogener Praxisforschung) (2020): Forschungsberatung in der Lehrer:innenbildung. In: PraxisForschungLehrer:innenBildung (PFLB), 2 (1), 97–109. Online verfügbar unter: https://doi.org/10.4119/pflb-3556, Zugriff am 24.03.2023.

Wolfsberger, J. (2010): Frei geschrieben. Mut, Freiheit und Strategie für wissenschaftliche Abschlussarbeiten (3., überarbeitete Auflage). Opladen: Budrich.

Universität Bremen (o. J.): Blended Open Online Courses. Online zugänglich: https://booc.uni-bremen.de/, Zugriff am 24.03.2023.

12 Ist das gut so? Samplegrößen und -strategien im Rahmen qualitativer Forschungsarbeiten

Lisa Gregorius & Lütfiye Turhan

In vielen Forschungsfragen zur Sozialen Arbeit bietet es sich an, einen qualitativen Feldzugang zu nutzen. Die Auswahl der Strategie zur Gewinnung von ›Fällen‹ für die empirische Arbeit, etwa für Interviewstudien, ist dabei nicht trivial, sondern sollte wohl durchdacht, begründet und sinnvoll sein. Ebenso ist es von Bedeutung, die Samplegröße reflektiert zu bestimmen. In dem vorliegenden Beitrag werden ausgewählte Samplingstrategien vorgestellt und auf relevante Aspekte zur Bestimmung der Samplegröße eingegangen. Die Inhalte werden mit diversen Praxisbeispielen veranschaulicht. Ziel dabei ist es, zur methodischen Qualität empirischer Studien in der Sozialen Arbeit beizutragen. Gleichzeitig sollen Leser:innen erkennen, dass Fragen zum strategischen Vorgehen nicht nur das Abarbeiten von Theorien bedeuten, sondern greifbar sind und – im Idealfall – Spaß machen!

12.1 Einleitung/Problemstellung

Insbesondere in der Sozialforschung sind qualitative Forschungsmethoden ein gängiger Ansatz zur Beantwortung von offenen Forschungsfragen, zu denen noch nicht viel Forschung existiert. Davon sind im Bereich der Sozialen Arbeit insbesondere die Bereiche der professionellen Selbstreflexion, der Sozialarbeitsforschung und der sozialarbeiterischen Praxis betroffen, die sich überschneiden können (vgl. Völter 2008).

Eine Vollerhebung ist in der qualitativen Forschung, zum Teil ressourcenbedingt (Kelle/Erzberger 2006, 293–294), aber auch meist methodisch bedingt, eine Seltenheit. Dies wird als ein wesentlicher Vorteil des qualitativen Paradigmas aufgeführt: Die benötigte Stichprobengröße liegt in der Regel weit unter der erwarteten des quantitativen Paradigmas. Dabei beläuft man der Gefahr, dass die Stichprobengröße unsystematisch und rein nach eigenen, bisherigen Erfahrungswerten festgelegt wird. Das Sampling (die Auswahl der Fälle) ist allerdings entscheidend für die Qualität der Daten (Misoch 2019, 211), denn die Analyse der Daten kann nur so gut wie die Daten sein. Eine weitere Unterschätzung scheint der Umgang mit der Wahl einer geeigneten Strategie zum Sampling. Hinzu kommt, dass wenige qualitative Studien Einblicke in die Charakteristika ihres Samples oder ihrer Samplingstrategie geben (vgl. Coyne 1997, 623 f.; Higginbottom 2004, 7 f.). Im Rahmen dieses Beitrags sollen daher exemplarisch Samplingstrategien vorgestellt werden, sodass eine Grundlage zum reflektierten Entscheiden für bestimmte Strategien erfolgen kann. Einen weiteren Schwerpunkt bildet die Frage nach den Samplegrößen, die ebenfalls wohl durchdacht sein sollte.

12.2 Definition und Bedeutung des Samplings

In empirischen Arbeiten geht es darum, ein Phänomen aus der Praxis zu untersuchen und zu verstehen, beschreiben, erklären, vorherzusagen und/oder zu generalisieren. Dabei scheint es einleuchtend, dass hierfür die darin zu findenden Fälle betrachtet werden müssen. Und darum geht es in empirischen Arbeiten: um das Arbeiten mit Fällen. Damit dieses Arbeiten keiner Willkür verfällt, ist es wichtig, Qualitätsstandards[1] zu befolgen sowie begründet eine Auswahlstrategie (Samplingstrategie) auszusuchen und anzuwenden. Im Gegensatz zu einer Vollerhebung, bei der die Gesamtheit der Fälle eines Untersuchungsfelds[2] in die Stichprobe einbezogen wird, geht es bei einem Sampling um eine strategische Auswahl bestimmter Fälle (z. B. Misoch 2015, 185; Przyborski/Wohlrab-Sahr 2014, 178). Als Fälle können dabei etwa beteiligte Personen an einem bestimmten Untersuchungsfeld oder aber auch »Gruppen, Interaktionen oder Ereignisse« (Przyborski/Wohlrab-Sahr 2014, 178) verstanden werden. Wenn etwa einer Forschungsfrage zum Drogenkonsum – und ja, auch Alkohol ist eine Droge – von Jugendlichen im Alter zwischen 16 und 20 Jahren nachgegangen wird, so scheint es einleuchtend, mit Jugendlichen dieser Altersklasse zu sprechen, statt mit Kindern im Grundschulalter. So plakativ das Beispiel auch scheint, es verdeutlicht, dass es darum geht, mit Betroffenen aus dem Feld, die zur Beantwortung der Forschungsfrage beitragen können, zu arbeiten.

Das Sampling ist eine wichtige Frage, der man sowohl in der quantitativen als auch in der qualitativen Forschung nachgeht. Bei quantitativen Methoden bedeutet die Fallauswahl, dass eine statistische Repräsentativität geschaffen werden soll, um eine Generalisierung (der Analyseergebnisse) vornehmen zu können. Dafür benötigt es eine Zufallsstichprobe (Patton 1990, 169). In der qualitativen Forschungslogik geht es beim Sampling darum, möglichst informationsreiche Fälle auszuwählen, die für die Forschungsfrage wichtig sind, und die Fälle in der Tiefe zu analysieren. Dafür müssen diese zielgerichtet (purposive/purposeful) ausgewählt werden (Patton 1990, 169). Eine Ausnahme in der qualitativen Forschungslogik bildet dabei das theoretische Sampling (siehe unten: »Zum Weiterlesen«). Im vorliegenden Beitrag wird

---

1 Unter Qualitätsstandards sind unserer Meinung nach insbesondere die Beachtung von Gütekriterien zu verstehen (z.B. Döring/Bortz 2016; Moosbrugger/Kelava 2012b).
2 Ein Feld kann jedes natürliche soziale Handlungsfeld sein, ausgeschlossen sind Laborsituationen. Ein Untersuchungsfeld kann Gruppen (z.B. Sportvereinsmitglieder), Institutionen (z.B. Schule), Kulturen (z.B. Punks) oder Personen mit bestimmten Erfahrungen (z.B. Skateerfahrung) beinhalten.

der Fokus auf das Sampling in qualitativer Forschung und speziell auf Interviews gerichtet.

> **Achtung**
>
> Denken Sie immer daran, dass Ihr Sampling transparent und intersubjektiv nachvollziehbar ist. Das heißt für Sie, dass Sie die Samplingstrategie(n), die Sie genutzt haben, im Methodenteil ausführlich beschreiben, denn intersubjektive Nachvollziehbarkeit stellt ein Gütekriterium qualitativer Forschung dar!

12.3 Samplingstrategien

Wer und warum zur Beantwortung der Forschungsfrage in ein Sampling einbezogen wird, muss zunächst theoretisch begründet werden. Da kommt es ganz auf das jeweilige Thema und die Forschungsfrage an. Als Gestaltungsrahmen kann z. B. ein Handlungs- und/oder Kommunikationsmodell dienen. Vielleicht legen Sie konstruktivistische[3] oder kognitivistische[4] Annahmen zugrunde. Sollten Sie bspw. konstruktivistische Annahmen zugrunde legen, so empfiehlt sich die Grounded Theory mit ihrem theoretischen Sampling (wird in diesem Beitrag nicht ausführlich behandelt; siehe unten: »Zum Weiterlesen«). Bei einem kognitivistischen Theoriehintergrund empfehlen sich die unterschiedlichen Samplingarten des Purposive Samplings.

In diesem Kapitel werden ausgewählte Samplingstrategien des *Purposive Samplings* wie das Convenience Sampling oder das Schneeballsystem vorgestellt und voneinander abgegrenzt. Aber kommen wir erst einmal dazu: Was ist ein Purposive Sample?

12.3.1 Purposive/Purposeful Sampling

Diese Art des Samplings ist im deutschsprachigen Raum auch als »Selektives Sampling« bekannt und meint eine zielgerichtete Auswahl der zu untersuchenden Fälle. Sofern vor der Erhebung bzw. vor dem Gang ins Untersuchungsfeld Eigenschaften bzw. Merkmale, deren Ausprägung und Größe der Fälle festgelegt werden, wird vom »selektiven Sampling« (Kelle/Kluge 2010, 50) bzw. Purposive Sampling ge-

---

3 Erkenntnistheoretische Konzepte, die davon ausgehen, dass der Mensch sich seine Realität konstruiert (aktiver Prozess) und diese nicht passiv konsumiert. Ein Jeder konstruiert sich so seine individuelle Repräsentation der Welt (Realität).
4 Beim Kognitivismus wird davon ausgegangen, dass Menschen Informationen aus ihrer Umwelt wahrnehmen und diese dann im Gehirn verarbeiten und speichern (aktiver Prozess). Der Mensch hat anschließend kognitiven Zugriff auf das Erlernte/Wahrgenommene.

sprochen. Dies setzt voraus, dass die für die Forschung relevanten Eigenschaften und Merkmale sowie deren Ausprägung vor der Erhebung bekannt sind (Misoch 2015, 194f.). Das Purposive Sampling ist nach Miles und Hubermann (1994) das wohl am häufigsten genutzte Samplingverfahren. Auch wenn zwischen 1994 bis 2024 20 Jahre liegen, so kann konstatiert werden, dass das Purposive Sampling sich bis heute großer Beliebtheit erfreut, da hier Vorkenntnisse der Forschenden bzw. theoretische Annahmen und empirische Erkenntnisse (statistische Kennzahlen, z.B. Häufigkeitsverteilungen) genutzt werden, um das Sampling zu betreiben. Es ist zudem wichtig, dass die auszuwählenden Kriterien/Merkmale am jeweiligen Forschungsgegenstand orientiert werden (Guest/Bunce/Johnson 2006, 61).

Wenn Sie bspw. die Motivlagen devianter Jugendlicher in urbanen Sozialräumen erforschen wollen, macht es Sinn, vorab zu schauen, ob Sie Merkmale, die bereits statistisch erfasst wurden (z.B. häufigstes Auftreten in welchem Alter, bei welchem Geschlecht), in Erfahrung bringen können, um nicht an der Zielgruppe ›vorbeizusampeln‹. Was machen Sie, wenn Jungen, statistisch gesehen, häufiger als Mädchen deviantes Verhalten zeigen? Dann repräsentieren Sie das in Ihrem Sample. Sie schließen Jungen *und* Mädchen ein, aber weniger Mädchen als Jungen, um die statistisch erfasste Situation zu repräsentieren und kein verzerrtes Bild – im Sinne des Purposive Samplings – zu erhalten.

Warum sollten Sie auch Mädchen in das Sample einschließen? Das ist ganz einfach: Statistisch gesehen gibt es Mädchen, die deviantes Verhalten im Jugendalter zeigen. Würden Sie Mädchen aus Ihrem Sample ausschließen, so würden Sie Ihren Forschungsgegenstand nicht umfassend genug betrachten und nicht im Sinne des Purposive Samplings handeln.

Was machen Sie, wenn Sie nur Mädchen oder nur Jungen für die Interviews rekrutieren können? Dann müssen Sie entweder (a) Ihre Rekrutierungsstrategie überdenken und ändern oder (b) (falls (a) keinen Erfolg bringt) Sie müssen im Methodenteil Ihr Vorgehen beschreiben und die Problematik im Limitationsteil erläutern.

Kommen wir nun zu den unterschiedlichen Strategien des Purposive Samplings, die alle eine Gemeinsamkeit haben: Die auszuwählenden Kriterien (für den Ein- oder Ausschluss von Interviewpartner:innen) sind am Forschungsgegenstand zu orientieren (Guest/Bunce/Johnson 2006, 61).

Convenience Sampling

Sie kennen vermutlich Situationen, in denen Sie per Mail oder Chat-Anfrage auf eine an der Hochschule laufende Studie aufmerksam gemacht werden. In der Regel handelt es sich bei diesem Sampling um das »Convenience Sampling«, ins Deutsche übersetzt als »Gelegenheitsstichprobe« (Misoch 2015, 193). In diesem Verfahren bedienen sich Forscher:innen der Stichprobe, die unkompliziert zu erreichen ist. An dem Beispiel der Hochschulen bleibend, kann dieses Verfahren sinnvoll sein, wenn es um eine Forschungsfrage geht, die mit der »Gelegenheitsstichprobe« gut beantwortet werden kann. Auf der anderen Seite kann unter der »Bequemlichkeit« (vom Englischen »Convenience«) auch die Qualität der Forschung leiden, etwa dann, wenn die Wahl des Samplings allein durch deren Zugänglichkeit begründet ist und nicht etwa auch durch deren Merkmale, die für die Forschung interessant sind (vgl. hierzu auch Misoch 2015, 193).

Schneeballsystem

Der Name des Verfahrens beschreibt das Vorgehen in dieser Strategie: Beim Schneeballsystem wird durch eine:n Interviewpartner:in zum:r nächsten gelangt, indem jeweils eine Person auf eine andere verweist. Dies geschieht allerdings nicht nach Zufall, denn der:die Forscher:in gibt bestimmte Merkmale einer Person an, nach denen er:sie sucht, und das Gegenüber, der:die aktuelle Interviewpartner:in, schlägt eine Person vor, die diesen Anforderungen entspricht bzw. nahekommt (McMillan/Schumacher 2010, 326 f.; Misoch 2015, 193).

> Stellen Sie sich z.B. vor, Sie möchten 15-jährige Teenager eines bestimmten Stadtviertels befragen, die gerade auf der Suche nach einem Ausbildungsplatz sind. Über Rekrutierungsstrategien meldet sich schließlich ein 15-jähriger Junge, der für seinen Traumjob als Maler aktuell Bewerbungen schreibt und nach einem Ausbildungsplatz sucht. Sie freuen sich, führen mit ihm das Gespräch und bedanken sich. Wäre es nicht strategisch klug, wenn Sie diesen Teenager nach Ende des Gesprächs darauf aufmerksam machen, dass Sie auf der Suche nach weiteren Interviewpartner:innen sind? Ja, doch! Also ergreifen Sie die Initiative und fragen Sie ihn, ob er gleichaltrige Personen aus der Nachbarschaft kennt, die auch auf der Suche nach einem Ausbildungsplatz sind.

Dieses Vorgehen ist etwa dann sinnvoll, wenn der Zugang zu der Zielgruppe besonders herausfordernd ist, aber auch dann, wenn die Ressourcen – und auch Zeit ist eine Ressource, wenn nicht die wichtigste! – effizient genutzt werden sollen. Sollten sich durch das Schneeballsystem Personen melden, die nicht zu Ihrem Sample passen (in unserem Beispiel wären es etwa 30-Jährige, die auf der Suche nach einer Festanstellung sind), dann bedanken Sie sich höflich und sagen dieser Person ab.

> **Achtung**
>
> Miles und Hubermann (1994) gehen davon aus, dass das Schneeballsystem besonders für induktive (aus dem Material kommende) Auswertungszwecke geeignet ist. Auch theoriebildende Analysen sehen sie als besonders vorteilhaft in Kombination mit dem Schneeballsystem (Miles/Hubermann 1994, 28). Warum sie dieser Ansicht sind, schreiben sie nicht. Wir gehen davon aus, dass das besonders stark am Feld orientierte Vorgehen, trotz vorheriger Formulierung von Ein- und Ausschlusskriterien der zu interviewenden Personen, dazu führt, dass sie eine induktive Analyse als günstig ansehen.

Zudem formuliert man beim Schneeballsystem eher ein grundlegendes Set an Merkmalen, die die zu interviewenden Personen haben müssen. Ein absolut detailverliebtes Set an Merkmalen eignet sich nicht, da diese Samplingstrategie sonst eher schleppend bis gar nicht funktioniert.

Gatekeeper

Bei der Samplingstrategie Gatekeeper nutzt der:die Forschende den Kontakt zu einer Person aus dem Feld, das er:sie untersuchen will, um an Interviewpartner:innen, die interessant für die Forschungsfrage sind, zu gelangen. »Gatekeeper« bedeutet im Englischen Pförtner und genau dieses Prinzip der Türöffnung können Sie sich anhand dieser Samplingstrategie zunutze machen. Sie bietet sich ganz besonders an, wenn es um ein Untersuchungsfeld geht, das schwer zugänglich ist (Misoch 2019, 201).

> Stellen Sie sich vor, Sie wollen die ambulante Versorgung von schwer psychisch Kranken aus der Perspektive der Betroffenen abbilden. Im besten Fall kennen Sie jemanden, der schwer psychisch krank ist und andere schwer psychisch Kranke kennt. Was könnten Sie tun, wenn Sie niemanden kennen, der schwer psychisch krank ist? Sie könnten an Selbsthilfegruppen für schwer psychisch Kranke herantreten, um an Informationen über das Feld zu gelangen. Zudem könnten Sie auch diese Selbsthilfegruppen als Sprachrohr für Ihre Forschungsarbeit versuchen zu nutzen, indem Vertreter:innen dieser Selbsthilfegruppen an ihre Mitglieder herantreten und Werbung für Ihre Studie machen.

12.3.2 Vor- und Nachteile der Samplingstrategien

In Anlehnung an die Gedanken von Misoch (2019, 200–211), ergänzt durch die Autorinnen, finden sich in folgender Tabelle Vor- und Nachteile der vorgestellten Strategien (▶ Tab. 12.1).

Tab. 12.1: Vor- und Nachteile vorgestellter Samplingstrategien im Überblick

Strategie	Positiv	Negativ
Convenience Sampling	• relativ einfacher Zugang zur Stichprobe • monetär günstig • zeitökonomisch, da die Personen, die bereit sind teilzunehmen, sich selbst auswählen	• Gefahr der Verzerrung der Daten, ggf. geringere Datenqualität (durch willkürliche Auswahl leicht verfügbarer Fälle) • Motivationsbias, da nur die Personen mitmachen, die motiviert sind
Schneeballsystem	• erster Einblick ins Untersuchungsfeld • relativ einfacher Zugang zum nächsten Fall/zur:zum nächsten Interviewpartner:in	• ggf. absagen müssen • man bleibt häufig in einem Netzwerk • Gefahr, dass die Varianz der Information gering ist (homo-

Tab. 12.1: Vor- und Nachteile vorgestellter Samplingstrategien im Überblick – Fortsetzung

Strategie	Positiv	Negativ
	• ggf. Vertrautheit der:des nächsten Interviewpartner:in • monetär günstig • zeitökonomisch, da sich nur die Personen beim Forschenden rückmelden, die auch mitmachen wollen	gene Information) und wichtige Informationen nicht erfasst werden ➢ fälschlich schnelle Datensättigung • interviewte Person könnte sich mit der vorgeschlagenen Person austauschen und somit die Erzählrichtung beeinflussen • Verzerrung der Ergebnisse • Motivationsbias, da nur die Personen mitmachen, die motiviert sind
Gatekeeper	• vereinfachter Zugang zu einem schwierig zu erreichenden Untersuchungsfeld • monetär günstig • ggf. gewisser Vertrauensvorschuss bei den Interviewpartner:innen durch Kontaktaufnahme mittels Gatekeeper • hilfreich bei gesellschaftlich heiklen Themen	• man bleibt häufig in einem Netzwerk • Gefahr, dass die Varianz der Information gering ist (homogene Information) und wichtige Informationen nicht erfasst werden ➢ fälschlich schnelle Datensättigung • Abhängigkeit vom Gatekeeper und seiner:ihrer Einschätzung, wie das Untersuchungsfeld zu erschließen ist

Eigene Darstellung

Bei der Wahl der Samplingstrategie(n) müssen Besonderheiten des Felds und des Feldzugangs berücksichtigt werden.

> **Vorsicht**
>
> Nicht jede Samplingstrategie des Purposive Samplings ist gleich gut für jedes Studienziel geeignet! Das heißt für Sie: Wählen Sie zuerst Ihr Studienziel samt Forschungsfrage, dann kommt die Auswahl der genauen Samplingstrategie(-Kombination).

12.4 Samplegrößen

Als ein wesentlicher Vorteil qualitativer Forschungsarbeiten wird häufig die Größe der betrachteten Fälle – die Größe des Samples – gesehen, die im Vergleich zu quantitativen Forschungsarbeiten in der Regel kleiner ausfällt. Dabei gilt auch hier, dass eine reflektierte, strategische Entscheidung getroffen werden muss, um die für die eigene Forschungsarbeit passende Fallauswahl zu treffen. Betrachtet man Samplegrößen bestehender Studien, fällt eine große Spannbreite an untersuchten Fällen auf (McMillan/Schumacher 2010, 328). Es können zur Beantwortung einer Forschungsfrage sowohl ein bis zwei als auch über 30 oder mehr Fälle Teil der wissenschaftlichen Betrachtung sein. Zum Teil wird sogar ein Minimum an untersuchten Fällen gefordert (ebd., 329). Dies kann einem gewissen Wunsch nach Mindeststandards bei der Auswahl von Fällen entsprechen. Die eigentlichen Einflussfaktoren für die Größe eines Samples sind aus den Eigenschaften eines jeweiligen Studiendesigns abzuleiten und zu begründen. Die Einflussfaktoren und die Größe eines Samples variieren damit von Forschungsprojekt zu Forschungsprojekt (relativ) stark. Im Folgenden führen wir beispielhaft die Entscheidungskriterien bzw. Einflussfaktoren »Ziel der Studie«, »Zugang zum Feld/zu Interviewpartner:innen« und »Datensättigung« auf, um der Frage nach einer sinnvollen Samplegröße zu begegnen.

12.4.1 Ziel der Studie

Während eine deskriptive oder explorative Studie mit weniger Fällen auskommt, werden bei einer theoriebildenden Studie mehr Fälle benötigt. Dies ist damit zu begründen, dass Letztere darauf abzielt, neue Konzepte bzw. Theorien zu generieren (McMillan/Schumacher 2010, 328), die wiederum möglichst alle Aspekte des Forschungsgegenstands widerspiegeln. Sie müssen sich demnach im ersten Schritt überlegen, was Sie mit Ihrer Studie erreichen möchten. Was ist das Ziel Ihrer Studie? Ihre beabsichtigte Samplingstrategie prüfen Sie dann kritisch auf die eigene Forschungsfrage hin.

12.4.2 Zugang zum Feld/zu Interviewpartner:innen

In manchen Situationen, in denen die Untersuchung stattfindet, ist es (relativ) einfach, an die potentiellen Interviewpartner:innen zu gelangen. Dies ist allerdings nicht immer der Fall (McMillan/Schumacher 2010, 328; Misoch 2015, 187). Denken Sie hier etwa an besonders sensible, werte- und kulturell aufgeladene Themen wie Abtreibung. Über solche Themen möchte nicht jede Person mit gar fremden Personen sprechen, auch wenn eine Anonymisierung der Daten garantiert wird. Zu anderen Themen, die mit positiven Gefühlen einhergehen, sind Personen erfahrungsgemäß eher bereit, zu sprechen. Man könnte sich hierzu einen Erlebnisbericht zu einer Achterbahnfahrt vorstellen, vorausgesetzt, die Person nimmt den Adrenalinkick als positiv wahr.

Neben der Bereitschaft bzw. Motivation der potenziellen Interviewpartner:innen zur Teilnahme stellt aber auch die Auffindbarkeit der Interviewpartner:innen eine praktische Herausforderung dar. Bei den oben genannten Beispielen bleibend, scheint es nachvollziehbar, dass die gezielte Ansprache von Frauen, die zum Thema Abtreibung sprechen können, schwieriger möglich ist als von Personen, die Achterbahn gefahren sind. Während vor der Kliniktür stehen und Frauen gezielt anzusprechen, ethisch kaum vertretbar ist, kann die Ansprache aufgeregt-freudiger Menschen in einem Freizeitpark sogar ein lustiges Erlebnis sein.

Aber nicht nur die (fehlende) Bereitschaft und die Auffindbarkeit der potenziellen Interviewpartner:innen kann den Zugang erschweren oder begünstigen und die Samplegröße beeinflussen. Es sind zum Teil auch Rahmenbedingungen, denen die Forscher:innen sich anpassen müssen. So müssen etwa für Studien im medizinischen Bereich Ethikvoten des zuständigen Ethikrats der jeweiligen Klinik oder medizinischen Fakultät eingeholt werden. Es ist keine Seltenheit, dass der Zugang zum Feld durch die Abhängigkeit von diesen Institutionen, behördlichen Verfahren, Gremien oder Ähnlichem erschwert oder gar versperrt wird – auch außerhalb von Studien im medizinischen Bereich.

12.4.3 Datensättigung

In der Literatur wird hier häufig von »theoretischer Sättigung« gesprochen (z. B. Przyborski/Wohlrab-Sahr 2014, 186 f.). Theoretische Sättigung/Datensättigung bedeutet, dass keine neuen Aspekte der Forschungsfrage in weiteren Interviews auftauchen. Auch wenn dies ein Begriff ist, der im Zusammenhang mit der Grounded Theory Verwendung findet, kann die Idee einer inhaltlichen/theoretischen Sättigung (Datensättigung) auch in anderen qualitativen Ansätzen wiedergefunden werden. In diesem Zusammenhang muss sich der:die Forscher:in die Frage stellen, was für einen Mehrwert eine weitere Erhebung bringen wird (McMillan/Schumacher 2010, 329) und welche Ressourcen benötigt werden (Kelle/Kluge 2010, 53). Im Sinne der Ressourcenschonung, verwiesen sei an dieser Stelle auf das Nebengütekriterium der »Testökonomie« (Moosbrugger/Kelava 2012, 21), sollte weder zu sparsam noch zu verschwenderisch mit Ressourcen – auch Zeit ist eine Ressource! – umgegangen werden. Niemand kann Ihnen vor der Datenerhebung (in Ihrem Fall Interviewführung) sagen, wie viele Interviews nötig sind, um alle Aspekte Ihrer Forschungsfrage/Ihres Forschungsgegenstands zu beleuchten. Es gibt keine allgemeingültigen Richtlinien oder Tests, um festzustellen, wie groß das Sample für die eigene Forschungsarbeit sein muss, um Datensättigung zu erreichen (Morse 1995, 147). Dementsprechend mag es bei studentischen Forschungsprojekten und/oder Seminar-, Bachelor- und Masterarbeiten verlockend erscheinen, die Sache mit der »theoretischen Sättigung« nicht so ernst zu nehmen. Da verschiedene Forschungszweige (z. B. Sozialarbeitsforschung, Sozialwissenschaften, Psychologie, Gesundheitswissenschaften), aber auch einzelne Vertreter:innen dieser Forschungsrichtungen unterschiedliche Auffassungen bezüglich der Anwendung der theoretischen Sättigung haben, sprechen Sie Ihr:e Dozent:in/Betreuer:in an, wie er:sie zur theoretischen Sättigung beim Sampling steht. Erfahrungsgemäß reicht es in studentischen Seminararbeiten häufig aus im Limitationsteil der Arbeit auf eine potenziell fehlende theoretische Sättigung hinzuweisen und diese *plausibel* zu legitimieren.

> **Begründung der fehlenden theoretischen Sättigung**
>
> Was heißt da plausibel? Nun, vermeiden Sie bitte so etwas zu schreiben wie: »Ich hatte keinen Bock, mehr als drei Personen zu interviewen.« Oder: »Die Zeit war knapp.« Das sind keine plausiblen Begründungen! Eine plausible Begründung ist z. B. ein erschwerter Feldzugang oder, dass eine allererste Exploration des Forschungsgegenstands Ziel Ihrer Arbeit war und dass weitere Forschung in diesem Feld nötig ist (Forschungsdesiderat).

Wir gehen in diesem Unterabschnitt so ausführlich auf die Datensättigung ein, da diese ein entscheidender Aspekt für herausragende qualitative Forschung ist. Nur mit (theoretisch/inhaltlich) gesättigten Datensätzen können alle Aspekte eines Forschungsgegenstands Beachtung finden und (von Ihnen) analysiert werden. Ohne Datensättigung besteht die Gefahr, dass potenziell wichtige Aspekte eines Forschungsgegenstands nicht betrachtet werden und es zu Verzerrungen kommt, wenn wichtige Personen oder Situationen nicht einbezogen werden. Ein Grund zu Verzweifeln? Sicher nicht! Merken Sie sich folgende Faustregel: Je kohärenter das Sample, desto schneller wird Datensättigung erreicht. Sollten Sie sich für ein kohärentes Sample (Minimumprinzip, homogenes Sample) entscheiden, so müssen Sie bedenken, dass die Variation Ihres Samples darunter leidet und eine, im qualitativen Sinn vorzunehmende Generalisierbarkeit, um bspw. Hypothesen/eine Theorie zu entwickeln, dann häufig nicht gegeben ist. Anders formuliert: Wahrscheinlich bilden Sie nur einen kleinen Ausschnitt Ihres Forschungsgegenstands ab. Wenn Sie z. B., um bei dem Beispiel Abtreibung zu bleiben, die von den betroffenen Frauen subjektiv wahrgenommenen Verhaltensweisen der Ärzt:innen bei der Erstkonsultation beforschen wollen und lediglich Frauen einer Großstadt für Ihre Interviews samplen, so werden Sie die Varianten Kleinstadt, Vorstadt und Land nicht betrachten und somit auch nicht den vollen Forschungsgegenstad *Subjektiv wahrgenommene Verhaltensweisen der Ärzt:innen bei der Erstkonsultation* betrachten, sondern genau genommen subjektiv wahrgenommene Verhaltensweisen der Ärzt:innen bei der Erstkonsultation in der Großstadt. Eine Generalisierung im strengen Sinn oder eine Hypothese über die generell wahrgenommenen Verhaltensweisen der Ärzt:innen bei der Erstkonsultation erhalten Sie so nicht.

Allerdings dürften Sie deutlich schneller zu einer Datensättigung kommen und Ihr Sample dürfte deutlich kleiner sein, als wenn Sie auch betroffene Frauen einbeziehen, die in der Kleinstadt, Vorstadt oder auf dem Land leben, denn die Variation der gesammelten Information beeinflusst die Samplegröße (Kleining 2007, 200). Was Sie bei geringer Variation im Sample können, ist beschreibend vorzugehen. Auch das ist in qualitativer Forschung möglich und bei der Erschließung eines völlig neuen Phänomens – als erster Schritt – sinnvoll. Achten Sie also auch auf die Formulierung Ihrer Forschungsfrage. Noch weniger Variation erhalten Sie, wenn Sie bspw. nur studierte betroffene Frauen einschließen und/oder nur Frauen unter

30 Jahren. Aber auch hier: Achten Sie auf Ihre Forschungsfrage und das Ziel der Arbeit! Je mehr Heterogenität im Feld sichtbar werden soll oder, anders gesprochen, je mehr Kontrast sichtbar werden soll, desto mehr Fälle werden benötigt. Hierfür ist es möglich, verschiedene Strategien des Samplings mit verschiedenen Variationsgraden zu kombinieren. Folgend finden Sie ein Fallbeispiel.

Forschungsfragen

a. Wie beeinflusst das Klassenklima die Mathematikleistungen der leistungsschwachen Mädchen einer 6. Klasse, die im Schuljahreszeugnis der 5. Klasse im Fach Mathematik die Note 5 hatten?
b. Wie beeinflusst das Klassenklima die Mathematikleistungen der leistungsschwachen Mädchen und Jungen einer 6. Klasse, die im Schuljahreszeugnis der 5. Klasse im Fach Mathematik die Note 5 hatten?
c. Wie beeinflusst das Klassenklima die Mathematikleistungen der leistungsschwachen Mädchen und Jungen (Note 5 im Schuljahreszeugnis der 5. Klasse im Fach Mathematik) sowie der leistungsstarken Mädchen und Jungen (Note 1 im Schuljahreszeugnis der 5. Klasse im Fach Mathematik) einer 6. Klasse?

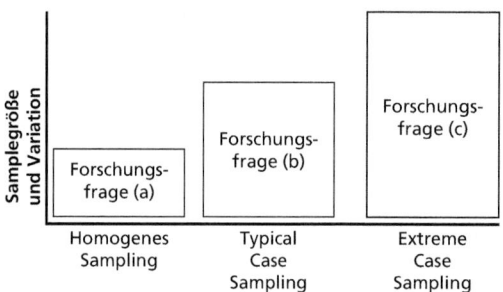

Abb. 12.1: Samplings der Forschungsfragen (eigene Darstellung)

Aus der Forschungsfrage in (a) kann bereits die Zielgruppe der Studie entnommen werden: Es geht um leistungsschwache Schülerinnen (Mädchen) im Fach Mathematik, die sich in der 6. Jahrgangsstufe befinden. Sie zeichnen sich zudem dadurch aus, dass sie (leider) auch im letzten Schuljahr, in der 5. Klasse, keine gute Schulleistung im Fach Mathematik erbrachten und im Jahreszeugnis in dem Fach die Note 5 erhielten. Um mehr über *diese* Schülerinnen und über *ihre* Beeinflussung durch das Klassenklima zu erfahren, scheint es einleuchtend, *mit ihnen* darüber zu sprechen und die Zielgruppe *homogen*, mit möglichst wenig Variation, zu halten. Meist ist hierfür eine im Vergleich kleine Samplegröße erforderlich, die anhand der in diesem Kapitel vorgestellten Entscheidungskriterien zu bestimmen ist. Um die Zielgruppe zu erreichen, kann bspw. ein Schneeballsystem genutzt werden.

Forschungsfrage (b) erweitert nun die Zielgruppe um die der Schüler (Jungen). Durch die Öffnung wird die Homogenität der Gruppe etwas aufgelöst und es werden *typische Fälle* betrachtet. Die Samplegröße ist hier im Vergleich zu (a) größer, da beide Geschlechter in die Studie integriert werden und die Variation der Fälle erhöht wird. Es ist möglich, dass zur Beantwortung von (b) mehrere Samplingstrategien kombiniert und begründet eingesetzt werden, etwa dadurch, dass zunächst ein Convenience Sampling und anschließend das Schneeballsystem Anwendung finden.

In (c) ist die Variation der betrachteten Fälle im Vergleich zu (a) und (b) am größten, denn jetzt werden nicht nur beide Geschlechter betrachtet, sondern Lernende, die sich an den beiden *Extrem*punkten befinden (leistungsschwach und leistungsstark). Die betrachteten Fälle sind heterogen, sie variieren stark. Entsprechend müssen mehr Fälle betrachtet werden und das Sample wird größer. Auch hier ist es denkbar, dass Strategien kombiniert werden.

Reflexionsfrage

Wann ist Ihr Sample groß genug?

12.5 Fazit

Dem Sampling/der Auswahl der Fälle wird sowohl in der qualitativen als auch in der quantitativen Forschung eine wichtige Rolle zugeschrieben, denn die Analyse der Daten kann nur so gut sein, wie die Daten selbst. In qualitativer Forschungslogik bedeutet Sampling die Auswahl möglichst für die Forschungsfrage informationsreicher Fälle. Im vorliegenden Beitrag haben wir uns dem Convenience Sampling, dem Schneeballsystem und dem Sampling mittels Gatekeeper gewidmet. Alle drei Samplingstrategien des Purposive Samplings haben den Vorteil, dass sie zeitökonomisch und kostengünstig sind, sodass sie (auch in Kombination) gut für studentische Forschungsarbeiten geeignet sind. Die Größe des jeweiligen Samples erschließt sich aus dem Ziel der Studie, dem Zugang zum Feld/den Interviewpartner:innen und der Datensättigung. Generell gilt: Je kohärenter ein Sample, desto kleiner ist dieses Sample, denn Datensättigung wird schneller erreicht. Kleine, kohärente, homogene Samples bergen jedoch die Gefahr, dass nicht alle Aspekte eines Forschungsgegenstands abgebildet werden. In deskriptiven und explorativen Studien können kohärente, homogene Samples jedoch als erster Zugang zum Feld und Phänomen sehr hilfreich sein. Dementsprechend kommt die Variationsbreite (homogen, Typical Case oder auch Extreme Case) auf die Forschungsfrage und das Ziel der Arbeit an.

Zum Weiterlesen

In diesem Beitrag wurden exemplarisch Samplingstrategien vorgestellt, ohne dabei den Anspruch auf Vollständigkeit zu erheben. So finden sich in der Literatur neben den vorgestellten Strategien etwa die Strategie des »theoretischen Samplings«, zu der im folgenden aufgeführten Werk nachgeschlagen werden kann: Glaser, Barney G., Strauß, Anselm L. (1967). The Discovery of Grounded Theory. Strategies for Qualitative Research. New Brunswick/London: Aldine-Transaction (auch auf Deutsch erhältlich).

Weiterführende Hinweise zum Purposive Sampling finden Sie in Patton, Michael Q. (1990). Qualitative Evaluation and Research Methods. Bevelery Hills, CA: Sage.

Eine kurze, aber prägnante Beschreibung der Grounded Theory und des theoretischen Samplings finden Sie hier: https://methodenzentrum.ruhr-uni-bochum.de/e-learning/das-paradigma-der-grounded-theory-methology/.

Literatur

Coyne, I. T. (1997): Sampling in Qualitative Research. Purposeful and Theoretical Sampling; Merging or Clear Boundaries? Journal of advanced nursing, 26 (3), 623–630.

Döring, N., Bortz, J. (2016): Forschungsmethoden und Evaluation in den Sozial- und Humanwissenschaften (5. Auflage). Berlin/Heidelberg: Springer.

Guest, G., Bunce, A., Johnson, L. (2006): How Many Interviews Are Enough? An Experiment with Data Saturation and Variability. Field Methods, 18 (1), 59–82.

Higginbottom, G. M. A. (2004): Sampling Issues in Qualitative Research. Nurse Researcher, 12 (1), 7–19.

Kelle, U., Erzberger, C. (2006): Stärken und Probleme qualitativer Evaluationsstudien – ein empirisches Beispiel aus der Jugendhilfeforschung. In: Flick, U. (Hrsg.), Qualitative Evaluationsforschung. Konzepte – Methoden – Umsetzung (Rororo Rowohlts Enzyklopädie, Bd. 55674, Orig.-Ausgabe) (284–300). Reinbek bei Hamburg: Rowohlt.

Kelle, U., Kluge, S. (2010): Vom Einzelfall zum Typus. Fallvergleich und Fallkontrastierung in der qualitativen Sozialforschung (2. Auflage). Wiesbaden: Springer VS.

Kleining, G. (2007): Der qualitative Forschungsprozess. In: Naderer, G., Balzer, E. (Hrsg.), Qualitative Marktforschung in Theorie und Praxis. Grundlagen, Methoden, Anwendungen (189–230). Wiesbaden: Gabler.

McMillan, J. H., Schumacher, Sally (2010): Research in Education. Evidence-Based Inquiry (7. Auflage). Boston, Mass.: Pearson Education.

Miles, M. B., Hubermann, A. M. (1994): Qualitative Data Analysis. An Expanded Sourcebook. Thousand Oaks: Sage.

Misoch, S. (2015): Qualitative Interviews. Berlin: de Gruyter.

Misoch, S. (2019): Qualitative Interviews (2. Auflage). Berlin: de Gruyter Oldenbourg.

Moosbrugger, H., Kelava, A. (2012): Qualitätsanforderungen an einen psychologischen Test (Testgütekriterien). In: H. Moosbrugger, A. Kelava (Hrsg.), Testtheorie und Fragebogenkonstruktion (2. Auflage) (7–26). Berlin: Springer.

Morse, J. M. (1995): The Significance of Saturation. Editorial. Qualitative Health Research, 5 (2), 147–149.

Patton, M. Q. (1990): Qualitative Evaluation and Research Methods. Bevelery Hills, CA: Sage.

Przyborski, A., Wohlrab-Sahr, M. (2014): Qualitative Sozialforschung. Ein Arbeitsbuch (4. Auflage). München: Oldenbourg.

Völter, B. (2008): Verstehende Soziale Arbeit. Zum Nutzen qualitativer Methoden für professionelle Praxis, Reflexion und Forschung. Forum: Qualitative Sozialforschung, 9 (1), 22.

13 In zehn Wochen zum eigenen Forschungsprojekt

Christina Watson & Petra Richter

13.1 Einleitung

Forschung ist ein unerlässlicher Bestandteil der Sozialen Arbeit, da sie dazu beiträgt, soziale Phänomene zu verstehen und die Praxis kontinuierlich zu verbessern (Aeppli et al. 2016; Wendt 2021). Studierende der Sozialen Arbeit stehen jedoch häufig vor Herausforderungen, wenn es darum geht, ein eigenes Forschungsprojekt zu planen, durchzuführen und auszuwerten. Dieser Beitrag stellt eine Forschungswerkstatt vor, die speziell auf die Bedürfnisse von Studierenden der Sozialen Arbeit zugeschnitten ist und ihnen eine strukturierte Anleitung für die verschiedenen Phasen eines Forschungsprojekts bietet.

Die Forschungswerkstatt ist so konzipiert, dass sie über einen Zeitraum von zehn Wochen stattfindet. Dies bietet den Studierenden eine zeitliche Planungsstütze, die sie bei der Gestaltung einer Abschlussarbeit nutzen können. Die Studierenden nehmen die Rolle der Forschenden ein und kommen in kleinen Arbeitsgruppen (Peergroups) zusammen, um sich über ihre Arbeiten und Fortschritte auszutauschen. Die Lehrenden nehmen die Rolle eines:einer Lernbegleitenden (Mentor:in) ein und begleiten die Peergroups inhaltlich.

Jede Woche ist einem bestimmten Schritt im Forschungsprozess gewidmet, beginnend mit der Entwicklung eines Forschungsthemas und endend mit der Zusammenfassung und Reflexion der Ergebnisse. Dabei wird immer ein theoretischer Input über die Grundlagen und Methoden der empirischen Sozialforschung gegeben und im Anschluss wird dieser Input in einer Forschungswerkstatt praxisnah angewendet (Diekmann 2020). Das Ziel dieser Werkstatt ist es, den gesamten Forschungsprozess in zehn Wochen durch eine Theorie-Praxis-Relationierung zu durchlaufen und authentisch mit einer Präsentation vor einem interessierten Publikum abzuschließen.

Dieser Beitrag richtet sich an Studierende, Lehrende und Forschende der Sozialen Arbeit und bietet eine detaillierte Erläuterung der einzelnen Phasen im Forschungsprozess mit Literaturhinweisen zum vertieften Studium. Die Forschungswerkstatt dient nicht nur als praktische Anleitung und wertvolles Instrument für die strukturierte und zeitlich abgestimmte Durchführung von Forschungsprojekten, sondern ermöglicht den Studierenden auch, ihr methodisches und inhaltliches Wissen im Bereich der Sozialen Arbeit zu erweitern.

13.2 Das Seminarkonzept

Im Folgenden wird das Seminarkonzept detaillierter beschrieben und erläutert. Die Tabelle zeigt die Übersicht der gesamten Seminarkonzeption (▶ Tab. 13.1).

Tab. 13.1: Seminarkonzeption der Forschungswerkstatt

Woche	Projekt	Grundlagen und Methoden	Anwendung: Peerauftrag
1	Entwicklung eines Forschungsthemas	Einführung in die empirische Sozialforschung Themenwahl	Diskurs über das Forschungsthema und Zugang zum Thema
2	Formulierung einer Forschungsfrage	Von der Idee zur Forschungsfrage	Konkretisierung und Prüfung der Forschungsfrage auf Realisierbarkeit
3	Bearbeitung der für die Fragestellung identifizierten Literatur	Forschungsablauf Konzeptspezifikation	Vorstellung Theoriegerüst und kritische Diskussion
4	Auswahl der Erhebungsmethode	Einführung qualitativer und quantitativer Erhebungsmethoden	Begründung der Erhebungsmethode Erstellung der Forschungsdesigns
5	Konkretisierung der Erhebungsmethode	Fragebogenkonstruktion und Leitfadenentwicklung	Planung Entwicklung der Erhebungsinstruments
6	Durchführung der Erhebung	Befragungstechniken und Haltung des:der Forschenden	Pilotierung/Pretest Durchführung
7	Datenaufbereitung und -auswertung	Einführung qualitativer und quantitativer Anwendungsmethoden Vertiefung SPSS und MAXQDA	Begründung der Auswertungsmethode Datenmaterial aufbereiten und auswerten
8	Interpretation der Ergebnisse	Ergebnisaufbereitung	Diskussion der Ergebnisauswertung
9	Ergebnispräsentation	Ergebnisdarstellung Publikation	Diskussion der gewonnenen Erkenntnisse
10	Zusammenfassung und Abschluss	Reflexion Forschungsausblick	Reflexion des gesamten Forschungsprozesses

Eigene Darstellung

Woche 1: Entwicklung eines Forschungsthemas

Die erste Woche der Forschungswerkstatt konzentriert sich auf die Entwicklung eines Forschungsthemas, das als Grundlage für das gesamte Forschungsprojekt dient. In dieser Phase ist es entscheidend, dass die Studierenden ein Thema wählen, das sowohl ihrem Interesse entspricht als auch einen Mehrwert für die Soziale Arbeit bietet.

Zu Beginn dieser Woche erhalten die Studierenden eine Einführung in die empirische Sozialforschung. Sie lernen grundlegende Begriffe und Konzepte kennen, die ihnen helfen, ein besseres Verständnis für den Forschungsprozess und die Anforderungen eines Forschungsprojekts zu entwickeln. Darauf aufbauend werden den Studierenden verschiedene Themen aus dem Bereich der Sozialen Arbeit vorgestellt, die als potenzielle Forschungsthemen dienen können.

Die Studierenden haben die Möglichkeit, sich mit den verschiedenen Themen auseinanderzusetzen und ihre persönlichen Interessen und Kompetenzen zu reflektieren. Es ist wichtig, dass sie ein Thema wählen, das sie nicht nur anspricht, sondern auch relevant und realisierbar ist. Bei der Themenwahl sollten die Studierenden auch berücksichtigen, welche Forschungsfragen sich aus dem gewählten Thema ergeben könnten und welche wissenschaftlichen und praktischen Implikationen ihr Projekt haben könnte.

Um den Studierenden bei der Themenwahl und der Auseinandersetzung mit dem gewählten Thema zu unterstützen, wird ein Diskurs über das Forschungsthema und den Zugang zum Thema angeregt. Dies kann bspw. in Form von Diskussionsrunden, Gruppenarbeiten oder individuellen Beratungsgesprächen erfolgen. Ziel ist es, den Studierenden dabei zu helfen, ihr Thema aus verschiedenen Perspektiven zu betrachten und ein tieferes Verständnis für die damit verbundenen Fragestellungen, Methoden und Herausforderungen zu entwickeln.

> **Peerauftrag**
>
> Die Studierenden stellen sich gegenseitig ihr Thema und ihren Zugang zum Thema vor. Sie begründen ihre Themenwahl. Welches Vorwissen bringen sie mit? Ist das Thema in einem angemessenen Umfang zu bearbeiten? Im Anschluss geben sich die Studierenden gegenseitig Feedback zu Machbarkeit und Umsetzung.

Woche 2: Formulierung einer Forschungsfrage

In der zweiten Woche der Forschungswerkstatt liegt der Fokus auf der Formulierung einer präzisen und relevanten Forschungsfrage, die aus dem gewählten Forschungsthema abgeleitet wird. Eine gut formulierte Forschungsfrage ist zentral für den Erfolg eines Forschungsprojekts, da sie den Rahmen für das gesamte Projekt vorgibt und als Leitfaden für die folgenden Schritte dient.

Zu Beginn der Woche werden die Studierenden in den Prozess der Forschungsfrageentwicklung eingeführt. Sie lernen, wie sie von einer grundlegenden Idee zu einer konkreten Forschungsfrage gelangen können, die ihrem Forschungsthema gerecht wird. Dies beinhaltet die Identifizierung von Lücken in der bestehenden Forschung und die Auseinandersetzung mit den theoretischen und praktischen Implikationen ihrer Fragestellung.

Während der Formulierung der Forschungsfrage ist es wichtig, auf eine klare und präzise Formulierung zu achten, die den Gegenstand der Untersuchung, die Zielgruppe und den Forschungskontext berücksichtigt (Atteslander 2010). Eine gut formulierte Forschungsfrage sollte zudem mit den verfügbaren Ressourcen realisierbar und innerhalb des gegebenen Zeitrahmens umsetzbar sein. Dieser Prozess umfasst eine kritische Auseinandersetzung mit der Machbarkeit des Projekts hinsichtlich des Zugangs zu den Forschungsteilnehmer:innen, der Verfügbarkeit von Ressourcen und der ethischen Aspekte der Forschung.

> **Peerauftrag**
>
> Die Studierenden stellen einander ihre Forschungsfrage vor und prüfen dabei folgende Kriterien:
>
> - Ist die Forschungsfrage offen gestellt?
> - Ist die Forschungsfrage verständlich formuliert?
> - Ist die Forschungsfrage realisierbar?

Woche 3: Bearbeitung der für die Fragestellung identifizierten Literatur

Die dritte Woche der Forschungswerkstatt befasst sich mit der Literatur, die für die ausgewählte Forschungsfrage relevant ist. Die Auseinandersetzung mit der bestehenden Literatur ist ein wesentlicher Schritt im Forschungsprozess, da sie den Studierenden hilft, den aktuellen Forschungsstand zu ihrem Thema zu verstehen und ihre Forschungsfrage in einen größeren wissenschaftlichen Kontext einzuordnen (Bortz/Döring 2016; Hart 2018).

In dieser Woche werden die Studierenden zunächst in den Forschungsablauf und die Konzeptspezifikation eingeführt. Sie lernen, wie sie systematisch nach Literatur suchen, diese bewerten und organisieren können. Dies beinhaltet die Identifizierung geeigneter wissenschaftlicher Datenbanken und die Anwendung effektiver Suchstrategien, um relevante Studien, Theorien und Modelle zu ihrem Thema zu finden.

Anschließend setzen sich die Studierenden mit dem gefundenen Material auseinander und entwickeln ein Theoriegerüst, das als Grundlage für ihre weitere Forschung dient. Das Theoriegerüst sollte die wichtigsten Konzepte, Theorien und Modelle umfassen, die in der Literatur identifiziert wurden, sowie die Beziehung zwischen ihnen beleuchten. Es sollte auch aufzeigen, wie die eigene Forschungsfrage in dieses Gerüst passt und welche Lücken oder Fragen noch offen sind. Die Woche endet mit einer kritischen Diskussion des entwickelten Theoriegerüsts.

> **Peerauftrag**
>
> Die Studierenden präsentieren ihre Ergebnisse und erhalten Feedback von ihren Kommiliton:innen und Lehrenden. Diese Diskussionen sollen dazu beitragen, das Verständnis der Studierenden für die bestehende Literatur zu vertiefen, mögliche Schwächen in ihrem Theoriegerüst zu identifizieren und Verbesserungsmöglichkeiten zu erkennen.

Woche 4: Auswahl der Erhebungsmethode

In der vierten Woche der Forschungswerkstatt liegt der Schwerpunkt auf der Auswahl der geeigneten Erhebungsmethode für das Forschungsprojekt. Die Wahl der richtigen Methode ist entscheidend, um valide und aussagekräftige Ergebnisse zu erzielen, die zur Beantwortung der Forschungsfrage beitragen (Bryman 2016).

Zu Beginn der Woche erhalten die Studierenden eine Einführung in qualitative und quantitative Erhebungsmethoden. Qualitative Methoden, wie bspw. Interviews, Fokusgruppen oder teilnehmende Beobachtungen, eignen sich besonders, um tiefgehende Einblicke in die subjektiven Erfahrungen und Perspektiven der Befragten zu gewinnen (Bortz/Döring 2016; Flick 2018; Friebertshäuser et al. 2013). Quantitative Methoden, wie etwa standardisierte Fragebögen oder Experimente, ermöglichen es hingegen, numerische Daten zu erheben und statistische Zusammenhänge zu untersuchen (Tausendpfund 2016).

Die Studierenden werden dazu angehalten, die Vor- und Nachteile der verschiedenen Methoden in Bezug auf ihre Forschungsfrage und den theoretischen Hintergrund zu prüfen. Dabei sollten sie auch praktische Aspekte wie den Zugang zu Teilnehmer:innen, den erforderlichen Zeitaufwand und die Verfügbarkeit von Ressourcen berücksichtigen.

In dieser Woche legen die Studierenden somit die Grundlage für die nächsten Schritte in ihrem Forschungsprojekt, indem sie die Erhebungsmethode auswählen, die am besten zu ihrer Fragestellung und den Zielen ihrer Untersuchung passt. Diese Methodenwahl ist entscheidend für den weiteren Verlauf des Projekts und beeinflusst maßgeblich die Art und Weise, wie Daten erhoben, ausgewertet und interpretiert werden.

> **Peerauftrag**
>
> Die Studierenden treffen nach einer sorgfältigen Abwägung der verschiedenen Methoden eine Entscheidung und begründen ihre Wahl. Es ist wichtig, dass sie klar darlegen, warum die gewählte Methode am besten geeignet ist, um ihre

> Forschungsfrage zu beantworten, und wie sie die erzielten Ergebnisse interpretieren und analysieren werden.

Woche 5: Konkretisierung der Erhebungsmethode

In der fünften Woche der Forschungswerkstatt liegt der Fokus auf der Konkretisierung der gewählten Erhebungsmethode. Die Studierenden entwickeln nun detaillierte Pläne und Instrumente für die Datenerhebung, die auf ihre Forschungsfrage und den gewählten methodischen Ansatz abgestimmt sind.

Zu Beginn der Woche beschäftigen sich die Studierenden mit der Fragebogenkonstruktion und Leitfadenentwicklung (Bühner 2021). Sie lernen, wie sie effektive Fragebögen und Interviewleitfäden erstellen, die klar, verständlich und auf die Bedürfnisse der Befragten zugeschnitten sind. Dabei werden Aspekte wie die Formulierung von Fragen, die Anordnung von Items und die Auswahl geeigneter Antwortformate thematisiert.

Anschließend erarbeiten die Studierenden ihr Forschungsdesign, das den gesamten Forschungsprozess von der Datenerhebung bis zur Ergebnisinterpretation strukturiert. Das Forschungsdesign sollte alle relevanten Aspekte des Projekts berücksichtigen, wie z. B. die Stichprobenauswahl, den Ablauf der Datenerhebung und die Auswertungsmethoden (Creswell/Creswell 2017).

In der Planungsphase legen die Studierenden zudem einen Zeitplan für die Durchführung ihrer Forschung fest. Dabei sollten sie den Zeitaufwand für die verschiedenen Phasen des Projekts realistisch einschätzen und genügend Zeit für unvorhergesehene Herausforderungen und die abschließende Ergebnispräsentation einplanen.

Schließlich entwickeln die Studierenden das Erhebungsinstrument, das sie für die Datenerhebung verwenden werden. Dies kann abhängig von der gewählten Erhebungsmethode ein Fragebogen, ein Interviewleitfaden oder ein Beobachtungsschema sein. Das Instrument sollte sorgfältig entwickelt und auf die spezifischen Anforderungen des Projekts abgestimmt sein.

> **Peerauftrag**
>
> Die Studierenden stellen sich in Tandems ihr jeweiliges Forschungsdesign sowie das Erhebungsinstrument vor und geben sich Feedback.

Woche 6: Durchführung der Erhebung

In der sechsten Woche der Forschungswerkstatt steht die Durchführung der Datenerhebung im Vordergrund. Nachdem die Studierenden ihre Forschungsfrage formuliert, die Erhebungsmethode ausgewählt und das Erhebungsinstrument entwickelt haben, beginnen sie nun mit der eigentlichen Datensammlung.

Zu Beginn der Woche beschäftigen sich die Studierenden mit verschiedenen Befragungstechniken und der Haltung des:der Forschenden während der Datenerhebung. Sie lernen, wie sie ihre Befragten ansprechen, Vertrauen aufbauen und eine offene Kommunikation fördern können. Dies ist entscheidend, um ehrliche und aussagekräftige Antworten von den Teilnehmer:innen zu erhalten (Bortz/Döring 2016; Diekmann 2020).

Bevor die Studierenden mit der eigentlichen Datenerhebung beginnen, sollten sie zunächst eine Pilotierung oder einen Pretest durchführen. Dieser Schritt hilft dabei, mögliche Schwierigkeiten oder Unklarheiten im Erhebungsinstrument zu identifizieren und ggf. Anpassungen vorzunehmen. Darüber hinaus kann die Pilotierung dazu beitragen, den Studierenden Sicherheit im Umgang mit dem Instrument und den Befragten zu geben.

Während der Durchführung der Erhebung ist es wichtig, dass die Studierenden die ethischen Aspekte ihrer Forschung beachten, insbesondere den Schutz der Privatsphäre und die Einwilligung der Teilnehmer:innen. Sie sollten auch auf eine genaue Dokumentation der erhobenen Daten achten, um spätere Auswertungen und Analysen zu erleichtern.

In dieser Woche setzen die Studierenden ihre Forschungspläne in die Praxis um und sammeln die Daten, die sie für die Beantwortung ihrer Forschungsfrage benötigen. Die Durchführung der Datenerhebung ist ein entscheidender Schritt im Forschungsprozess, der den Grundstein für die folgenden Phasen der Datenaufbereitung, -auswertung und -interpretation legt.

Peerauftrag

Die Studierenden besprechen ihre Ergebnisse der Pilotierung und nehmen notwendige Anpassungen an ihrem Erhebungsinstrument vor.

Woche 7: Datenaufbereitung und -auswertung

In der siebten Woche der Forschungswerkstatt konzentrieren sich die Studierenden auf die Aufbereitung und Auswertung der erhobenen Daten. Diese Phase ist entscheidend, um aus den gesammelten Informationen verwertbare Erkenntnisse zu gewinnen, die zur Beantwortung der Forschungsfrage beitragen.

Zu Beginn der Woche erhalten die Studierenden eine Einführung in qualitative und quantitative Auswertungsmethoden. Sie lernen, welche Methoden für die Analyse ihrer Daten am besten geeignet sind, abhängig von der gewählten Erhebungsmethode und dem Forschungsdesign. Qualitative Daten können bspw. mittels Inhaltsanalyse, Diskursanalyse oder Grounded Theory ausgewertet werden (Bohnsack 2021; Kuckartz 2022), während quantitative Daten mithilfe statistischer Verfahren wie deskriptive und inferenzstatistische Analysen untersucht werden können (Bortz/Döring 2016; Tausendpfund 2016).

Hierbei wählen sie eine passende Auswertungsmethode aus und setzen sich mit entsprechenden Analysewerkzeugen wie SPSS (Bortz/Döring 2016) für quantitative

Daten oder MAXQDA (Kuckartz 2022) für qualitative Daten auseinander. Sie lernen, wie sie diese Programme effektiv nutzen können, um ihre Daten systematisch aufzubereiten und auszuwerten.

In der anschließenden Datenaufbereitung und -auswertung übertragen die Studierenden ihre Rohdaten in das gewählte Analyseprogramm, bereiten sie für die Analyse vor und wenden die ausgewählten Auswertungsmethoden an. Dabei sollten sie sorgfältig vorgehen, um Fehler zu vermeiden, die die Validität und Reliabilität ihrer Ergebnisse beeinträchtigen könnten.

Die siebte Woche ist von großer Bedeutung, da die Studierenden nun beginnen, die Früchte ihrer Arbeit zu ernten und erste Erkenntnisse aus ihren Daten zu ziehen. Die sorgfältige Datenaufbereitung und -auswertung legen die Grundlage für die anschließende Interpretation der Ergebnisse und die abschließende Diskussion der Forschungsbeiträge.

> **Peerauftrag**
>
> Die Studierenden begründen ihre Wahl der Auswertungsmethode und werten ihre Daten mit entsprechenden Analysewerkzeugen wie SPSS für quantitative Daten oder MAXQDA für qualitative Daten aus.

Woche 8: Interpretation der Ergebnisse

In der achten Woche der Forschungswerkstatt liegt der Schwerpunkt auf der Interpretation der Ergebnisse, die aus der Datenaufbereitung und -auswertung hervorgegangen sind. Die Studierenden befassen sich nun damit, die gewonnenen Erkenntnisse zu analysieren, um ihre Forschungsfrage zu beantworten und ihre Hypothesen zu überprüfen bzw. zu generieren.

Zu Beginn der Woche konzentrieren sich die Studierenden auf die Ergebnisaufbereitung. Sie erstellen Tabellen, Diagramme und Grafiken, um ihre Ergebnisse übersichtlich und verständlich darzustellen. Dabei sollten sie darauf achten, die Darstellungen so zu gestalten, dass sie die wichtigsten Ergebnisse hervorheben und den Leser:innen einen schnellen Überblick über die wichtigsten Befunde ermöglichen (Baur/Blasius 2022).

Anschließend widmen sich die Studierenden der Diskussion der Ergebnisauswertung. Sie vergleichen ihre Ergebnisse mit den Erkenntnissen aus der Literatur und setzen sie in Bezug zu den theoretischen Annahmen, die sie in ihrem Forschungsprojekt formuliert haben. Dabei sollten sie sowohl die Bestätigung als auch die Widerlegung ihrer Hypothesen kritisch reflektieren und mögliche Gründe für Abweichungen von den Erwartungen diskutieren.

Die Interpretation der Ergebnisse ist auch eine Gelegenheit, die Limitationen der Studie zu thematisieren und mögliche Verbesserungen für zukünftige Forschungsprojekte vorzuschlagen. Die Studierenden sollten außerdem überlegen, welche praktischen Implikationen ihre Ergebnisse für das Forschungsfeld, die Praxis oder die Gesellschaft haben könnten.

In der achten Woche der Forschungswerkstatt entwickeln die Studierenden ein tieferes Verständnis für die Bedeutung ihrer Forschungsergebnisse und bereiten sich darauf vor, ihre Erkenntnisse in der abschließenden Ergebnispräsentation und Diskussion zu teilen.

> **Peerauftrag**
>
> Die Studierenden bereiten in einer kleinen Zusammenfassung ihre Ergebnisinterpretation vor. Dabei diskutieren sie mit der Peergroup, ob die Ergebnisinterpretation mit Blick auf die Forschungsfrage logisch und folgerichtig ist.

Woche 9: Ergebnispräsentation

In der neunten Woche der Forschungswerkstatt liegt der Fokus auf der Präsentation der Forschungsergebnisse. Die Studierenden bereiten sich darauf vor, ihre Erkenntnisse sowohl schriftlich als auch mündlich überzeugend und ansprechend darzustellen. Dabei ist es wichtig, die Ergebnisse klar und verständlich zu präsentieren, sodass ein breites Publikum die Bedeutung und den Wert der Forschung erkennen kann (Friedrichs/Leßke 2022; Meyer/Meier 2022).

Zu Beginn der Woche beschäftigen sich die Studierenden mit der Ergebnisdarstellung in schriftlicher Form. Sie lernen, wie sie ihre Forschungsergebnisse in einem strukturierten und ansprechenden Format präsentieren können, das den Leser:innen einen klaren Überblick über die gewonnenen Erkenntnisse bietet. Dabei sollten sie darauf achten, ihre Ergebnisse in Bezug auf ihre Forschungsfrage, ihre Hypothesen und ihre theoretischen Annahmen zu diskutieren und zu interpretieren.

Darüber hinaus lernen die Studierenden, wie sie ihre Ergebnisse mündlich präsentieren können. Sie erhalten Tipps zur Gestaltung von Präsentationen, zur Verwendung von visuellen Hilfsmitteln und zur Verbesserung ihrer Präsentationsfähigkeiten.

Im Laufe der Woche befassen sich die Studierenden auch mit der Publikation ihrer Forschungsergebnisse. Sie erkunden verschiedene Veröffentlichungsmöglichkeiten wie Fachzeitschriften, Konferenzen oder Blogs und lernen, wie sie ihren Forschungsbeitrag an die Anforderungen der jeweiligen Publikationsformate anpassen können.

> **Peerauftrag**
>
> Die Studierenden präsentieren ihre Forschungsergebnisse in Form einer Präsentation. Diese diskutieren sie mit ihren Kommiliton:innen, Lehrenden und anderen Interessierten und erhalten Feedback.

Woche 10: Zusammenfassung und Abschluss

In der zehnten und letzten Woche der Forschungswerkstatt ziehen die Studierenden Bilanz und reflektieren den gesamten Forschungsprozess. Diese Phase ist entscheidend, um die gewonnenen Erkenntnisse und Erfahrungen zusammenzufassen und den Forschungsbeitrag in einen größeren Kontext einzuordnen (Swales/Feak 2012).

Zu Beginn der Woche setzen sich die Studierenden mit der Reflexion ihrer Forschung auseinander. Sie betrachten kritisch ihre methodischen Entscheidungen, den Forschungsablauf und die Ergebnisse, um Stärken und Schwächen ihrer Arbeit zu identifizieren. Dabei sollten sie auch mögliche Limitationen der Studie diskutieren und Verbesserungspotenziale für zukünftige Forschungsprojekte aufzeigen.

Im weiteren Verlauf der Woche wenden sich die Studierenden dem Forschungsausblick zu. Sie reflektieren, welche neuen Fragestellungen und Forschungsbereiche sich aus ihren Ergebnissen ergeben könnten und wie ihre Arbeit zur Weiterentwicklung des Forschungsfelds beitragen kann. Die Studierenden sollten dabei auch die gesellschaftlichen und praktischen Implikationen ihrer Forschung eingehend betrachten.

> **Peerauftrag**
>
> Die Studierenden kommen final im Plenum zusammen und reflektieren unter Anleitung der Lehrenden den gesamten Forschungsprozess.

13.3 Fazit

Nach zehn intensiven Wochen Forschungswerkstatt haben die Studierenden eine bemerkenswerte Reise durch den gesamten Forschungsprozess absolviert. Von der Entwicklung eines Forschungsthemas über die Formulierung einer Forschungsfrage, die Literaturrecherche, die Wahl und Anwendung von Methoden, die Datenerhebung und -auswertung, bis hin zur Interpretation der Ergebnisse und deren Präsentation haben sie alle wichtigen Schritte durchlaufen, um ein eigenständiges Forschungsprojekt in der Sozialen Arbeit durchzuführen.

Die Forschungswerkstatt bietet den Studierenden die Möglichkeit, auf ihre individuellen Lernprozesse und die gewonnenen Erkenntnisse zurückzublicken. Es ermöglicht ihnen, sich der Bedeutung ihrer Forschung und der praktischen Anwendung ihrer Ergebnisse bewusst zu werden. Die Studierenden können nun die Relevanz ihrer Arbeit im Kontext des Fachgebiets einschätzen und gleichzeitig ihre eigene fachliche und persönliche Entwicklung reflektieren.

Die Erfahrungen, die während dieser Forschungswerkstatt gesammelt wurden, haben den Studierenden wertvolle Fähigkeiten und Kompetenzen vermittelt, die sie in ihrer zukünftigen akademischen und beruflichen Laufbahn nutzen können. Die erlernten Forschungsmethoden und Techniken, die kritische Auseinandersetzung mit Literatur und die Fähigkeit, komplexe Fragestellungen zu bearbeiten und Lösungen zu entwickeln, sind essenzielle Kompetenzen, die in vielen Berufsfeldern der Sozialen Arbeit gefragt sind.

Darüber hinaus hat die Forschungswerkstatt den Studierenden auch gezeigt, wie wichtig es ist, kontinuierlich über den eigenen Forschungsprozess zu reflektieren und die gewählten Methoden und Vorgehensweisen kritisch zu hinterfragen. Diese Reflexionsfähigkeit ermöglicht es ihnen, ihre Arbeit kontinuierlich zu verbessern und sich weiterzuentwickeln, sowohl im wissenschaftlichen Kontext als auch in der Praxis.

Die Studierenden haben während der Forschungswerkstatt auch gelernt, ihre Forschungsergebnisse in verschiedenen Formaten zu präsentieren und sie für ein breites Publikum zugänglich zu machen. Diese Fähigkeit, komplexe Sachverhalte klar und verständlich darzustellen und zu vermitteln, ist eine wichtige Kompetenz, die in vielen Bereichen der Sozialen Arbeit benötigt wird, insbesondere in der Kommunikation mit Klient:innen, Kolleg:innen, politischen Entscheidungsträger:innen und der Öffentlichkeit.

Die intensive Auseinandersetzung mit dem eigenen Forschungsthema und der interdisziplinäre Ansatz der Sozialen Arbeit haben zudem dazu beigetragen, dass die Studierenden die Komplexität sozialer Phänomene und Fragestellungen besser verstehen und ein tieferes Bewusstsein für die Bedeutung von Forschung in der Sozialen Arbeit entwickeln konnten. Die Forschungswerkstatt hat ihnen gezeigt, wie sie durch ihre eigene Forschung einen Beitrag zur Weiterentwicklung des Fachgebiets und zur Verbesserung der Lebensbedingungen der Menschen, mit denen sie arbeiten, leisten können.

Die zehnwöchige Forschungswerkstatt hat den Studierenden nicht nur einen strukturierten Rahmen für die Durchführung von Forschungsprojekten geboten, sondern auch die Bedeutung von Teamarbeit und kollegialem Austausch betont. Die Zusammenarbeit mit anderen Studierenden und die gegenseitige Unterstützung in Form von Peer-Feedback haben den Lernprozess bereichert und den Studierenden ermöglicht, voneinander zu lernen und ihre Perspektiven zu erweitern.

Die erfolgreiche Teilnahme an dieser Forschungswerkstatt bereitet die Studierenden auch auf die Anfertigung ihrer Abschlussarbeiten vor, indem sie eine solide Grundlage für die Planung, Durchführung und Auswertung eigener Forschungsprojekte schafft. Die hier erlernten Fertigkeiten und Kenntnisse werden den Studierenden helfen, ihre Abschlussarbeiten mit größerer Sicherheit und Selbstständigkeit anzugehen und erfolgreich abzuschließen.

Literatur

Aeppli, J., Gasser, L., Gutzwiller, E., Tettenborn, A. (2016): Empirisches wissenschaftliches Arbeiten. Ein Studienbuch für die Bildungswissenschaften (4., durchgesehene Auflage). Bad Heilbrunn: Klinkhardt.
Atteslander, P. (2010): Methoden der empirischen Sozialforschung (13., neu bearbeitete und erweiterte Auflage). Berlin: Erich Schmidt.

Baur, N., Blasius, J. (Hrsg.) (2022): Handbuch Methoden der Empirischen Sozialforschung (3., vollständig überarbeitete und erweiterte Auflage). Wiesbaden: Springer.

Bohnsack, R. (2021): Rekonstruktive Sozialforschung: Einführung in qualitative Methoden (10., durchgesehene Auflage). Opladen: Budrich.

Bortz, J., Döring, N. (2016): Forschungsmethoden und Evaluation für Sozial und Humanwissenschaften (5., vollständig überarbeitete, aktualisierte und erweiterte Auflage). Berlin/Heidelberg: Springer.

Bryman, A. (2016): Social Research Methods. London: Oxford University Press.

Bühner, M. (2021): Einführung in die Test- und Fragebogenkonstruktion (4., korrigierte und erweiterte Auflage). München: Pearson.

Creswell, J. W., Creswell, J. D. (2017): Research Design: Qualitative, Quantitative, and Mixed Methods Approaches. Los Angeles u. a.: Sage.

Diekmann, A. (2020): Empirische Sozialforschung: Grundlagen, Methoden, Anwendungen (Originalausgabe, vollständig überarbeitete und erweiterte Neuausgabe, 13. Auflage). Reinbek bei Hamburg: Rowohlt.

Flick, U. (2018): An Introduction to Qualitative Research. Los Angeles u. a.: Sage.

Friebertshäuser, B., Langer, A., Prengel, A. (Hrsg.) (2013): Handbuch Qualitative Forschungsmethoden in der Erziehungswissenschaft (4., durchgesehene Auflage). Weinheim/Basel: Beltz Juventa.

Friedrichs, J., Leßke, F. (2022): Ergebnispräsentation in der quantitativen Forschung. In: N. Baur, J. Blasius (Hrsg.), Handbuch Methoden der Empirischen Sozialforschung (317–332). Wiesbaden: Springer.

Hart, C. (2018): Doing a Literature Review: Releasing the Research Imagination. Sage.

Kuckartz, U. (2022): Qualitative Inhaltsanalyse: Methoden, Praxis, Computerunterstützung (5., Auflage). Weinheim/Basel: Beltz Juventa.

Meyer, C., Meier C. (2022): Ergebnispräsentation in der qualitativen Forschung. In: N. Baur, J. Blasius (Hrsg.), Handbuch Methoden der Empirischen Sozialforschung (295–316). Wiesbaden: Springer.

Swales, J. M., Feak, C. B. (2012): Academic Writing for Graduate Students: Essential Tasks and Skills. Michigan: University of Michigan Press.

Tausendpfund, M. (2016): Quantitative Sozialforschung. Hagen: FernUniversität.

Wendt, P.-U. (2021): Lehrbuch Methoden der Sozialen Arbeit (2., überarbeitete Auflage). Weinheim/Basel: Beltz Juventa.

14 Empirische Forschung im Studium der Sozialen Arbeit – Herausforderungen und Lösungsansätze aus Sicht der Studierenden

Anna Mratschkowski & Nilüfer Keskin-Akçadağ

14.1 Einleitung

Die Angst vor empirischen Arbeiten ist unter Studierenden der Sozialen Arbeit ein Dauerthema. Das ist aus Gesprächen mit Betroffenen vor der Abschlussarbeit, aus den Vorlesungen, aber auch im Kollegium seit langem bekannt. Dennoch wurden Herausforderungen im Schreibprozess von Studierenden in der Forschung bis jetzt wenig beleuchtet – das betrifft im deutschsprachigen Raum sowohl Studien zu Studierenden mit Schreibschwierigkeiten als auch theoretische Literatur zu solchen Problemen (vgl. Gartner/Rotter 2021, 101). Im Folgenden wird dazu beigetragen, diese Situation zu ändern. Denn wissenschaftliches Arbeiten kann »die Bildung reflexiver Professionalität in der Sozialen Arbeit unterstützen« (Späte 2022, 187), was in diesem beruflichen Bereich wichtig ist.

Im vorliegenden Buchbeitrag wird ausgearbeitet, welche Herausforderungen die Studierenden der Sozialen Arbeit an der FOM Hochschule im Rahmen ihrer studentischen Arbeiten sehen und welche Lösungsansätze sie vorschlagen. Das Ziel ist, die Lehrenden zu informieren und Impulse zu geben, wie Forschung Studierenden und Lehrenden mehr Freude bereiten kann. Außerdem soll der Beitrag Studierende darüber informieren, welche Herausforderungen und Lösungsansätze andere Studierende sehen.

14.2 Daten und Methoden

Der vorliegende Beitrag entstand im Kontext der Vorlesung »Empirische Forschung im Berufsfeld« mit Studierenden der FOM am Standort Essen im WS 2022/2023 unter der Leitung von Prof. Dr. Anna Mratschkowski. In der Vorlesung wurden qualitative und quantitative Methoden der empirischen Sozialforschung vermittelt, angewendet und besprochen. Studierende führten untereinander u. a. leitfadengestützte Interviews zu Herausforderungen und Lösungen in wissenschaftlichen Arbeiten, die die Datenbasis für diesen Text bilden. Die qualitative Inhaltsanalyse nach Mayring (2010) ist die Datenauswertungsmethode, die in der Vorlesung und im Buchbeitrag eingesetzt wird.

Insgesamt konnten an der FOM Hochschule im Dezember 2022 und Januar 2023 13 leitfadengestützte Interviews mit Studierenden der Sozialen Arbeit geführt werden (▶ Tab. 14.1). Sie wurden über das Vorhaben, auf Basis ihrer Daten einen Buchbeitrag zu verfassen, informiert. Alle interviewten Personen haben eine Einwilligungserklärung unterschrieben und an der Studie freiwillig teilgenommen.

Tab. 14.1: Persönliche Merkmale der interviewten Personen

ID	Alter	w/m	Eltern Akademiker	Migrationshintergrund	Abitur	Ausbildung	Arbeit	Zahl der wiss. Arbeiten
1	31	w	Nein	nein	ja	ja	ja	7
2	k. A.	w	k. A.	k. A.	k. A.	k. A.	k. A.	k. A.
3	49	w	nein	ja	ja	ja	ja	3
4	22	w	nein	ja	ja	nein	ja	1
5	42	m	nein	nein	ja	nein, aber schon studiert	ja	1
6	41	w	nein	ja	ja	ja	ja	3
7	25	w	nein	ja	ja	ja	ja	4
8	27	m	ja	ja	ja	nein, aber schon studiert	ja	3
9	24	w	ja	k. A.	ja	ja	ja	6
10	22	w	ja	ja	ja	nein	ja	3
11	24	w	ja	ja	ja	nein	ja	3
12	44	w	k. A.	nein	k. A.	ja	ja	4
13	26	w	nein	nein	ja	ja	ja	6

Eigene Darstellung
Anm.: k. A. = keine Angabe

Eine deutliche Mehrheit der Studierenden hat die Teilnahme an der Studie abgelehnt und kann mit ihrer Sicht auf das Thema hier nicht abgebildet werden. Die häufigsten dafür genannten Gründe waren die allgemeine Zufriedenheit mit der Betreuung von wissenschaftlichen Arbeiten sowie keine Zeit für das Führen und die Verschriftlichung von Interviews – die Studierenden haben sich mit einem davor besprochenen Leitfaden und Kurzfragebogen (▶ Anhang) gegenseitig interviwt und haben die Verschriftlichung von so erfassten Daten selbst in Form von wortwörtlichen Transkriptionen bzw. Gedächtnisprotokollen übernommen. Gedächtnisprotokolle wurden nur dann angefertigt, wenn die interviewte Person nicht wollte, dass das Interview mit ihr aufgenommen wird. Die Führung von Interviews und die Verschriftlichung der Angaben stellten eine zusätzliche Arbeitsbelastung in den Lehrveranstaltungen dar. So haben an der Studie vermutlich besonders motivierte und mit dem wissenschaftlichen Arbeiten unzufriedene Studierende teilgenommen. Aus Datenschutzgründen wurden die Angaben von Studierenden anonymisiert ausgewertet. Jedes Interview hat eine Nummer bekommen und wird im Folgenden als I 1, I 2, I 3 (d. h. Interview 1, Interview 2, Interview 3 usw.) zitiert. In der Tabelle 14.1 findet sich eine Übersicht der wichtigen persönlichen Daten von interviewten Personen (▶ Tab. 14.1). Diese Übersicht dient einer besseren Einordnung und Interpretation der Ergebnisse.

Die Tabelle 14.1 zeigt Gemeinsamkeiten und Unterschiede der interviewten Personen in Bezug auf ihre Eigenschaften (▶ Tab. 14.1). In Bezug auf die soziale Herkunft und die Anzahl der bereits geschriebenen wissenschaftlichen Arbeiten herrscht eine große Heterogenität: Einige stammen aus akademischen Familien, andere nicht; einige haben bereits viele Hausarbeiten schreiben können, andere stehen hier erst am Anfang. In anderen Merkmalen ähneln sich die interviewten Personen eher. Dabei fällt auf, dass besonders viele weiblich sind, einen Migrationshintergrund haben, nach dem Abitur eine Ausbildung abgeschlossen haben. Bei vielen haben Eltern nicht studiert und dadurch eher keine Erfahrungen mit dem wissenschaftlichen Arbeiten gesammelt. Das bedeutet, dass Eltern und Menschen, die man während der Ausbildung kennen gelernt hat, bei Hausarbeiten wahrscheinlich nicht helfen können.

In der Tabelle 14.1 ist außerdem sichtbar, dass alle, die Angaben zur beruflichen Tätigkeit gemacht haben, während des Studiums arbeiten. Das kann bedeuten, dass in der Familie Geld gebraucht wird und die Person nicht wohlhabend ist. Theoretisch ist auch eine alternative Interpretation denkbar: Studierende arbeiten neben dem Studium nur aus Spaß. Da noch zusätzlich die Angaben vorliegen, dass Eltern häufig nicht studiert haben, kann ein vergleichsweise niedriges Einkommen in Familien erwartet werden.

So sind die interviewten Personen und ihre Eltern in Bezug auf viele Dimensionen (Geschlecht, Migrationshintergrund, Bildungshintergrund und Einkommen) potenziell benachteiligt. Pierre Bourdieu (1983) spricht in diesem Sinne in seiner Kapitaltheorie von einer weniger vorteilhaften Ausstattung mit dem ökonomischen, kulturellen und sozialen Kapital. Diese Kapitalarten können ineinander übergehen (vgl. Bourdieu 1983, 197). Das heißt: Personen, deren Eltern studiert haben, die über mehr Geld und relevante Kenntnisse verfügen, haben es beim Erwerb eines akademischen Abschlusses leichter als diejenigen, die weniger Geld, Kenntnisse haben und z. B. aus einer nichtakademischen Familie kommen. Die letzte Gruppe der Studierenden kann im Hochschulbereich eine besondere Unterstützung benötigen, da die Berührung mit dem wissenschaftlichen Arbeiten vor und neben dem Studium in solchen Fällen nicht selbstverständlich ist.

14.3 Ergebnisse

14.3.1 Erfahrungen der Studierenden mit dem wissenschaftlichen Arbeiten

Eine Studentin sagt gleich am Anfang des Interviews, dass wissenschaftliches Arbeiten für sie »eine Menge Stress« (I 2) bedeutet. Sie merkt an, dass die Lehrenden zu viele Studierende gleichzeitig betreuen und Antworten auf Fragen an Lehrende nicht sofort kommen. Auch andere Studierende stufen wissenschaftliches Arbeiten als »sehr schwierig« (I 3), anstrengend (I 10, I 11) bzw. »Zeitdruck (in Bezug auf das Selbstmanagement)« (I 5) ein. Das Interesse am Thema spielt dabei auch eine Rolle: »Da das Thema kein Interesse geweckt hat, war es mühsam« (I 5). Es kann aber auch anders sein: »… beim ersten Mal fand ich das extrem schwer, ich habe mich sehr schwergetan, im Laufe der Zeit habe ich festgestellt: wenn mich etwas wirklich interessiert hat, dann finde ich das großartig, da hatte ich Riesenspaß, daran zu forschen« (I 12). Es ist auch von Bedeutung, dass an der FOM vor allem berufsbegleitend studiert wird: »wurde ins kalte Wasser geworfen, berufsbegleitend – lange keine Schule gehabt, nicht im Lernmodus« (I 6). Nicht alles ist immer klar im Studium: »Es war schon eine kleine Herausforderung für mich, da in der FOM in den Vorlesungen verschiedene Zitierweisen vorgestellt wurden, es war mir nicht ganz klar, welche davon die beste sein sollte« (I 4). Nicht jeder:jedem liegt auch wissenschaftliches Arbeiten: »Es ist nicht meins. Ich verbinde es mit Angst und schreibe lieber Klausuren« (I 8).

Einige Studierende berichten von keiner richtigen Begleitung während der wissenschaftlichen Arbeit (vgl. I 1, I 3, I 4, I 8, I 10) bis »gar keine Hilfen« (I 3). Sie fühlen sich beim Forschen oft auf sich allein gestellt und müssen im Zweifelsfall immer Lehrende nach Tipps fragen (vgl. I 1), was für Studierende nicht immer angenehm ist. Es wird aber auch betont, dass die Begleitung je nach Lehrenden unterschiedlich ist (vgl. I 7, I 12). Eine gelungene Begleitung kann so aussehen:

> »… weil manchmal hast du ja die Ideen, du verrennst dich da in irgendetwas, und wenn dann ein Dozent dann in der Lage ist, einen konfusen Gedanken in klare Worte zu fassen und dann nochmal einen richtigen zu geben, dann ist das großartig gewesen, das war immer sehr gut« (vgl. I 12).

YouTube-Videos und Informationen aus dem Bekanntenkreis helfen einigen Interviewten, beim wissenschaftlichen Arbeiten zurechtzukommen (vgl. I 3, I 4, I 8, I 9). Außerdem werden Google und Bücher aus Stadt- und Universitätsbibliothek herangezogen (vgl. I 8) und Korrekturlesen durch Verwandte und Bekannte praktiziert (vgl. I 11).

Es werden aber auch positive Erfahrungen geschildert, z. B.:

»Ich fand es gut, dass es eine Formatvorlage in Word von der FOM gibt, da mir dafür alle Grundlagen fehlen. Auch die Möglichkeit, die Präsenz-Bibliothek der Universität Essen-Duisburg zu nutzen, hat mir sehr geholfen« (I 4).

Auch Eigenverantwortung wird betont:

»…das Modul Einführung ins wissenschaftliche Arbeiten war interessant. Alles, was mir helfen würde, hat ›nichts mit der Organisation seitens der FOM zu tun‹, das liegt eher bei meiner Spielhälfte – das frühe Augenmerk auf die wissenschaftliche Arbeit ist mir aber positiv aufgefallen« (I 5).

14.3.2 Herausforderungen und Lösungsvorschläge der Studierenden

Aus Sicht der Studierenden kann die Hochschule sie beim wissenschaftlichen Arbeiten z. B. durch YouTube-Videos zum Thema stärken (vgl. I 1, I 8), »bessere und schnellere Rückmeldungen« von Lehrenden anbieten und den Zugang zur Online-Bibliothek der FOM einfacher gestalten (vgl. I 2). Den Arbeitsumfang und den Zeitpunkt der Prüfung wissenschaftlichen Arbeitens finden Studierende nicht immer optimal: »Es würde helfen, im ersten Semester nur eine wissenschaftliche Arbeit abgeben zu müssen und nicht zwei« (I 5). Auch ein späterer Zeitpunkt für das Schreiben der ersten Hausarbeit ist für Studierende denkbar: »… nicht von 0 auf 100, sondern langsame, schrittweise Vorbereitung – Hausarbeit nicht direkt beim ersten Modul wissenschaftlichen Arbeiten schreiben, sondern erst wenn das Wissen vorhanden ist« (I 6). Ein anderes Tempo ist ausdrücklich erwünscht: »Bessere, langsamere, ausführlichere Vorbereitung – Vorschlag: nicht zwei Hausarbeiten im ersten Semester, generell weniger Hausarbeiten« (I 7). Oder kürzer: »Weniger Druck im ersten Semester« (I 8). Die erste Hausarbeit sollte aus der studentischen Sicht deutlich kürzer sein als jetzt: »2000 Wörter würden ausreichen zum Kennenlernen« (I 2).

Als weiterer realistischer Ansatz wird vorgeschlagen, im ersten Semester Hausarbeiten als Musterbeispiele zu zeigen (vgl. I 3). Eine andere Idee bezieht sich auf die Lerngruppen: Fünf bis zehn Personen können sich regelmäßig verpflichtend treffen, um sich gegenseitig zu motivieren und an möglichen Problemen zu arbeiten (vgl. I 9).

Interviewte wünschen sich außerdem Formulierungshilfen (vgl. I 3, I 9), Vertiefungen zum entsprechenden Leitfaden für Studierende, die komplette Struktur einer Arbeit sollte aufgezeigt und erklärt werden (vgl. I 3). Dafür kann man sich Zeit nehmen:

»Ich würde vorschlagen, dass man mehr Seminare anbietet, mehr Hausarbeiten oder wissenschaftliche Arbeiten zur Verfügung stellt und diese in den Vorlesungen gemeinsam mit dem Dozenten durchgeht, dass man sich ein Beispiel nehmen kann, wie man das verfassen kann, und auch die Leitfäden verbessern. Dies sollte man in einer einsemestrigen Veranstaltung am Studienbeginn mit eigener Prüfung anbieten. Eine Idee wäre auch, Propädeutikkurse mit ins Studium aufzunehmen für die Leute, die noch nie zuvor damit Berührung gehabt haben« (I 4).

Studierende sind nicht unbedingt nur an guten Noten interessiert. Auch ein detailliertes Feedback ist erwünscht: »mir ist nicht wichtig nur das Ergebnis, sondern eine Rückmeldung zu dem, was hinterher war« (I 12).

14.4 Zusammenfassung

Die durchgeführte Studie veranschaulicht, dass Studierende positive wie negative Erfahrungen mit dem wissenschaftlichen Arbeiten sammeln. Im Fall von Herausforderungen suchen sie nach Lösungen und entwickeln Ideen, die an Hochschulen umgesetzt werden können.

Die meisten interviewten Personen sind weibliche Studierende mit Migrationshintergrund, die vor dem Studienbeginn eine Ausbildung abgeschlossen haben und nebenbei arbeiten. Die Hälfte der Interviewten kommt aus nichtakademischen Familien. Das bedeutet in der Regel, dass sie im Bildungsbereich keine vorteilhafte Ausgangssituation haben.

Aus der Untersuchung geht hervor, dass weibliche wie männliche Studierende aus akademischen und nichtakademischen Haushalten mit und ohne Migrationshintergrund wissenschaftliches Arbeiten als Herausforderung sehen können und nach Lösungen suchen. Das betrifft nicht nur diejenigen, die nur wenig Erfahrung mit Hausarbeiten haben, sondern auch diejenigen, die schon mehrere wissenschaftliche Arbeiten geschrieben haben.

Die Grenzen der Befunde liegen auf der Hand. Durch die Interviews konnten die Erfahrungen und Wünsche von nur wenigen Studierenden abgebildet werden. Es wurden nur Studierende mit Abitur interviewt. Bei Studierenden ohne Abitur können noch größere Schwierigkeiten mit dem wissenschaftlichen Arbeiten vermutet werden. Die interviewten Personen stellen eine besondere Gruppe dar, die mit dem wissenschaftlichen Arbeiten an der Hochschule tendenziell negative Erfahrungen gesammelt hat und sich eine Verbesserung der Situation wünscht.

Zu Verbesserungsvorschlägen der Studierenden gehören vor allem die folgenden:

- mehr Lehrveranstaltungen zum wissenschaftlichen Arbeiten,
- weniger und kürzere Hausarbeiten am Anfang des Studiums,
- eine möglichst intensive Begleitung,
- Einsatz von Erklärvideos,
- Bildung von Lerngruppen,

- eine einfache Recherche in der Bibliothek online und vor Ort,
- eine rasche und detaillierte Rückmeldung durch Lehrende.

Die erwähnten Verbesserungsvorschläge sind realistisch und umsetzbar. Sie sollten zur Qualitätssicherung im Hochschulbereich berücksichtigt werden.

Am Ende des Buches im Anhang finden Sie einen Interviewleitfaden und Kurzfragebogen zum leitfadengestützten Interview.

Literatur

Bourdieu, P. (1983): Ökonomisches Kapital, kulturelles Kapital, soziales Kapital. In: R. Kreckel (Hrsg.), Soziale Ungleichheit. (Soziale Welt, Sonderband 2) (183–198). Göttingen: Schwartz.

Gartner, S., Rotter, M. (2021): Der Umgang mit Herausforderungen im Schreibprozess in der studentischen Schreibberatung. zisch: zeitschrift für interdisziplinäre schreibforschung, 4, 101–119. DOI: https://doi.org/10.48646/zisch.210407

Mayring, P. (2010): Qualitative Inhaltsanalyse. In: Mey, G., Mruck, K. (Hrsg.), Handbuch Qualitative Forschung in der Psychologie. Wiesbaden: Springer VS.

Späte, J. (2022): Mehr als nur Zitiertechniken – wie wissenschaftliches Arbeiten die Bildung reflexiver Professionalität in der Sozialen Arbeit unterstützten kann. In: K. Miller, M. Valeva, J. Prieß-Buchheit (Hrsg.), Verlässliche Wissenschaft. Bedingungen, Analysen, Reflexionen. Darmstadt: wbg Academic.

15 »Wofür lernen wir Forschungsmethoden im Studium?« – Zur Relevanz einer Forschungsmethodenausbildung für angehende Sozialarbeiter:innen

Anja Schäfer & Nantke Schmidt

15.1 Einleitung

Die Ausbildung angehender Sozialarbeiter:innen ist davon geprägt, praxisorientiert und anwendungsbezogen zu sein. Dies scheint vor dem Hintergrund, dass Soziale Arbeit als »handlungsorientierte Profession« (Kraus 2016) verstanden wird, durchaus angemessen und wird durch die überwiegende Verbreitung des Studiengangs an Hochschulen für angewandte Wissenschaften bestätigt. Abgrenzungen zu Universitäten werden dabei allzu oft auch über das Zugegensein von Forschung, Forschungsinhalten und -methoden gezogen. Dabei gehört wissenschaftliche Forschung im Studiengang Soziale Arbeit auch an Hochschulen für angewandte Wissenschaften, seit sich diesbezüglich seit den 1990er Jahren – sei es im Hinblick auf Forschungsprojekte der an den Hochschulen ansässigen Professuren oder durch die Vermittlung von Forschungsmethoden, forschendes Lernen oder Lehrforschungsprojekte – ein Wandel vollzieht, längst zum Alltag.

Mit dieser Entwicklung und der damit einhergehenden augenscheinlichen Diskrepanz (zwischen der Handlungsorientierung einerseits und der Forschungsorientierung andererseits) verbunden, stellen Studierende der Sozialen Arbeit häufig (zurecht) die Frage, wozu eine Ausbildung in Methoden der empirischen Forschung relevant ist, wenn weniger eine wissenschaftliche als eine Karriere in der Praxis Sozialer Arbeit angestrebt wird, für die Methoden Sozialer Arbeit wie Beratung oder Gruppenarbeit und damit die konkrete Hilfe für die Adressat:innen (zunächst) viel wichtiger erscheinen als Methoden empirischer Sozialforschung.

In diesem Beitrag soll daher der Fokus auf der Relevanz einer Forschungsmethodenausbildung angehender Sozialarbeiter:innen liegen. Nach einer kurzen Einführung in die Grundlagen empirischer Sozialforschung anhand einiger Grundbegriffe (▶ Kap. 15.2), die auch zum Verständnis der nachfolgenden Argumentation benötigt werden, sollen dabei insbesondere drei (teilweise zusammenhängende und sich bedingende) Argumentationsstränge dargelegt werden (▶ Kap. 15.3): Neben der Fähigkeit, aktuelle Forschungsbefunde in der späteren beruflichen Praxis angemessen einordnen zu können (▶ Kap. 15.3.1), wird die Relevanz eines forschenden Blicks für die Praxis thematisiert (▶ Kap. 15.3.2). Nicht zuletzt soll die Relevanz empirischer Forschung auch in Bezug auf Qualitäts- und Wirkungsdebatten thematisiert werden, wodurch u. a. der gesamte Diskurs um Legitimation der Hilfen und des Status als Profession in den Fokus rückt (▶ Kap. 15.3.3). Abschließend folgt ein kurzes Fazit und damit ein Abschlussplädoyer für eine Methodenausbildung angehender Sozialarbeiter:innen (▶ Kap.15.4).

15.2 Grundbegriffe der empirischen Sozialforschung

Zum besseren Verständnis der in diesem Beitrag dargelegten Argumentationsstränge ist es hilfreich, mit einigen Grundbegriffen der empirischen Sozialforschung vertraut zu sein. Schließlich wird innerhalb der Argumentation eine Verwendung der Begriffe erfolgen. Im Folgenden werden daher grundlegende Begriffe wie »Forschung«, »Empirie«, aber auch bereits spezifischere Begriffe wie der der »Methode« sowie in Verbindung damit »Methodologie« und »qualitative und quantitative Forschung« erläutert.

Forschung, wissenschaftliche Erkenntnis, Empirie

Wenn von (wissenschaftlicher) Forschung die Rede ist, ist gemeint, dass Wissen respektive Erkenntnis mithilfe von wissenschaftlichen Methoden systematisch generiert wird. Birgmeier und Mührel (2017) betiteln Forschung daher auch als »Erkenntnisarbeit« (ebd., 20). Mit dem Begriff der »Forschung« ist demnach der Begriff der »wissenschaftlichen Erkenntnis« eng verbunden. Einen (erkenntnistheoretischen) Weg, diese Erkenntnis zu erlangen stellt die Empirie bzw. der Empirismus dar. Der Begriff »Empirie« geht auf das griechische Wort »empiria« zurück und bedeutet Erfahrung. (Empirische) Forschung zielt demgemäß darauf ab, »ihre Aussagen an der Realität [zu überprüfen] […], da die zur Erlangung und Absicherung neuen Wissens (z. B. einer Theorie) eine Prüfung an im Feld […] gesammelten Daten […] [vornimmt]« (Blanz 2021, 12).

Methode, Methodologie

Der bisher zwar genannte, aber nicht definierte Begriff der Methode wird als »intendiertes, regelgeleitetes und planmäßiges Vorgehen von Handelnden, um ein bestimmtes Ziel zu erreichen« (Zierer et al. 2013, 13), definiert. Das regelgeleitete und planvolle Vorgehen schafft dabei Transparenz und ermöglicht es, nachzuvollziehen, wie gehandelt wurde. In Verbindung mit wissenschaftlicher Forschung bedeutet Methodenanwendung daher, dass regelgeleitete Verfahren zur Erlangung neuer sowie – durch die Verwendung der Methoden – nachvollziehbarer Erkenntnisse verwendet werden (ebd.). Konkret bezeichnen Methoden in der wissenschaftlichen Forschung sowohl Verfahren zur Datenerhebung (wie bspw. Interviews oder Fragebogenerhebungen) als auch Verfahren zur Datenauswertung (bspw. Inhaltsanalysen oder statistische Auswertungsverfahren) (Bastian 2018). Eng mit dem

Begriff der Methode verbunden ist der Begriff der *Methodologie*. Die Methodologie bezieht sich auf die theoretischen Ideen und Rahmenbedingungen der Methoden; anhand der Methodologie ist zu klären, »welche Methode für welche Anwendung geeignet ist« (ebd., 655).

Qualitative und quantitative Forschung

Im Bereich der Sozialforschung werden grundsätzlich zwei Forschungsparadigmen unterschieden, denen verschiedene Methoden zuzuordnen sind. Welches Forschungsparadigma Anwendung findet, hängt vom Erkenntnisinteresse ab. Bei *qualitativer Forschung* stehen »die Entstehungs- und Wirkungsgeschichte [von sozialen Sachverhalten und Gegebenheiten] sowie die Rekonstruktion von Prozessen in Biografien und der sozialen Wirklichkeit allgemein« (Birgmeier/Mührel 2017, 21) im Vordergrund. Hierzu werden z. B. in Interviews oder Gruppendiskussionen anhand von Leitfäden die Sichtweisen der Befragten aufgelesen. Zur Auswertung können verschiedene analytische Verfahren angewendet werden. Das qualitative Paradigma verfolgt damit einen erkundenden explorativen Ansatz (Blanz 2021). *Quantitative Forschung* hat hingegen einen prüfenden Anspruch und klärt anhand quantitativer Daten (Zahlen), erhoben durch bspw. standardisierte Beobachtungen oder Befragungen, ob bestimmte Vorannahmen (Hypothesen) zutreffen oder nicht.

15.3 Zur Relevanz einer Forschungsmethodenausbildung zukünftiger Sozialarbeiter:innen

Die Relevanz einer Forschungsmethodenausbildung zukünftiger Sozialarbeiter:innen zeigt sich auf mehreren Ebenen. Im Folgenden sollen drei Argumentationsstränge dargelegt werden.

15.3.1 Relevanz in Bezug auf die Bewertung von Forschungsbefunden

Der erste Argumentationsstrang betont die Relevanz der Methodenausbildung in Bezug auf die Bewertung von Forschungsbefunden in der beruflichen Praxis. Das Erlernen und Anwenden von Methoden dient in dieser Perspektive »einem besseren Verständnis von Studien und der kritischen Beurteilung ihres Erkenntniswerts für die eigene Praxis« (Bastian 2018, 655). Die Annahme ist dabei, dass sozialpädagogische Entscheidungen u. a. vor dem Hintergrund fachlicher Debatten getroffen werden (sollen) (Bastian 2019). Sozialarbeiter:innen sind in der Praxis mit »der Anforderung einer argumentativen Nutzung sozialwissenschaftlicher Ergebnisse zur Begründung des beruflichen Handelns und getroffener Entscheidungen« (Jakob 2012, 1196) konfrontiert und auch berufsethisch nicht nur zu einem Handeln nach bestem Gewissen, sondern auch nach bestem zur Verfügung stehendem (empirischen) Wissen verpflichtet (Baumgartner/Sommerfeld 2012) und müssen daher »in der Lage sein, den Erkenntniswert [von] Untersuchungen adäquat zu beurteilen und entsprechend ihrer Handlungsrationalität zu verwerten« (Jakob 2012, 1196).

Die Relevanz in Bezug auf die Bewertung von Forschungsbefunden erhält die Methodenausbildung dementsprechend vor dem Hintergrund des wechselseitigen Verhältnisses von Forschung, Theorie und Praxis in Professionen bzw. spezifischer der Sozialen Arbeit: Das Verfügen über wissenschaftliches Wissen wird seit den Anfängen der Sozialen Arbeit weitgehend übereinstimmend als Bestandteil professionellen Handelns verstanden (Becker-Lenz/Müller-Hermann 2013; Birgmeier/Mührel 2017) und ein Praxis- sowie systematischer (Rück-)Bezug sozialpädagogischer Forschung auf und in die Praxis bereits seit mindestens 20 Jahren gefordert (Bastian 2018). Hintergrund ist, dass der Disziplin als »Sphäre der Wissenschaft« (Becker-Lenz/Müller-Hermann 2013, 203) der Sozialen Arbeit, die Aufgabe der Generierung wissenschaftlichen Wissens und der Theoriebildung obliegt, während sich in der Profession als »Sphäre der Berufspraxis« (ebd.) das berufspraktische Handeln sowie die Generierung des praktischen Reflexionswissens vollzieht und professionelles Handeln beide Wissensarten integriert (Birgmeier/Mührel 2017). Forschung kommt in diesem Geflecht die Aufgabe des Generierens des wissenschaftlichen Wissens zu, das zu Theorien abgeleitet werden kann (Spiegel 2021). Als Ziel von Forschung kann also beschrieben werden, »Erkenntnisse zu generieren, die [.] die Theoriebildung voranbringen [und] für die Praxis nützlich sein sollen« (Bastian 2018, 651).

Die professionelle berufliche Praxis nach dem Studium erfordert mit Blick auf die andauernde Erneuerung und Aktualisierung des wissenschaftlichen Wissens eine Auseinandersetzung mit sozialpädagogisch relevantem wissenschaftlichem – und d. h. u. a. auch empirisch gesichertem – Wissen.[1] »[N]ur so kann gesichert sein, dass die Berufstätigen in der Sozialen Arbeit bzgl. der Anforderungen ihres Arbeitsfeldes auf dem je neuesten fachlichen Stand sind, was einen zentralen Teil ihrer Professionalität ausmacht« (Birgmeier/Mührel 2017, 25).

Verstärkt wird die Relevanz einer Methodenausbildung von Sozialarbeiter:innen in Bezug auf die Bewertung von Forschungsbefunden in der (späteren) beruflichen Praxis dadurch, dass die Soziale Arbeit und damit auch jede:r einzelne:r Sozialarbeiter:in in Bezug auf ihr:sein Leistungsversprechen zunehmend unter Legitimationsdruck gerät:

»Weil Soziale Arbeit Interventionen und durchaus Eingriffe in die Lebensführung der Menschen vornimmt und sich dafür – so ein häufig vorgetragenes Argument – nicht nur

---

1 Sozialpädagogisch relevant ist dabei nicht nur Forschung über die Adressat:innen, das professionelle Handeln und die Organisationen der Sozialen Arbeit (Bastian 2019), sondern aufgrund der Verstrickung der Sozialen Arbeit und ihrer ›Probleme‹ in komplexe Zusammenhänge auch »Wissen über den Gesamtzusammenhang [...] auf Ebenen der Psyche, Sozialität und Kultur« (Schefold 2012, 1124) und damit das Wissen anderer (Teil-)Disziplinen wie der Psychologie oder der Sozial- und Erziehungswissenschaften.

mit Blick auf öffentlich bereit gestellte Ressourcen, sondern auch gegenüber den Bürgern in Bezug auf ihr Leistungsversprechen legitimieren [muss], wird zunehmend gefordert, dass Wissen über Wirkungen und Ergebnisse, auch über so genannte Nebenwirkungen, durch Forschung verfügbar gemacht wird« (Albus et al. 2011, 243).

Auch einzelne Sozialarbeiter:innen scheinen also zunehmend gefordert, das durch Forschung verfügbar gemachte Wissen über Wirkungen, Ergebnisse und auch Nebenwirkungen in ihre berufliche Praxis einzubeziehen. Da von diesem Legitimationsdruck nicht nur einzelne Sozialarbeiter:innen, sondern die gesamte Profession der Sozialen Arbeit betroffen ist, soll hierauf in Kapitel 15.3.3 verstärkt Bezug genommen werden (▶ Kap. 15.3.3).

15.3.2 Relevanz in Bezug auf die Entwicklung eines forschenden Blicks auf die Adressat:innen und Rahmenbedingungen der praktischen Sozialen Arbeit

Insbesondere in Bezug auf qualitative Methoden wird im Diskurs zur Nutzbarkeit und Anwendung sozialpädagogischer Forschung für angehende Sozialarbeiter:innen auch das Erlernen eines forschenden Blicks benannt. Hierzu kann z. B. das Erlernen eines analytischen Fallverstehens gezählt werden. So wird Forschung bzw. dem Erlernen und Anwenden der Methoden auch hinsichtlich der konkreten Fallarbeit eine durchaus hohe Bedeutung zugeschrieben. Insbesondere die Komplexität und Individualität jedes Falls in der sozialpädagogischen Arbeit betreffend, braucht es Kompetenzen der Sozialarbeiter:innen, diese zu erkennen und zu reflektieren. Dabei steht vor allem auch die Perspektive der Adressat:innen im Fokus (Ackermann 1995). Das sozialpädagogische Fallverstehen bedarf »einer wissensbasierten, reflexiv geschulten wie auch mitmenschlichen Anstrengung, einfühlend nachzuvollziehen, wie sich Not und Bedrängnis für Menschen anfühlen und welche innere Logik sie antreibt« (Ader/Schrapper 2022, 35). Der Erwerb solcher Kompetenzen kann u. a. mit dem Erwerb qualitativer Methoden einhergehen, denn »[q]ualitative Methoden der Sozialforschung ermöglichen einen verstehenden Zugang zu sozialen Phänomenen und rekonstruieren diese in ihren subjektiven sowie sach- und sozialweltlichen Bezügen und Prozessen« (Schweppe et al. 2018, 664). Es wird somit auf einen Gewinn für das professionelle Handeln und auf unmittelbare Anwendbarkeit des analytischen Fallverstehens aus der Forschung auf die Praxis rekurriert. Weniger gemeint ist dabei eine gänzliche Übertragung der Forschungsmethoden auf Fallanalysen in der Praxis; vielmehr geht es um die Herausbildung einer forscherischen Haltung, die die rekonstruktiven und offenen Prozesse auch in der Praxis zulassen (Jakob 2012). So wird davon ausgegangen,

> »dass die für das sozialpädagogische Handeln nötigen Kompetenzen des Rekonstruierens, Verstehens, Interpretierens, Analysierens und Reflektierens durch den Rückgriff auf qualitative Methoden der Sozialforschung gefördert werden und die Ausbildung von Deutungskompetenz, die Einübung einer Fremdheitshaltung und die Irritationen von Alltagsdeutungen in ihrer habitualisierten Form der professionellen Praxis zu Gute kommen« (Schweppe et al. 2018, 666).

Darüber hinaus können analytische Fähigkeiten respektive ein forschender Blick auch über die Fallarbeit hinaus und gleichzeitig in Verbindung damit, nämlich im Hinblick auf die Rahmenbedingungen der Sozialen Arbeit und damit der eigenen Praxis, hilfreich sein. Institutionelle, organisationale und auch sozialpolitische Rahmenbedingungen der Praxis Sozialer Arbeit sind stets zu hinterfragen. Außerdem ist zu klären, inwiefern sie die Praxis beeinflussen.

> »Eine zentrale Perspektive des alltags- und lebensweltorientierten Forschens stellt die Konfliktorientierung dar, mit der sowohl die sozialpolitischen Veränderungen, die Folgen der Modernisierung wie auch die zunehmende gesellschaftliche Spaltung und Hierarchisierung thematisiert werden soll [...]. Eine Wahrnehmung und ein Verstehen der alltags- und lebensweltlichen Praktiken und Handlungsstrategien von Subjekten bzw. Adressatinnen Sozialer Arbeit erfordert ein Aufsuchen der Widersprüche und Konflikte sowohl in Bezug auf ihre (Alltags-)Erfahrungen als auch den gesellschaftlichen Anforderungen und Zumutungen an sie, aber auch den gesellschaftlich dominanten Deutungsmustern« (Göbel/Schimpf 2015, 115).

Praktiker:innen der Sozialen Arbeit sollten somit über den forschenden Blick in Bezug auf den konkreten Fall immer auch die maßgeblichen Rahmenbedingungen im Blick behalten, denn nur dann können sowohl der Fall als auch die damit in Verbindung stehenden Rahmenbedingungen angemessen eingeordnet werden.

Ferner, jedoch im Sinne des forschenden Blicks weniger diskutiert, können auch methodologische Ausgangspunkte der quantitativen Forschung sinnvoll in die Fallarbeit einbezogen werden. So folgen bspw. »[s]trukturierte Anamnesebögen, differenzierte Diagnoseraster [...] und Kategoriensysteme [...] oder standardisierte psychologische Testverfahren« (Ader/Schrapper 2022, 27) der quantitativen Logik, indem sie strukturiert und umfassend alle relevanten Daten sammeln und daraus die wesentlichen Merkmale herausarbeiten (ebd.).

Über das Fallverstehen hinaus können Forschungsmethoden und die (methodischen) Kompetenzen auch zur Reflexion der eigenen Praxis und den damit in Verbindung stehenden Positionen und Interventionen genutzt werden (Schweppe et al. 2018). Insbesondere im Feld der Sozialen Arbeit ist es relevant, sich kontinuierlich eigene Vorannahmen, Normativitätsvorstellungen und Positionen bewusst zu machen. Im Sinne einer »Befremdung der eigenen Praxis« (ebd.) können ebendiese gezielt aus z. B. Aufzeichnungen oder unter Einsatz von Biografieforschung herausgearbeitet werden. Eigene Interventionen können dann differenzierter betrachtet und das eigene Handeln damit auch professionalisiert werden.

15.3.3 Relevanz in Bezug auf die Bewertung respektive Qualität, Entwicklung und Etablierung der Sozialen Arbeit

Forschung in der Sozialen Arbeit hat auch auf der Metaebene einen berechtigten Platz. Auf dieser Ebene geht es weniger um den direkten Nutzen der Forschungsergebnisse für die Praktiker:innen im Sinne einer Anwendung respektive einer Übertragung der Forschungsergebnisse und -methoden auf die konkreten Fälle/Adressat:innen, als vielmehr um eine Qualitäts- und Wirkungskontrolle, die sowohl für politische und finanzielle Aspekte als auch hinsichtlich der Weiterentwicklung der Profession und dem damit verbundenen Status bzw. der Etablierung ebendieser relevant ist. So ist »Soziale Arbeit [...] stetig unter Legitimationsdruck, der sozialpädagogische Forschung vielfältig einbezieht« (Schefold 2012, 1125).

Wird zunächst der gesamte Diskurs um Bewertungen und Wirkungen der Sozialen Arbeit betrachtet, kommt Forschung dabei, je nachdem inwiefern Wirkung ausgelegt ist, eine unterschiedlich ausgeprägte Bedeutung zu: Vor dem Hintergrund der eher rigiden »Evidence-based Practice« sollten sämtliche Hilfen der Sozialen Arbeit auf der Basis wissenschaftlicher Erkenntnis entwickelt werden, die bestenfalls auf quantitativen Kontrollstudien beruhen (Albus et al. 2011). Da Individualität und lebensweltliche Einflüsse generalisierbares Handeln und Forschen in der Sozialen Arbeit erschweren, ist die Eignung einer Evidence-based-Practice für das Feld der Sozialen Arbeit jedoch umstritten (u. a. Dollinger 2018; Hykel 2016). Weniger drastisch ist der im deutschsprachigen Raum verbreitete Qualitäts- und Wirkungsdiskurs zu sehen: Hier sind eher im Nachhinein (oder während der Hilfe) durchgeführte Evaluationen unter Bezugnahme verschiedener Methoden gemeint, die die Wirksamkeit oder besser Qualität der Hilfen überprüfen (Albus et al. 2011).

Zum einen sind dabei Selbstevaluationen der Praktiker:innen üblich. Zum anderen werden neue zu erprobende mitunter aus öffentlichen Geldern finanzierte Hilfen oftmals durch externe Evaluator:innen begleitet, um zu erfahren, wie sinnvoll eine Weiterführung ist. Bei Selbstevaluationen sind die Praktiker:innen selbst damit beauftragt, eine Bewertung der durchgeführten Hilfen vorzunehmen. Mit solchen Selbstevaluationen werden vor allem auch organisationsinterne Qualitätsansprüche gerechtfertigt (Müller-Kohlenberg 2007). Dies ist ein Bereich, »der an Quantität und methodischer Qualität gewinnt« (Schefold 2012, 1134), was letztlich auch »[...] ein Zeichen der Professionalisierungstendenzen in der Sozialen Arbeit« ist (ebd.). Da eine Objektivität – wie in Evaluationen externer Fachleute – in Selbstevaluationen kaum gegeben scheint, finden finanzielle und steuerungspolitische Entscheidungen allerdings eher auf der Grundlage externer Evaluationen statt.

Je nach Design und Ausgestaltung werden dann unterschiedliche Arten der Evaluation durchgeführt: Um Aussagen über die Wirksamkeit der Hilfen treffen zu können, werden (quasi-)experimentelle Verfahren oder Prä-Post-Messungen eingesetzt. Alternativ (und dies findet häufiger in Selbstevaluationen statt) werden die Adressat:innen der Leistungen z. B. im Rahmen einer Prozess- und Ergebnisevaluation zur Zufriedenheit befragt (Merchel 2019) oder andere Verfahren der Selbstevaluation eingesetzt.[2]

---

2 Zwar soll eine generelle Methodendiskussion an dieser Stelle ausbleiben, dennoch sei darauf verwiesen, dass tatsächliche Wirkungsevaluationen ausschließlich durch experimentelle und quasi-experimentelle Studiendesigns erreicht werden können. Bereits Prä-Post-Messungen büßen erheblich in der Aussagekraft ein. Zufriedenheitseinschätzungen der Adressat:innen haben darüber hinaus durchaus ihre Berechtigung, jedoch kann daraus nicht auf die Wirksamkeit einer Hilfe geschlossen werden. Generell ist in der Sozialen Arbeit und den dazugehörigen Wirksamkeitsdebatten immer auch die Normativität der Hilfen und damit verbunden das doppelte Mandat der Sozialen Arbeit zu beachten und somit zu hinterfragen, aus welchem Blickwinkel die Wirksamkeit eigentlich bewertet wird und unter welchen und

Gründe für den seit einigen Jahrzehnten vermehrten Diskurs um Wirkungen und die Qualität Sozialer Arbeit liegen zum einen in den bereits angedeuteten finanziellen und sozialpolitischen Bedeutungen, um die Angebote und Hilfen verbessern sowie steuern und legitimieren zu können. Solche strategischen und finanziellen Gründe sind darin zu sehen, dass bspw. eine Weiterführung von Hilfen oder aber die Kosten gerechtfertigt werden müssen (Merchel 2019). Ähnliches gilt für organisationsinterne Qualitätssicherungen.

Andererseits ergibt sich aber, neben den bisher aufgeführten Gründen der Evaluation, die u. a. auf dem Legitimationsdruck durch Finanziers (und damit nicht zuletzt der Gesellschaft, da es sich um öffentliche Gelder handelt) und Akteure der Steuerung solcher Angebote basieren, auch aus der Profession der Sozialen Arbeit selbst heraus eine Wirkungsdebatte (Merchel 2019). So beschäftigt sich die Profession Soziale Arbeit zunehmend selbst mit der Qualität ihres Handelns (Müller-Kohlenberg 2007), was eng mit der Frage des Status als Profession sowie (eigenen) Unsicherheiten über professionelles Handeln verbunden ist. So zielen evidenzbasierte Ansätze auch »auf die Beseitigung des vielfach beschworenen Technologiedefizits, indem mithilfe nachweisbarer Ursache/Wirkungsbeziehungen den bestehenden Entscheidungsunsicherheiten in der Sozialen Arbeit entgegengetreten werden soll« (Messmer 2008, 178). Und auch der in Kapitel 15.3.2 dargelegte Ansatz des analytischen Fallverstehens sozialpädagogischer Interventionen ist eng mit dem Professionalisierungsbestreben der Sozialen Arbeit verbunden (Schweppe et al. 2018) (▶ Kap. 15.3.2). Denn schließlich wird

> »[r]ekonstruktiven Verfahren der Fallarbeit [...] das Potenzial eines methodisch kontrollierten Fremdverstehens und einer kritischen Auseinandersetzung mit dem eigenen Handeln beigemessen. Diese Verfahren wurden als wichtige Grundlage zur Ausformung einer verstehenden und kritischen Professionalität angesehen« (ebd., 665).

Der gesamte Diskurs über Soziale Arbeit als Profession oder Beruf, über Unterscheidungen zwischen Laienhandeln und professionellem Handeln etc. hat sich in den letzten Jahren zwar zugunsten der Profession Soziale Arbeit gefestigt, lässt sich jedoch vor allem auch durch weitere Wirkungs- und Qualitätsdebatten weiter verringern und braucht daher auch das Bewusstsein angehender Sozialarbeiter:innen und Praktiker:innen über die Relevanz solcher Themen. Nicht zuletzt können dadurch auch die professionellen Identitäten als Sozialarbeiter:in gefestigt werden, denn Forschung und die daraus abgeleiteten Erkenntnisse können für mehr Handlungssicherheit und damit für ein sicheres Auftreten vor Adressat:innen, Auftraggeber:innen oder Fachkräften anderer Professionen sorgen. (Angehende) Sozialarbeiter:innen sollten daher ein Bewusstsein darüber erlangen, welche Relevanz Qualitäts- und Wirkungsdebatten in der Sozialen Arbeit haben. Schließlich braucht jede Hilfe eine Finanzierung und eine Legitimation auch gegenüber den Adressat:innen oder den eigenen professionellen Ansprüchen. Forschung kann diese Legitimationen schaffen.

---

wessen Ansprüchen die Ziele zur Überprüfung der Wirksamkeit eigentlich festgesetzt wurden.

15.4 Fazit

Während die Relevanz der Forschungsmethodenausbildung von Studierenden vor allem bei Anstreben einer Karriere in der Praxis Sozialer Arbeit hinterfragt wird, wurden mit diesem Beitrag in Form von drei Argumentationssträngen Denkanstöße dafür gegeben, warum eine Ausbildung in den Methoden der empirischen Sozialforschung auch bzw. insbesondere für in der Praxis tätige Sozialarbeiter:innen wichtig ist. Diese Argumentationsstränge sollten bestenfalls bereits in der Lehre mit den Dozierenden diskutiert und vertieft werden, um so z. B. in der praktischen Umsetzung/Durchführung von Forschungsarbeiten im Studium fortwährend Bezüge zur Nutzbarkeit dieser Methoden und Ergebnisse herzustellen. Nur durch diese Reflexion kann das nachhaltige Bewusstsein darüber entstehen, dass empirische Sozialforschung auch für die berufliche Praxis relevant ist. Das Verständnis einer anwendungsbezogenen und handlungsorientierten Profession kann also auch für die Forschungsmethodenausbildung nutzbar gemacht werden, indem praktische Relevanz und praktischer Nutzen der Methodenausbildung in die Ausbildung miteinbezogen und (unter Anleitung) von den Studierenden reflektiert werden.

Literatur

Ackermann, F. (1995): Qualitative Forschung und Professionalisierung sozialer Arbeit. Rundbrief/Gilde Soziale Arbeit, (2), 43–59. Online verfügbar unter: https://nbn-resolving.org/urn:nbn:de:0168-ssoar-66141, Zugriff am 22.11.2023.
Ader, S., Schrapper, C. (2022): »Wie« und »was«? – Erkenntnistheoretische und gegenstandsbezogene Fragen von Fallverstehen und sozialpädagogischer Diagnostik. In: S. Ader, C. Schrapper (Hrsg.), Sozialpädagogische Diagnostik und Fallverstehen in der Jugendhilfe (2., aktualisierte Auflage) (23–40). Stuttgart: UTB, Reinhardt.
Albus, S., Micheel H. G., Polutta, A. (2011): Der Wirkungsdiskurs in der Sozialen Arbeit und seine Implikationen für die empirische Sozialforschung. In: G. Oelerich (Hrsg.), Empirische Forschung und soziale Arbeit. Ein Studienbuch. (243–251). Wiesbaden: Springer VS.
Baumgartner, E., Sommerfeld, P. (2012): Evaluation und evidenzbasierte Praxis. In: W. Thole (Hrsg.), Grundriss Soziale Arbeit. Ein einführendes Handbuch (4. Auflage) (1163–1175). Wiesbaden: Springer VS.
Bastian, P. (2018): Forschung in der Sozialen Arbeit. In: G. Graßhoff, A. Renker, W. Schröer (Hrsg.), Soziale Arbeit. Eine elementare Einführung. (651–660). Wiesbaden/Heidelberg: Springer VS.
Bastian, P. (2019): Sozialpädagogische Entscheidungen. Professionelle Urteilsbildung in der Sozialen Arbeit. Opladen: Budrich.
Becker-Lenz, R., Müller-Hermann, S. (2013): Die Notwendigkeit von wissenschaftlichem Wissen und die Bedeutung eines professionellen Habitus für die Berufspraxis der Sozialen Arbeit. In: R. Becker-Lenz, S. Busse, G. Ehlert, S. Müller-Hermann (Hrsg.), Professionalität in der Sozialen Arbeit. Standpunkte, Kontroversen, Perspektiven (3. Auflage) (195–221). Wiesbaden: Springer VS.
Birgmeier, B., Mührel, E. (2017): Wissenschaftliche Grundlagen der Sozialen Arbeit. Frankfurt am Main, Schwalbach/Ts.: Wochenschau.
Blanz, M. (2021): Forschungsmethoden und Statistik für die Soziale Arbeit. Grundlagen und Anwendungen (2. Auflage). Stuttgart: Kohlhammer.
Dollinger, B. (2018): Paradigmen sozial- und erziehungswissenschaftlicher Wirkungsforschung: Eine Analyse kausaltheoretischer Annahmen und ihrer Folgen für die Soziale Arbeit. Soziale Passagen, (10), 245–262.

Göbel, A., Schimpf, E. (2015): Forschendes Lernen als eine Möglichkeit der Auseinandersetzung mit gesellschaftlichen Macht- und Konfliktverhältnissen. In: A. Schneider (Hrsg.), Forschung in der Sozialen Arbeit. Grundlagen, Konzepte, Perspektiven (113–128). Opladen/Berlin: Budrich.

Hykel, T. (2016): Von der helfenden Profession zur Dienstleistung: Evidenzbasierung als Katalysator für einen Paradigmenwechsel im Selbstverständnis Sozialer Arbeit. In: S. Borrmann, B. Thiessen (Hrsg.), Wirkungen Sozialer Arbeit. Potentiale und Grenzen der Evidenzbasierung für Profession und Disziplin (345–357). Opladen u. a.: Budrich.

Jakob, G. (2012): Forschung im Studium Soziale Arbeit. In: W. Thole (Hrsg.), Grundriss Soziale Arbeit. Ein einführendes Handbuch (4. Auflage) (1191–1204). Wiesbaden: Springer VS.

Kraus, B. (2016): Was ist Soziale Arbeit? Zur internationalen Definition und nationalen Bestimmungsversuche. Forum Sozial, (2), 18–23. Online verfügbar unter: https://nbn-resolving.org/urn:nbn:de:0168-ssoar-47905-5, Zugriff am 22.11.2022.

Merchel, J. (2019): Evaluation in der Sozialen Arbeit (3., aktualisierte Auflage). Stuttgart u. a.: UTB, Reinhardt.

Messmer, H. (2008): Profession auf dem Prüfstand. In: Bielefelder Arbeitsgruppe 8 (Hrsg.), Soziale Arbeit in Gesellschaft (177–185). Wiesbaden: Springer VS.

Müller-Kohlenberg, H. (2007): Evaluation und Selbstevaluation in der Sozialen Arbeit. In: M. Galuske, W. Thole (Hrsg.), Vom Fall zum Management. Neue Methoden der Sozialen Arbeit (71–81). Wiesbaden: Springer VS.

Schefold, W. (2012): Sozialpädagogische Forschung Stand und Perspektiven. In: W. Thole (Hrsg.), Grundriss Soziale Arbeit. Ein einführendes Handbuch (4. Auflage) (1123–1144). Wiesbaden: Springer VS.

Schweppe, C., Braun, A., Graßhoff, G. (2018): Forschung als Befremdung von Praxis. In: G. Graßhoff, A. Renker, W. Schröer (Hrsg.), Soziale Arbeit. Eine elementare Einführung (661–671). Wiesbaden/Heidelberg: Springer VS.

Spiegel, H. von (2021): Methodisches Handeln in der Sozialen Arbeit. Grundlagen und Arbeitshilfen für die Praxis. Unter Mitarbeit von Benedikt Sturzenhecker (7., durchgesehene Auflage). München: UTB, Reinhardt.

Zierer, K., Speck, K., Moschner B. (2013): Methoden erziehungswissenschaftlicher Forschung. Stuttgart/München: UTB, Reinhardt.

Teil E: Studentische Qualifizierungsarbeiten aus Sicht der Betreuenden: Berichte aus dem Studienalltag

16 Von Rollenkonflikten, Unsicherheiten und Kriterien: qualitativ-empirische Abschlussarbeiten (begleiten und) bewerten

Kirsten Witte & Nicole Weydmann

16.1 Perspektivenwechsel: ein einleitender Austausch

Ein grundsätzliches Interesse von Studierenden liegt – verständlicherweise – in einer möglichst positiven Bewertung ihrer Abschlussarbeit. Dabei geht es für sie nicht nur um eine Anerkennung der erbrachten (Forschungs-)Leistung, sondern auch um das Erlangen eines berufsqualifizierenden Hochschulzertifikats. Eine entsprechende Benotung kann beim Zugang in bestimmte Arbeitsfelder oder in weiterbildende Studiengänge *die* zentrale Rolle spielen. Gleichzeitig kann der Prozess der Erarbeitung von Abschlussarbeiten insbesondere mit qualitativ-empirischer Ausrichtung als subjektiver Bildungsprozess verstanden werden, der eine Vielzahl von persönlichkeitsbildenden und fachlichen Entwicklungsmöglichkeiten bietet.

Dabei stellt die Erarbeitung qualitativ-empirischer Arbeiten Studierende nicht nur aufgrund des umfangreichen Arbeitsvolumens vor große Herausforderungen. Mehr noch als bei Literaturarbeiten oder quantitativen Erhebungen erleben sie aufgrund der individuellen Zugänge und der Rekonstruktion bspw. von subjektiven Deutungsmustern Unsicherheiten in Bezug auf normierende Bewertungsprozesse. Daher wählen wir für diesen Beitrag das Beispiel qualitativer Arbeiten, weil diese exemplarisch und als Kondensat für die strukturellen Rollenkonflikte auf Seiten der Lehrenden und die Unsicherheiten der Studierenden betrachtet werden können. Um den Erfahrungshorizont beider Perspektiven, also die studentische wie die lehrende, zu erhellen, tauschen sich einleitend die beiden Autorinnen des Beitrags, Nicole Weydmann (NW), Professorin für Qualitative Methoden an der Hochschule Furtwangen, und Kirsten Witte (KW), Lehrende in Studiengängen der Sozialen Arbeit, mit Anke Salie (AS), einer Absolventin eines Dualen Ausbildungsgangs der Sozialen Arbeit, zu ihren Erfahrungen aus.

> KW: Anke, Thema deiner Bachelorarbeit war die partizipative Leitbildentwicklung für einen Fachbereich einer Behörde. Wie bist du zu diesem Thema gekommen?
> AS: Die grundlegende Idee habe ich durch die praktischen Erfahrungen im Rahmen meines dualen Studiums entwickelt, die ich mit den theoretischen Inhalten des Studiums verknüpfen konnte. Immer konkreter wurde mein Thema, als ich Rücksprache mit den Sozialarbeiter:innen in meinem Praxisbetrieb sowie mit meiner Prüferin gehalten habe. Auch Gespräche mit meinen Kommiliton:innen waren hilfreich, um Inspirationen zu bekommen.

KW: Und wie verlief dann der Prozess von der Entwicklung der Fragestellung bis zur Durchführung deines Forschungsprojekts?
AS: Zunächst hatte ich meine Ziele für das Forschungsprojekt sehr hoch gesteckt und musste lernen, kleinschrittiger an das Thema heranzugehen. Diese Erkenntnis ergab sich nach Gesprächen mit meiner Prüferin, aber auch durch das intensivere Einlesen in das Thema. Ähnlich verhielt es sich mit der Auswahl meiner Forschungsmethode. Während ich zunächst einer quantitativen Methode folgen wollte, stellte sich im Prozess schnell heraus, dass eine qualitative Methode wesentlich geeigneter ist. Insgesamt war es ein spannender Prozess, der von sehr theoretischen bis hin zu sehr praktischen Überlegungen geprägt war und immer mehr Gestalt annahm.
KW: Nicole, du bist Professorin für Qualitative Methoden. Welches sind für dich die wiederkehrenden Themen oder auch Schwierigkeiten von Studierenden, die qualitativ-empirische Arbeiten verfassen oder verfassen möchten?
NW: Die grundlegenden Problemlagen von Studierenden sind in qualitativen Forschungsarbeiten immer wieder das Ausloten zwischen einerseits kreativen Freiräumen und andererseits dem Umsetzen der standardisierten Vorgaben guter wissenschaftlicher Praxis in den Arbeiten.

Ziel dieses Beitrags ist es, Kriterien aufzuzeigen, anhand derer Studierende und Prüfer:innen schon im Bearbeitungsprozess in den Austausch gehen können. Diese Kriterien können auch als Grundlage für die Begutachtung der oftmals als sehr subjektiv wahrgenommenen Abschlussarbeiten dienen. Dazu entfalten wir zunächst den Rollenkonflikt der Lehrenden zwischen unterstützender Begleitung und normierender Bewertung. Anschließend richtet sich der Blick auf die Studierenden, die sich in der Phase ihrer Abschlussarbeit zwischen dem Wunsch nach angemessener Betreuung und Unterstützung im prozesshaften Vorgehen und dem Gefühl, einer möglicherweise intransparenten Bewertung ausgeliefert zu sein, bewegen.

16.2 Zwischen Begleitung und Bewertung: der Rollenkonflikt der Lehrenden bzw. Prüfer:innen

Die Kenntnis der Rollen, die Lehrende bzw. Prüfer:innen einnehmen, ermöglicht eine zielführende Auseinandersetzung auch mit den eigenen Erwartungen an den Betreuungsprozess sowie mit den Möglichkeiten, die dieser institutionell und persönlich, also mit dem oder der jeweiligen Prüfer:in, bietet.

KW: Nicole, was siehst du als deine zentrale Aufgabe im Prozess der Begleitung von Abschlussarbeiten an?
NW: Meine zentrale Aufgabe ist es, den Studierenden auf ihrem Weg der Erstellung ihrer Bachelorarbeit immer wieder aufzuzeigen, wie sie For-

schungsfragen und daran anschließend Verfahren der Datenerhebung und -analyse entwickeln, die es ermöglichen, die Fragen gegenstandsangemessen beantworten zu können.

KW: Der Rollenkonflikt zwischen den Polen »Betreuen und Unterstützen« und »Bewerten« ist bereits angeklungen. Wie nimmst du diesen Konflikt wahr?

NW: Ich empfinde diesen Rollenkonflikt als stark, da ich als Betreuende klar den Fokus darauf lege, die Studierenden zu unterstützen und zu fördern. Hier nutze ich all mein Wissen und meine Ressourcen, um die Studierenden zu einem bestmöglichen Ergebnis zu bringen. In der Rolle der Bewertung blicke ich aus einer Distanz auf die Arbeiten der Studierenden und muss vor dem Hintergrund normativer Erwartungen ihre Leistung beurteilen; der persönliche Einsatz und auch die persönliche Entwicklung der Studierenden ebenso wie ihr ureigenes Potential sind nicht wirklich in eine schematische und standardisierte Bewertung übersetzbar. Für mich bleibt daher immer ein gewisser Spagat in diesem Rollenmix, die Studierenden bestmöglich zu unterstützen und gleichzeitig nicht zu stark in den Forschungsprozess einzugreifen.

Grundsätzlich gilt es, sich den hier angesprochenen paradoxen »Rollenstrauß« (Buff Keller/Jörissen 2015, 53) der Betreuungspersonen differenziert vor Augen zu führen: Die zu Beginn des Arbeitsprozesses stehende Begleitung, Betreuung und Unterstützung der Studierenden geht in der Regel mit einer konstruktiv-kritischen und zugewandten Haltung der Lehrenden einher. Gemeinsam können Handlungsalternativen besprochen werden, für deren Auswahl und Umsetzung die Verantwortung jedoch immer bei den Studierenden verbleibt (vgl. ebd., 86). Für die Bewertung, der andere Maßstäbe zugrunde liegen, muss sich diese Haltung von den Studierenden distanzieren und eine objektivierend-kritische Sichtweise ermöglichen (vgl. ebd., 53). Studierende nehmen diese Rollenänderung häufig als »plötzliche Strenge« wahr (vgl. ebd., 86), wohingegen sie für die Lehrenden notwendig ist, um die Balance in den paradoxen Anforderungen in den unterschiedlichen Phasen des studentischen Arbeitsprozesses wahren zu können.

Darüber hinaus kann gerade bei qualitativ-empirischen Arbeiten die Notwendigkeit bestehen, die Rolle weiterer Beteiligter zu klären. Das können Institutionen wie Praxiseinrichtungen oder Praktikumsstellen sein, Beforschte (Institutionen oder Einzelpersonen) oder auch extern Beratende, die aus wiederum anderer Perspektive ihre Unterstützung anbieten oder Erwartungen an die Arbeit und ihren Entstehungsprozess formulieren.

16.3 Zwischen unterstützt- und bewertet-werden: strukturelle Unsicherheiten auf Seiten der Studierenden

KW: Anke, an welche Momente erinnerst du dich besonders, als du die Arbeit verschriftlicht hast

AS: Es gab viele Momente, in denen ich mir unsicher war und ich mir immer wieder die Frage gestellt habe: »Ist das gerade wirklich wissenschaftlich?«. Auch habe ich mein gesamtes Thema in Frage gestellt, vor allem, wenn ich so lange am Schreiben war, dass ich das Gefühl hatte, nicht mehr objektiv auf das Thema blicken zu können. Es gab jedoch auch Momente, in denen ich Spaß am Schreiben hatte, z. B. als ich die Durchführung meines Forschungsprojekts beschrieben habe. Dies lag unter anderem daran, dass die Verschriftlichung schnell ging und ich frei schreiben konnte, ohne ›nur‹ aus Literatur zu zitieren. Stolz war ich zudem, als ich die Fotos, die mein Forschungsprojekt dokumentiert haben, in den Anhang eingefügt habe.

KW: Welche Rolle hat deine Prüferin vor der Abgabe der Arbeit gespielt?

AS: Meine Prüferin spielte eine wichtige Rolle beim Entwickeln und Umsetzen meines Themas. Sie unterstützte mich in vielerlei Hinsicht: durch gemeinsames »Brainstorming«, Textempfehlungen von ihrer Seite oder auch Erklärungen. Die Gespräche mit meiner Prüferin wirkten immer wieder orientierend für mich und auch ermutigend, da ich das Gefühl hatte, dass sie ebenfalls Spaß an meinem Thema hatte.

KW: Wie hast du dich gefühlt, nachdem du die Arbeit abgegeben hattest?

AS: Auf der einen Seite war ich nach Abgabe der Arbeit sehr erleichtert – ein langer und intensiver Prozess kam zum Ende. Auf der anderen Seite war die Aufregung und Erkenntnis da, dass nichts mehr rückgängig gemacht werden konnte. Ich wollte nicht mehr in die Arbeit hineinschauen, aus Sorge, im Nachhinein Fehler zu finden. Auch waren Überlegungen da, wie die Prüfenden meine Arbeit wohl finden werden und ob sich die Anstrengungen gelohnt haben.

»Die Bewertung der Prüfungsleistung wird von der_dem jeweiligen Prüfer_in festgesetzt« (§ 18 (2) Alice Salomon Hochschule Berlin 2019).

So oder ähnlich sind die Studien- und Prüfungsordnungen von Studiengängen im Hinblick auf Bewertung und die ihr zugrundeliegenden Kriterien verfasst. Den Prüfenden kommt somit eine weitgehende Autonomie in der Bewertung von hochschulischen Prüfungsleistungen zu, ein Faktum, das auf Seiten der Studierenden zu großer Unsicherheit führen kann. Begründet ist dies in der Freiheit von Forschung und Lehre, die grundgesetzlich verankert ist (Art. 5 GG). Kritisch sei hier angemerkt, dass eine solche Bewertungslogik zentral auf die Selektions- und Rekrutierungsfunktion von Hochschulen abzielt, weniger jedoch auf Bildungsprozesse und Problemlösekompetenzen des wissenschaftlich ausgebildeten Nachwuchses. Kaum bis keine Berücksichtigung finden in der Regel die subjektiven Lernerfolge der Studierenden, womit auch Betreuungsleistungen der Prüfenden, die Fortschritte bei den Studierenden anregen (können), unberücksichtigt bleiben. Dabei heben Strebel et al. (2021) den positiven Einfluss von Betreuung auf die Ergebnisse von Abschlussarbeiten auch unter Rückgriff auf weitere Studien noch einmal deutlich hervor (vgl. ebd., 880).

16.4   Zwischenruf: Tipps und Strategien

Zunächst ist es sinnvoll, sich die eigene Erwartung an das Betreuungsverhältnis zu vergegenwärtigen: Wie stelle ich mir grundsätzlich die Ausgestaltung einer Betreuung vor? Mögliche Eckpunkte sind hier der Umgang mit Literatur(-Empfehlungen), der Austausch zu inhaltlichen Fragen zur eigenen Arbeit oder das Erbitten von Rückmeldungen zu Textteilen. Dazu gehört auch, bei dem:der betreuenden Prüfer:in sein:ihr Verständnis von Betreuung und Begleitung in der Abschlussphase zu erfragen sowie die Klärung, welcher Betreuungsumfang – in inhaltlicher wie zeitlicher Hinsicht – realistisch und angemessen ist. Im weiteren Prozess kann es sich anbieten, eine kurze Zwischenbewertung mit einer ungefähren Note zu erbitten. Die Grundlage dafür bildet z. B. ein erstes (Theorie-)Kapitel, das ggf. noch in der Arbeitsfassung bestehen kann. Gerade für qualitativ-empirische Abschlussarbeiten sollte rechtzeitig eine Transparenz über Bewertungskriterien hergestellt werden. Eine Klärung, ob z. B. auch der Entstehungsprozess der Arbeit (vgl. Buff Keller/Jörissen 2015, 84) und die fachliche, methodische oder persönliche Weiterentwicklung der:des Studierenden in die Bewertung einfließt, oder ob die Notengebung ausschließlich auf Basis der eingereichten Arbeit erfolgt, erleichtert den Fokus im Erarbeitungsprozess. Insgesamt stellt eine gute Vorbereitung aller Betreuungsgespräche, bei der alle zu besprechenden Fragen sowie weitere Anliegen formuliert und zusammen mit der aktuellen Arbeitsfassung der Arbeit ggf. bereits vorab eingereicht werden, die Grundlage für einen erfolgreichen Betreuungsprozess dar. Genauso wichtig ist die Protokollierung der Absprachen, um im weiteren Verlauf darauf zurückgreifen zu können.

Fehlen solche Absprachen oder wird keine Transparenz über die Bewertungskriterien hergestellt, kann der angesprochene Freiraum der Lehrenden bezüglich der Bewertung auf studentischer Seite zu Unsicherheiten führen. Oft stellt sich in diesem Zusammenhang auch die Frage, ob das zuvor im Studium Erlernte überhaupt ausreichend ist für die Erarbeitung der Bachelor-Thesis. Daher lohnt es, sich schon im Vorfeld aktiv mit den eigenen Unsicherheiten auseinanderzusetzen. Auch Peer-Feedbacks – also Rückmeldungen von Mitstudierenden – zu eigenen Stärken und Schwächen, aber auch konkret zum Forschungsvorhaben oder Teilen der Arbeit – sollten eingeholt werden. In jedem Fall sollte das Betreuungsangebot des:der Prüfer:in genutzt werden, auch wenn die zu treffenden Entscheidungen immer in der Verantwortung des:der Studierenden bleiben.

16.5 Immer objektiv? Die Verortung der Forschenden

> »Vorab möchte ich deutlich machen, dass ich die Arbeit aus meiner Perspektive formuliere, da ich, wie aus meinem fachwissenschaftlichen Verständnis hervorgehen wird, der Ansicht bin, dass es nicht möglich ist, eine ›neutrale‹ Position einzunehmen. Welche Perspektive dieser Arbeit zu Grunde liegt, geht aus dem fachwissenschaftlichen Verständnis […] hervor« (Hellmers 2022, 1).

Mit diesem Zitat aus ihrer Bachelor-Thesis verdeutlicht Kimberly Hellmers ihre eigene Positionierung als ein schreibendes Subjekt, das mit eigener Perspektive, mit Vorannahmen und Emotionen ausgestattet ist und nicht hinter einer vermeintlichen Objektivität zurücktreten kann. Hier zeigt sich ein grundlegendes Spannungsfeld auf: auf der einen Seite ein subjektiver Zugang, der für qualitativ-empirische Forschungsarbeiten charakteristisch ist, und auf der anderen die scheinbar ›objektiven‹ Kriterien für quantitativ ausgerichtete oder literaturanalytische Arbeiten. Dieses Spannungsfeld findet sich auch im Folgenden in der Auseinandersetzung mit dem Thema Reflexivität im Forschungsprozess wieder (▶ Kap. 16.6.2).

Mit dem klassischen Gütekriterium der Objektivität wird die Idee beschrieben, »Daten möglichst unabhängig von der forschenden Person zu erheben und auszuwerten« (Weydmann/Schreier 2023, 323). Für qualitative Forschung ist inzwischen anerkannt, dass die Interaktion der Forschenden mit den Beforschten – wie z. B. in der Herstellung einer Gesprächs- bzw. Interviewsituation – ein zentrales Merkmal im Forschungsprozess darstellt, das auch in unterschiedlichen Auswertungsmethoden Berücksichtigung findet (z. B. Weydmann 2023, 229; Garz/Raven 2015, 138 ff.). Qualitative Forschung ist dementsprechend ohne Subjektivität der Forscher:innen nicht denkbar, das Kriterium der Objektivität wird umgedeutet und auf die Erfordernisse qualitativer Forschung angepasst (▶ Kap. 16.6).

Die Frage der (vermeintlichen) Objektivität stellt sich auch im Schreibprozess: Noch immer besteht in der Regel die Erwartung an eine neutrale Schreibweise, mit der die handelnden Subjekte hinter ihrer Forschungsarbeit nicht sichtbar werden. Das zeigt sich in passivischen Formulierungen wie »Es konnte gezeigt werden, dass …« oder neutralen Zuschreibungen wie »Das Interview verdeutlicht, dass …« und »Man sieht in den Ergebnissen …«. Qualitative Forschungsarbeiten basieren allerdings grundlegend auf einem denkenden, fühlenden und handelnden Subjekt, das Sinnstrukturen freilegt, nachzeichnet und entfaltet. Diese Position kann durch entsprechende Wortwahl – nämlich eine aktive, das »ich« nutzende – in den Arbeiten sichtbar werden. Aufgrund der Erwartungshaltung vieler Prüfer:innen an neutrale Formulierungen kann dieses Spannungsfeld gerade mit Blick auf die Bewertung studentischer Abschlussarbeiten hier nicht aufgelöst werden. Daher geben wir den Rat, diesen Punkt unbedingt mit den Prüfenden zu besprechen und dabei abzugleichen, welche Textsorte erwartet wird: ein neutraler, ergebnisorientierter Forschungs- oder ein reflexiver Erfahrungsbericht zur Nachvollziehbarkeit der Forschungsleistung.

16.6 Ein Vorschlag zur Güte: Kriterien für die Bewertung

Gerade für Abschlussarbeiten, die qualitative Methoden nutzen und damit einen rekonstruktiven Zugang zu Phänomenen der Wirklichkeit ermöglichen, ist die Frage nach Erwartungen und Kriterien von besonderer Bedeutung, scheint doch die Bewertung dieser Arbeiten zunächst sehr subjektiv. Anhand welcher Kriterien lässt sich die ›Güte‹ einer Forschungsarbeit also bemessen? Hier bieten die grundsätzlich anerkannten Gütekriterien qualitativer Forschung einen ersten sinnvollen Zugang. Strübing (2013) hat Prämissen qualitativer Sozialforschung formuliert (ebd., 18 ff.), die einen wichtigen Orientierungsrahmen auch für studentische Forschungsarbeiten bilden.

> **Gütekriterien nach Strübing**
>
> - **Gegenstandsangemessenheit:** Forschungsdesign und -methoden sind an die jeweiligen Besonderheiten des Feldes angepasst.
> - **Offenheit:** Die Forschenden verzichten auf definitive Vorannahmen und bleiben offen gegenüber dem im Feld vorzufindenden Wissen.
> - **Kommunikation:** Die Forschung wird als sozialer, kommunikativer Prozess verstanden, in dem die Beforschten deutungsmächtige Akteur:innen sind.
> - **Prozesshaftigkeit:** Der Forschungsprozess besteht aus verschiedenen, aufeinander verweisenden Teilprozessen.
> - **Reflexivität:** Forschungsfrage und -gegenstand beziehen sich prozesshaft wechselseitig aufeinander, Bedeutungszuschreibungen entstehen aus unterschiedlichen Verweisungszusammenhängen.

An diese Prämissen anschließend und aufbauend auf die von Steinke (2010) formulierten Gütekriterien qualitativer Forschung, greifen wir im Folgenden die drei für uns zentralen Kriterien heraus und erläutern deren Bedeutung im Kontext der Bewertung qualitativer Abschlussarbeiten.

16.6.1 Gegenstandsangemessenheit

Die Gegenstandsangemessenheit zielt auf den inneren Begründungszusammenhang einer Arbeit: Ausgehend von den Forschungsfragen wird überprüft, ob deren innere Logik und ihr Sinnzusammenhang angemessen bearbeitet und in ihrer Komplexität angemessen dargestellt wurden.

Dazu gehört zentral die Angemessenheit der Methodenwahl: Sind die gewählten (Erhebungs- und Auswertungs-) Methoden für die Bearbeitung der Forschungsfrage stimmig? Eignen sie sich – auf methodologischer Ebene – dazu, Ergebnisse zur Aufklärung der Forschungsfragen zu erzielen? Die Darstellung in der Abschlussarbeit sollte dazu den sinnlogischen Zusammenhang zwischen Forschungsfragen,

Forschungsdesign sowie Erhebungs- und Auswertungsmethode(n) in den Blick nehmen. Hier gilt es, die Entscheidungs- und Auswahlprozesse zu dokumentieren und zu erläutern sowie zu reflektieren, inwiefern mit den gewählten Forschungsmethoden der Gegenstand tatsächlich erfasst werden kann (vgl. Schreier et al. 2023, 204).

16.6.2 Reflexivität

»Da ich mich als ›weiße‹ Autorin mit der Thematik auseinandersetze, werde ich zunächst in einer persönlichen Stellungnahme [...] die Wichtigkeit darlegen, seine eigene Position in der Auseinandersetzung mit Rassismus zu reflektieren und die Perspektive Betroffener zu betonen. Nur so kann eine rein fremdbestimmte Auseinandersetzung und somit eine mögliche Reproduktion von Macht- und Herrschaftsstrukturen vermieden werden« (Poppe 2022, 1).

Diese Verortung zu Beginn einer Bachelor-Thesis zu strukturellem Rassismus bei der Polizei (Poppe 2022) stellt die Notwendigkeit der reflexiven Auseinandersetzung mit der eigenen Positionierung und Perspektive als Verfasserin der Arbeit sehr deutlich heraus: Ein Thema, das aus hegemonialer Struktur heraus bearbeitet wird, bedarf notwendig der Reflexion der eigenen machtvollen Verwobenheit in die gesellschaftlichen Strukturen. Für qualitative Forschungsarbeiten stellt sich diese Frage nach der Verwobenheit in den eigenen Forschungsprozess darüber hinaus immer: Durch die zum Teil sehr eigenen Zugänge zum Forschungsgegenstand (wie Interviews, teilnehmende Beobachtungen, Gruppendiskussionen) entsteht über die Berücksichtigung der Konstitutionsmerkmale z. B. einer Interviewsituation hinaus (▶ Kap. 16.5) eine fortgesetzte wechselseitige Beeinflussung der Forschungssituationen: durch Sympathien/Antipathien, durch Vorannahmen über die Forschungsbeteiligten oder die Forschungssituation, durch eine Vorstellung von erwünschtem Verhalten in bestimmten Kommunikations- oder Handlungszusammenhängen, durch spezifische Gruppenkonstellationen, Störungen im Ablauf und vieles mehr.

Weydmann und Schreier (2023) beschreiben in diesem Zusammenhang Forschende als »*lebendige Forschungsinstrumente*« (ebd., 327, Herv. i. O.), die ihren je individuellen Zugang zum Gegenstand konstituieren. Für Abschlussarbeiten aus dem Bereich der Sozialen Arbeit wird die reflexive Auseinandersetzung mit den Bedingungs- und Entstehungsfaktoren einer Arbeit ohnehin vorausgesetzt werden, wird hier Reflexivität doch allgemein als personale Schlüsselkompetenz und Voraussetzung für Professionalität angesehen (vgl. Unterkofler 2019; Tiefel 2004, 116 ff.). Für die reflexive Auseinandersetzung im Forschungsprozess eignet sich z. B. ein Forschungstagebuch, in dem alle relevanten Ereignisse, Gefühle und Gedanken festgehalten werden können und das während der Verschriftlichung immer wieder herangezogen werden kann. Diese Reflexion der eigenen Deutungen, Wahrnehmungen, Emotionen oder Annahmen insbesondere in der Datenerhebung und -auswertung ist nicht nur notwendiger und methodologisch begründeter Arbeitsschritt im Prozess qualitativer Forschungsarbeit, sondern dient auch der Herstellung von intersubjektiver Nachvollziehbarkeit und Vertrauenswürdigkeit für die gesamte Arbeit.

16.6.3 Intersubjektive Nachvollziehbarkeit

Das Herstellen von intersubjektiver Nachvollziehbarkeit stellt nach Steinke (2010) eines der zentralen Gütekriterien qualitativer Forschung dar (vgl. ebd., 324), weil nur so die je eigene Dynamik einer Forschungsarbeit und des ihr innewohnenden Prozesses von Unbeteiligten verstanden werden kann. Dabei geht es um die begründete Darstellung aller Verfahrensentscheidungen und -schritte. Weydmann und Schreier (2023) benennen die Verbindung von Forschungsprozess, Datenmaterial und Interpretation bzw. Rekonstruktion als zentral für die Dokumentation und damit die intersubjektive Nachvollziehbarkeit (vgl. ebd., 329). Steinke (2010) arbeitet u. a. folgende Aspekte als notwendig für die Dokumentation heraus (vgl. ebd., 324):

- das eigene Vorverständnis,
- die Erhebungs- und Auswertungsmethoden und den Kontext der Datenerhebung,
- die Daten selbst,
- alle Informationsquellen,
- Entscheidungen und Probleme, vor denen der: die Forscher:in stand,
- die Kriterien, denen die eigene Arbeit genügen soll.

Die Kontrolle der Nachvollziehbarkeit übernehmen die Lehrenden in der Begutachtung der Arbeit. Sie überprüfen anhand der vorliegenden Aufzeichnungen – also der Abschlussarbeit selbst – die logische Nachvollziehbarkeit der dokumentierten Entscheidungen und Interpretationen (Weydmann, Schreier 2023, 329).

Ein weiterer wesentlicher Aspekt im Zusammenhang intersubjektiver Nachvollziehbarkeit ist der Umgang mit scheinbar unzureichenden Ergebnissen. Viele Studierende gehen davon aus, dass gute Bewertungen nur bei Vorliegen entsprechend ›guter‹ Studienergebnisse zu erreichen sind. Hierbei handelt es sich allerdings um eine Fehlannahme: Gerade bezogen auf studentische Abschlussarbeiten geht es vielmehr um das konsistente Verfolgen einer Forschungsfrage und um das methodologisch – dem Gegenstand angemessene – Vorgehen zu ihrer Beantwortung (▶ Kap. 16.6.1). Die Ergebnisse sind hier von nachgelagerter Bedeutung, ein ›Scheitern‹ gibt es nicht. Das bedeutet: Auch ›gescheiterte‹ Forschungsprojekte sind gleichermaßen als sehr gute zu bewerten, wenn sie konsistent und stimmig ausgeführt wurden und entsprechend nachvollziehbar dargestellt sind. Das ist z. B. dann der Fall, wenn eigene Fehler (wie fehlendes oder suggestives Nachfragen im Interview, eine unpassende Fallauswahl oder Ähnliches) in der Darstellung offen thematisiert und als Begrenzungen auf der Erkenntnisebene reflektiert werden. Diese Darstellung erhöht gleichzeitig die Vertrauenswürdigkeit (Trustworthiness) in den Forschungsbericht bzw. die Abschlussarbeit und hängt eng zusammen mit der Reflexivität des:der Studierenden (▶ Kap. 16.6.2). Nur wenn ein nachvollziehbarer und sinnlogischer Zusammenhang hergestellt wird – das Vorgehen in der Arbeit also reflexiv betrachtet wird und intersubjektiv nachvollziehbar ist – kann Vertrauenswürdigkeit hergestellt werden.

Besondere Aufmerksamkeit erfährt zudem die Darstellungsform qualitativer Abschlussarbeiten. Im Unterschied zu reinen Literaturarbeiten oder quantitativen Untersuchungen geht es hier auch um die Nachvollziehbarkeit der Logik des Forschungsprozesses: Wie bin ich vorgegangen? Warum habe ich bestimmte Entscheidungen getroffen? Welche weiteren Faktoren haben meinen Forschungsprozess beeinflusst? Welche Vorannahmen sind wie in die Untersuchung eingeflossen? Hier wird deutlich, dass die verschriftlichte Darstellung auch in Bezug auf die intersubjektive Nachvollziehbarkeit andere Formen annehmen kann: Es geht um eine erzählende Logik, die sich zwischen Prozessorientierung, Reflexivität und sachlicher Argumentation bewegt.

Um das Kriterium der intersubjektiven Nachvollziehbarkeit und die innere Logik der eigenen Argumentation zu testen, bietet es sich an, einen (fiktiven) Brief an eine – nichtakademische – nahestehende Person zu schreiben, indem von der Abschlussarbeit erzählt wird: Was möchte ich herausfinden, wie finde ich es heraus und was kann ich am Ende zu meinem Thema sagen? Die Komplexität des eigenen Themas auf eine einfache, verständliche Sprache herunterzubrechen, kann mögliche Unstimmigkeiten in der Argumentation freilegen und damit eine neue Perspektive auf die Nachvollziehbarkeit auch der eigenen Darstellung ermöglichen.

16.7 Schlussbemerkung

In der Darstellung und Diskussion möglicher Bewertungskriterien sollte deutlich geworden sein, dass die vielfach üblichen normativen deduktiven Bewertungskriterien – also Kriterien, die aus allgemeinen Grundsätzen abgeleitet und für eine Vielzahl von Arbeiten verwendet werden – für die Anwendung auf qualitative Abschlussarbeiten wenig zielführend sind. Eine erste Orientierung bieten die Gütekriterien der qualitativen Forschung. Doch auch sie verpassen die Wertschätzung subjektiver Lern- und Bildungsprozesse der Studierenden, die nur mit induktiv entwickelten – also auf das je konkrete Forschungsvorhaben angepassten – Kriterien erfassbar wären. Daher kommt der Betreuungssituation und dem Austausch mit den Betreuer:innen eine besondere Bedeutung zu. Studentische Abschlussarbeiten sind Qualifizierungsarbeiten – Sie dürfen also auch hier dazulernen. Dazu gehört, eine Menge Fragen zu stellen, die Rückmeldungen zu verarbeiten und damit das eigene Vorgehen mit dem – ja nicht unwichtigen – Erwartungshorizont der Prüfer:innen abzugleichen. Und dennoch sollte es weiterhin vorrangig um das Aufzeigen der eigenen Perspektive der Arbeit gehen: Write your own statement! Und: Ja, das ist Wissenschaft. So genau und detailliert wie möglich und nötig vom eigenen Vorgehen berichten.

Uns bleibt abschließend Hoffnung zu formulieren: die Hoffnung auf einen Wandel in der Sicht auf Lehren, Lernen und Bildungsprozess – und damit auch die Hoffnung auf einen Wandel in der Bewertungskultur, in der auch die Perspektive der Studierenden Berücksichtigung findet. Der erste und wichtigste Schritt dafür ist der Austausch mit Ihren Prüfenden. Nehmen Sie Angebote der Betreuung wahr, und gehen Sie ins Gespräch. Warum geben Sie Ihren Prüfer:innen nicht eigene Bewertungskriterien an die Hand, die Sie gemeinsam diskutieren und prüfen, und die dann der Maßstab für die Begutachtung Ihrer Arbeit werden? Fragen Sie nach unumgänglichen Do's und Don'ts und nehmen Sie das als Grundlage für ein Gespräch über die eigenen Relevanzsetzungen, also für das, was Ihnen essentiell wichtig ist. Forschung ist Kommunikation!

Literatur

Alice Salomon Hochschule Berlin (2019): Amtliches Mitteilungsblatt. 2. Änderung der Rahmenstudien- und -prüfungsordnung (RSPO) der »Alice-Salomon«-Hochschule für Sozialarbeit und Sozialpädagogik Berlin. Rektorin der »Alice-Salomon« Hochschule für Sozialarbeit und Sozialpädagogik. Online verfügbar unter https://www.ash-berlin.eu/fileadmin/Daten/Gemeinschaftsordner/Satzungen/ASHBerlin_Rahmenstudien-und-pruefungsordnung_RSPO.pdf, Zugriff am 06.06.2023.

Buff Keller, E., Jörissen, S. (2015): Abschlussarbeiten im Studium anleiten, betreuen und bewerten. Opladen/Toronto: Budrich.

Hellmers, K. (2022): Die Anwendung von Stufenmodellen in der stationären Kinder- und Jugendhilfe – eine kritisch-reflexive Auseinandersetzung. Unveröff. Bachelor-Thesis. Wilhelmshaven.

Poppe, G. (2022): Struktureller Rassismus bei der Polizei – Eine kritische Auseinandersetzung am Beispiel von Racial Profiling. Unveröff. Bachelor-Thesis. Wilhelmshaven.

Schreier, M., Echterhoff, G., Bauer, J., Weydmann, N., Hussy, W. (2023): Forschungsmethoden in Psychologie und Sozialwissenschaften für Bachelor. Berlin: Springer.

Steinke, I. (2010): Gütekriterien qualitativer Forschung. In: u. Flick, E. v. Kardorff, I. Steinke (Hrsg.), Qualitative Forschung. Ein Handbuch (8. Auflage) (319–331). Reinbek bei Hamburg: Rowohlt.

Strebel, F., Gürtler, S., Hulliger, B., Lindeque, J. (2021): Laissez-faire or Guidance? Effective Supervision of Bachelor Theses. Studies in Higher Education, 46 (4), 866–884: DOI: 10.1080/03075079.2019.1659762.

Strübing, J. (2013): Qualitative Sozialforschung. Eine komprimierte Einführung für Studierende. München: Oldenbourg.

Tiefel, S. (2004): Auf dem Weg zu einer pädagogischen Beratungstheorie? Ein empirisch generiertes Modell zu professioneller Reflexion in der Beratungspraxis. In: M. Fabel, S. Tiefel (Hrsg.), Biographische Risiken und neue professionelle Herausforderungen (107–128). Wiesbaden: Springer VS.

Unterkofler, U. (2019): Das war mir zu theoretisch … Soziale Arbeit, 68 (1), 2–8

Weydmann, N., Schreier, M. (2023): Bewertung qualitativer Forschung. In: M. Schreier, G. Echterhoff, J. F. Bauer, N. Weydmann, W. Hussy: Forschungsmethoden in Psychologie und Sozialwissenschaften für Bachelor (321–338). Berlin: Springer.

Weydmann, N. (2024 i. E.): Reflexive Forschungsperspektiven zwischen Erwartung, Selbsterkenntnis und der Angst vor der eigenen Verletzlichkeit. In: S. Kessler, K. König (Hrsg.), Scheitern in Praxis und Wissenschaft der Sozialen Arbeit: Reflexions- und Bewältigungspraktiken von Fehlern und Krisen. Weinheim: Beltz Juventa.

Wilhot, T. (2012): Die Freiheit der Forschung. Frankfurt am Main: Suhrkamp.

17 Die Forschungsfrage – zentrales Moment der Erstellung und Bewertung einer Qualifizierungsarbeit

Katrin Keller & Kim Moskopp

17.1 Einleitung

Der Beitrag befasst sich mit der vielfach unterschätzten Bedeutsamkeit der Entwicklung einer adäquaten Forschungsfrage für eine Abschlussarbeit im Bereich der Sozialen Arbeit. Diese Bedeutsamkeit wird aus den Perspektiven von Bewerter:innen und Studierenden dargestellt. Für die Bewertung gilt es zunächst zu beachten, dass die wissenschaftlichen Spezifika der Sozialen Arbeit bei der Aufstellung einer Forschungsfrage Berücksichtigung finden. Darüber hinaus müssen Forschungsfrage, Gliederung und Titel einer Abschlussarbeit eine Konsistenz aufweisen: Dabei sollte sowohl die Gliederung aus der Forschungsfrage als auch die Forschungsfrage aus der Gliederung ableitbar sein. Der gleiche Zusammenhang gilt für den Titel und die Forschungsfrage. Für die Bewertenden ergeben sich also bereits aus der strukturellen Betrachtung einer Abschlussarbeit wesentliche erste Kriterien für eine Einschätzung. Für eine gelingende Erarbeitung der Forschungsfrage kann eine Orientierung an den SMART-Kriterien hilfreich sein. Dies umfasst die Analyse, inwiefern eine spezifische, messbare, attraktive, realistische und terminierte Konkretion vorliegt.

Aus der Perspektive der Studierenden steht oft die praxisnah formulierte Vorgehensweise zur Aufstellung einer Forschungsfrage im Vordergrund. Neben der Beachtung der Gütekriterien, die kurz aufgegriffen werden, wird in den »Wirkkreis der Forschung« eingeführt: Hier werden die einzelnen Schritte vorgestellt, die es aus Sicht von Absolvent:innen zu leisten gilt, damit die vorgestellten Ansprüche an Forschungsfrage und Gliederung erfüllt werden können. Dass diese Prozesse die Investition von Zeit und Muße bedeuten und in stete Reflexionsschleifen münden, ist bekannt; so wird abschließend die hierfür benötigte »diskursorientierte Reflexionskompetenz« vorgestellt, wobei die Möglichkeit eines Checks zur Selbsteinschätzung gegeben wird.

Insgesamt soll der Beitrag die tragende Rolle der Forschungsfrage hervorheben und gleichzeitig aufzeigen, welche Konsequenzen dies nach sich zieht. Eine begleitende Weiterentwicklung der eigenen diskursorientierten Reflexionskompetenz wird als hilfreich dafür angesehen, den eigenen Forschungsprozess begleiten und gestalten zu können.

17.2 Perspektive von Dozierenden

Aus Perspektive der Bewertenden einer Abschlussarbeit im Bereich der Sozialen Arbeit wird im Folgenden auf die Bedeutsamkeit der Entwicklung einer adäquaten Forschungsfrage eingegangen. Inwiefern dabei auch ein Zusammenhang zwischen der Forschungsfrage und der Gliederung sowie dem Titel besteht, wird ebenfalls erläutert.

17.2.1 Die Forschungsfrage als ein zentraler Aspekt der Bewertung einer wissenschaftlichen Abschlussarbeit in der Sozialen Arbeit

Das wissenschaftstheoretische Spektrum der Sozialen Arbeit ist facettenreich und umfasst vielfältige Ebenen und Diskurse (vgl. Birgmeier/Mührel 2011, 27 ff.). Dies betrifft nicht nur die Arbeits- und Forschungsfelder und deren Inhalte, sondern auch die daran beteiligten Zielgruppen und Adressat:innen (vgl. Franz/Unterkofler 2021, 13 ff.). Trotz dieser heterogenen Zugänge scheint es *einen* Konsens zu geben: das grundsätzliche Verständnis der Sozialen Arbeit als praxis- und anwendungsorientierte Handlungswissenschaft (vgl. Birgmeier/Mührel 2011, 102):

> »Handlungswissenschaften sind Wissenschaften, mit denen bestimmte Facetten menschlicher Handlungen erforscht werden und aus denen Erkenntnisse zu menschlichen Handlungen in (Handlungs-)Theorien gebündelt werden können« (ebd., 104).

Daraus leiten sich für Forschungsarbeiten im Bereich Sozialer Arbeit u. a. zwei unterschiedliche Ebenen ab: Zum einen Debatten über menschliche Handlungen und zum anderen Diskurse darüber, *wie* menschliche Handlungen sein könnten bzw. sein sollten, um bestimmte Ziele erreichen zu können (vgl. ebd.). Fast immer aber wird auf die eine oder andere Weise ein Bezug zur menschlichen Handlung und damit zur beruflichen Praxis gegeben sein. Dass diese im Rahmen einer Abschlussarbeit kaum in ihrer Gänze und Vielschichtigkeit, sondern immer nur ausschnitthaft abbildbar sein kann, ist evident. Hieraus lässt sich auch die besondere Bedeutung einer adäquaten Forschungsfrage für die Bewertung einer Abschlussarbeit im Bereich der Sozialen Arbeit ablesen: Es sollte Ziel dieser Forschungsfrage sein, gleichzeitig die benannten Ebenen der Sozialen Arbeit als Wissenschaft abzudecken und eine Fokussierung von Theorie und Praxis zu gewährleisten. Anhand der Qualität der Forschungsfrage lässt sich somit oft bereits die Qualität der darauf aufbauenden Abschlussarbeit einschätzen. Welche Kriterien aber sind es, die aus Sicht der Dozierenden eine gute und adäquate Forschungsfrage ausmachen?

17.2.2 Kriterien einer adäquaten und SMARTen Forschungsfrage

Eine Forschungsfrage muss mehreren Kriterien genügen: Zunächst sollte sie adäquat sein in Bezug auf die Wissenschaftlichkeit im Allgemeinen und die Wissenschaft der Sozialen Arbeit im Speziellen. Eine mögliche Hilfestellung durch die oben erwähnten Kriterien der SMART-Formel wird im Folgenden aufgezeigt.

Betrachtet man eine Abschlussarbeit im Modell eines Filters, so symbolisiert die Forschungsfrage den schmalsten Teil: Sie ist es, die dafür Sorge trägt, welche Inhalte letztlich Einzug in die Arbeit finden. Umso wichtiger ist es also, der Forschungsfrage ausreichend Zeit und Aufmerksamkeit zu widmen, um die inhaltliche Eingrenzung gewährleisten zu können.

Dass die Forschungsfrage nicht nur von persönlichem, sondern auch von wissenschaftlichem Interesse sein muss, ist offensichtlich. Sie sollte mehrperspektivisch sein und daher die Möglichkeit für unterschiedliche Argumentationslinien eröffnen. Darüber hinaus sollte sie den Forschungsschwerpunkt so genau wie möglich fokussieren, was mithilfe unterschiedlicher Eingrenzungskriterien ermöglicht werden kann, von denen hier einige Beispiele vorgestellt werden.

Wenn sich die Abschlussarbeit in einem spezifischen theoretischen Rahmen bewegt, dann bietet es sich an, diesen innerhalb der Forschungsfrage kenntlich zu machen. Auch das Arbeitsfeld, die damit verbundenen Institutionen sowie die Zielgruppe können große Relevanz für die Forschungsfrage haben. Wenn zeitliche, theoretische, institutionelle oder ähnliche Vergleiche bewertet werden sollen, sollten diese umfänglich in der Forschungsfrage aufgeführt sein.

Folgendes Beispiel einer Forschungsfrage soll die aufgeführten Kriterien verdeutlichen:

> »Inwiefern lassen sich Unterschiede und Gemeinsamkeiten der Beratung schwangerer Migrantinnen aus systemisch-konstruktivistischer und befähigungsorientierter Perspektive beschreiben?«[1]

Hierin finden sich alle wesentlichen Informationen wieder: Es soll ein Vergleich einer konkreten Zielgruppe aus zwei unterschiedlichen theoretischen Ebenen heraus durchgeführt werden. Zudem werden die oben erörterten Charakteristika der Sozialen Arbeit beachtet: Zum einen wird das Beratungshandeln im Praxisfeld aufgegriffen und in den Rahmen zweier unterschiedlicher theoretischer Positionen gesetzt. Zum anderen wird deutlich, dass es hierbei auch zu einer Diskussion um unterschiedliche Annahmen darüber kommt, wie die Qualität der Beratung in den Einzelfällen einschätzbar sein kann und wie diese sein sollte. Ergänzend sind die Kriterien der SMART-Formel einbezogen worden: Die Forschungsfrage ist so *spezifisch* formuliert, dass das Forschungsziel, der Forschungsgegenstand sowie der Fokus der Abschlussarbeit eindeutig erkennbar sind. Inwiefern das Kriterien der *Messbarkeit* zu Beginn des Forschungsprozesses feststeht oder sich parallel zur Ent-

---

1 Es handelt sich hierbei um eine fiktive, exemplarische Forschungsfrage; bei einem realistischen Forschungsprojekt könnte der Name der Institution ergänzt werden.

wicklung der Forschungsfrage generiert, ist in der Praxis unterschiedlich: Zu entscheiden ist grundsätzlich, ob es sich um eine theoretisch oder empirisch orientierte Abschlussarbeit handeln soll. Ohne an dieser Stelle eine Diskussion über die jeweiligen forschungsmethodischen Zugänge eröffnen zu können, soll kurz gesagt sein, dass in beiden Fällen Hinweise zur wissenschaftlichen Vorgehensweise gegeben werden sollten. Theoretisch orientierte Arbeiten können bspw. als philosophische, hermeneutische oder historische Rekonstruktion gekennzeichnet werden. Bei empirisch ausgerichteten Arbeiten bietet sich oft eine Angabe der Forschungsmethode in der Forschungsfrage oder dem Titel der Abschlussarbeit an.[2]

Die zwei Ebenen der *Attraktivität* der Forschungsfrage wurden schon angesprochen: Die Frage repräsentiert das wissenschaftliche und das individuelle Interesse (der Schreibenden und der potentiell Lesenden). Besonders zu beachten ist die *Realisierbarkeit* des Forschungsprojekts, vor allem in Verbindung mit der *Terminierung*: Hier gilt es, die Balance zwischen wissenschaftlichen, individuellen und organisatorischen Gegebenheiten und Notwendigkeiten zu halten.

Eine Forschungsfrage in diesem Sinne adäquat und smart zu gestalten, bringt einige Mühen mit sich: Neben einer umfassenden wissenschaftlichen Recherche zu Inhalt und Methode werden Abstimmungen mit den betreuenden Personen nötig sein. Dennoch lohnen sich diese Investitionen: Dass sich für die bewertenden Dozent:innen das Ziel und der Gegenstand der Abschlussarbeit direkt erschließt, wurde bereits aufgegriffen. Dass sich sowohl die Gliederung als auch der Titel von der Forschungsfrage ableiten lassen, ist bei Studierenden meist weniger bekannt.

17.2.3 Zusammenhang von Forschungsfrage, Gliederung und Titel

Die Gliederung der Abschlussarbeit muss – um die Forschungsfrage umfassend zu reflektieren – alle Aspekte der Forschungsfrage beinhalten. Für die Bewertenden bedeutet dies, dass sich aus einer guten Gliederung die Forschungsfrage der Abschlussarbeit bereits ablesen lässt. Die Forschungsfrage und die Gliederung bedingen sich also gegenseitig, müssen daher ineinandergreifen und eine Konsistenz aufweisen: Dabei sollte sowohl die Forschungsfrage von der Gliederung als auch die Gliederung von der Forschungsfrage ableitbar sein. Sind diese Kriterien nicht erfüllt, so bedeutet dies meist, dass entweder einer der beiden Bereiche unvollständig bzw. unspezifisch formuliert wurde oder dass die Konsistenz der Abschlussarbeit nur teilweise gegeben ist.

Ähnliches gilt für den Zusammenhang zwischen der Forschungsfrage und der Betitelung der Abschlussarbeit: Aus dem Titel der Arbeit sollte die Forschungsfrage genauso ableitbar sein, wie sich aus der Forschungsfrage der Titel ergeben sollte.

---

2 Für unsere Forschungsfrage ließe sich bspw. der Zusatz »Eine qualitative Analyse exemplarischer Einzelfälle« ergänzen.

> Insgesamt kann konstatiert werden, dass die Bedeutung der Forschungsfrage kaum zu überschätzen ist: Aus ihr ergeben sich das methodische Design und der Forschungsaufbau. Dass aber Studierende anhand der Zusammenhänge zwischen Forschungsfrage, Gliederung und Titel selbst eine Überprüfung der Konsistenz und Tragfähigkeit ihres Forschungsvorhabens einleiten können, ist vielen nicht bewusst.

17.3 Perspektive von Studierenden

Um die obig beschriebenen Prozesse während der Abschlussarbeit eigenständig gestalten zu können, sind auch inhaltliche Kenntnisse über die Konzeptentwicklung vonnöten, die im Folgenden aus der Perspektive von Studierenden aufgegriffen werden. Darauf aufbauend wird der Wirkkreis der Forschung als Modell vorgeschlagen, um Absolvent:innen eine Abfolge von Arbeitsschritten für die Erarbeitung einer Abschlussarbeit vorzuschlagen. Die Erläuterungen münden abschließend in die diskursorientierte Reflexionskompetenz: Diese ist dafür geeignet, sowohl den Aufbau und die stete Weiterentwicklung der Forschungsfrage als auch (darauf aufbauend) die Genese des Forschungsprojekts der Abschlussarbeit zu unterstützen.

17.3.1 Bedeutsamkeit einer Konzeptentwicklung für die wissenschaftliche Abschlussarbeit

Eine wissenschaftliche Abschlussarbeit anzufertigen, bedeutet für Studierende u. a.:

1. Ein bestimmtes und somit SMARTes Thema zu finden.
2. Quellen und Material zu diesem Thema zu sammeln
3. Diese Quellen zu ordnen/zu strukturieren.
4. Das Thema/den Forschungsgegenstand unter Berücksichtigung des gesammelten Materials zu überprüfen.
5. All diese Gedanken in einen Kausalzusammenhang zu bringen.
6. Alles dies in einer Art und Weise zu tun, dass diejenigen, die das Ergebnis lesen und begutachten, verstehen können, was der:die Autor:in sagen wollte, und bei Bedarf auf das gleiche Material zurückgreifen könnte, wenn er:sie über das Thema forschen möchte (vgl. Eco 2003, 12).

Dazu ist es notwendig, dass die Arbeit auch den wissenschaftlichen Gütekriterien gerecht wird und diese immer wieder als Korrektiv herangezogen werden.

> **Hauptgütekriterien einer wissenschaftlichen Arbeit**
>
> - **Objektivität**
>   als das Ausmaß, in dem ein Untersuchungsergebnis in Durchführung, Auswertung sowie Interpretation vom Untersuchungsleiter nicht beeinflusst werden kann; eine andere Person würde also zu dem gleichen oder zumindest einem sehr ähnlichen Ergebnis kommen.
> - **Reliabilität (Zuverlässigkeit)**
>   als Zuverlässigkeit einer Messmethode. Eine Untersuchung wird dann als reliabel bezeichnet, wenn es bei einer Wiederholung der Messung unter denselben Bedingungen und an denselben Gegenständen zu demselben Ergebnis kommt; der:die Absolvent:in würde also bei erneuter Messung wieder zum gleichen Ergebnis kommen.
> - **Validität (Gültigkeit)**
>   als das Testgütekriterium, denn es gibt den Grad einer Genauigkeit an, mit dem eine Untersuchung das erfasst, was sie erfassen soll und nicht etwas anderes.

Ergänzt werden diese Kriterien oftmals durch folgende Nebenkriterien: *Testökonomie* (Wirtschaftlichkeit), Nützlichkeit und Normierung. Das Gütekriterium der Testökonomie bezieht sich auf die Wirtschaftlichkeit z. B. eines Fragebogens und wird durch die Kosten bestimmt, die bei einer Testung entstehen. Meist stimmen die Interessen von Testpersonen, Auftraggeber:innen und Testleiter:innen in dem Anliegen überein, für die Konstruktion sowie den Einsatz eines Routineverfahrens keinen überhöhten Aufwand zu betreiben. Allerdings lassen sich oftmals die Kosten nicht beliebig niedrig halten, ohne dass andere Gütekriterien darunter leiden. Im Weiteren wird das Gütekriterium der *Nützlichkeit* z. B. eines Fragebogens gegeben, wenn das von ihm gemessene Merkmal praktische Relevanz aufweist und ebenso die auf seiner Grundlage getroffenen Entscheidungen (Maßnahmen) mehr Nutzen als Schaden hervorrufen. Ein Fragebogen gilt als *normiert* (geeicht), wenn für ihn ein Bezugssystem erstellt wurde, mit dessen Unterstützung die Ergebnisse eines Fragebogens – im Vergleich zu den Merkmalsausprägungen anderer der Zielgruppe – eindeutig eingeordnet und interpretiert werden können.

17.3.2 Orientierung am Wirkkreis der Forschung

Mit den Gütekriterien als Forschungsmaxime wird in den Wirkkreis der Forschung als Orientierung eingestiegen, der die Konsequenzen für die Entwicklung eines Konzepts einer Abschlussarbeit aufzeigt. Die Orientierung am Wirkkreis der Forschung gilt als Fokussierung auf die konsistente Entwicklung von Forschungsfrage, Gliederung und Titel.

Zunächst einmal steht die Forschungsfrage entlang der ›SMART-Logik‹ als Einstieg in den Planungsprozess. Die Planung umfasst die Vorbereitung für zukünftiges Forschen. Sie legt vorrausschauend fest, auf welchen Wegen, mit welchen Schritten, in welcher zeitlichen und sachlogischen Abfolge, unter welchen Rahmenbedingungen und mit welchen Methoden das SMARTe Ziel erreicht werden soll (▶ Abb. 17.1). Dazu werden im nächsten Schritt Indikatoren zur Beantwortung der Forschungsfrage festgelegt, sodass im darauffolgenden Schritt eine Auswahl von Methoden und Forschungsgegenstand ermöglicht wird. Sobald dies erfolgt ist, kann die Rahmentheorie – die richtungsweisende Theorie – dargelegt werden. Hier spätestens ist es ratsam, mit der Betreuungsperson in den intensiven, diskursorientieren Dialog einzusteigen. Als nächster Schritt wird eine Gliederung entworfen, die im Anfangsprozess immer wieder umgestellt oder konkretisiert werden kann. Mit dieser Anleitung steht dem wirksamen, SMARTen und klaren Forschen im Kontext des wissenschaftlichen Arbeitens nichts mehr im Wege.

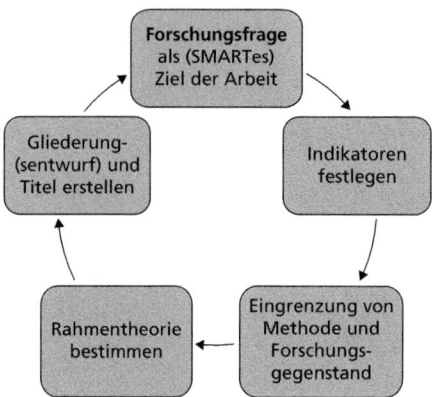

Abb. 17.1: Wirkkreis der Forschung (eigene Darstellung)

Dieser Orientierungskreis (▶ Abb. 17.1) kann eine Herausforderung sein, die immer wieder zu Dialogen, Diskursen und Diskussionen mit sich selbst und der Betreuungsperson führen darf. Auch wird empfohlen, dass die Studierenden dazu in den wissenschaftlichen kollegialen Austausch gehen, um die individuelle Reflexionskompetenz zu schärfen.

17.3.3 Förderung von diskursorientierter Reflexionskompetenz

Für die Erarbeitung und Schärfung der Forschungsfrage, wie sie der Wirkkreis der Forschung erfordert, wird die Förderung der diskursorientierten Reflexionskompetenz als hilfreich angesehen. Dieser Abschnitt stellt das Konzept dieser Kompetenz vor und ermöglicht einen Selbstcheck, damit Studierende den Prozess der Kompetenzentwicklung (auch) eigenständig reflektieren können.

Kompetenzentwicklung birgt ein dynamisches Konzept für die Entwicklung subjektiver (Handlungs-)Potentiale in unterschiedlichen Gesellschaftsbereichen, so auch in der wissenschaftlichen Diskursorientierung. Für die Gestaltung wirksamer Bildungsabschlüsse ist ein abgestimmtes Zusammenspiel zwischen individuellen und organisationalen Zieldimensionen damit unweigerlich als Katalysator für den Prozesserfolg zu sehen. Ausgehend von einem Kompetenzverständnis, das Wissen, Fähigkeiten, Erfahrungen, individuelle Emotionen, Motivationen und Willenskräfte einschließt, wird die:der Einzelne zur situativ selbstorganisierten Handlung befähigt. Die Perspektive der:des Lernenden/Studierenden und die wachsende Eigenverantwortung der:des Einzelnen für den individuelle Bildungs- und Qualifikationsweg wird somit zunehmend in den Mittelpunkt gerückt und am Ende eines Studiums auf der Basis der Abschlussarbeit überprüft. Verfasser:innen wissenschaftlicher Texte benötigen eine reife reflektierte Persönlichkeit, um in spezifischen Situationen angemessen handeln zu können, wobei praktische Fertigkeiten insbesondere im beruflichen Alltag nicht außer Acht gelassen werden dürfen.

Reflexionskompetenz können wir in diesem Kontext als die subjektive Fähigkeit verstehen, eigene Handlungen und Gedanken prozessual zu hinterfragen, zu bewerten und daraus Schlussfolgerungen – zunächst für die Abschlussarbeit und zugleich zukünftige Situationen – zu ziehen.

Abschließend wird eine Art ›Checkliste‹ eingefügt, der es den Lesenden ermöglicht, einen kurzen Überblick zu erhalten und eine eigenständige Kompetenzentwicklung einzuleiten (▶ Tab. 17.1).

Tab. 17.1: Diskursorientierter Reflexionskompetenz – Selbstcheck

Ausprägung	Reflexion & Lernprozess
1 – sehr schwach	Reflexion: hinterfragt sich und seine:ihre Handlungen nicht, zeigt narzisstische Tendenzen und/oder Arroganz Lernprozess: lernt nicht aus vergangenen Situationen, verändert das eigene Verhalten nicht
2 – schwach	Reflexion: hinterfragt sich nur selten, ist sorglos oder von den eigenen Handlungen stets überzeugt Lernprozess: passt sein:ihr Verhalten kaum an, erkennt nur selten eigenes Fehlverhalten an
3 – mittel	Reflexion: hinterfragt sich angemessen und denkt über das eigene Verhalten nach; stellt sich ab und an in Frage und zweifelt an der eigenen Wirksamkeit Lernprozess: lernt aus sich wiederholenden Situationen, zieht passende Schlüsse und passt Verhalten an
4 – stark	Reflexion: reflektiert regelmäßig über sich und sein:ihr Verhalten, versucht dabei, freundlich mit sich selbst zu bleiben und sich nicht zu verurteilen Lernprozess: lernt konsequent aus der Selbstreflexion und passt Verhalten in regelmäßigen Abständen an
5 – sehr stark	Reflexion: geht nach wichtigen Situationen geplant und konsequent in sich, analysiert selbstwerterhaltend diese Situationen und geht freundlich mit sich selbst um Lernprozess: nimmt jede Situation als eine Lerngelegenheit war und passt das eigene Verhalten konsequent an; hat den Anspruch, stets ein bisschen besser zu werden

Eigene Darstellung

17.4 Fazit

Der Beitrag hat gezeigt, dass Studierende einen großen Beitrag zur Überprüfung der Konsistenz ihrer Arbeit eigenständig vornehmen können: Die referierten Zusammenhänge zwischen der Forschungsfrage und der Gliederung sowie dem Titel der Abschlussarbeit ermöglichen dies. Dabei zu beachten sind ebenfalls wissenschaftliche Kriterien. Eine mögliche Vorgehensweise wird im Wirkkreis der Forschung vorgestellt. Um all diese Anforderungen (eigenständig) bewältigen zu können, wird in das Konzept der diskursorientierten Reflexionskompetenz eingeführt. Ein Kompetenzgewinn in diesem Bereich steht in einem Bezug zu gegenwärtigen und zukünftigen Tätigkeitsbereichen. Eine Identifikation spezifischer Kompetenzziele im curricular-beruflichen Kontext, die erstens die Handlungsfelder der Zielgruppe berücksichtigt, zweitens nach den zentralen Handlungsbereichen fragt und drittens die dortigen zentralen Kompetenzbereiche analysiert, stellt das Fundament einer wissenschaftlich begründeten Abschlussarbeit dar (vgl. Seufert 2013, 228).

Folgt nun ein vertiefter Blick von der strategischen auf die didaktische Ebene, d. h. von der Konzeptions- auf die Umsetzungsebene, wird deutlich, dass informelle Lernprozesse in enger Verzahnung zur Kompetenzentwicklung stehen und eine ›Just-in-Time‹-Entwicklung derer in der Lebens- und Arbeitswelt realisieren – auch oder insbesondere in Prozess der eigenen wissenschaftlichen Abschlussarbeit. Der Wert von Erfahrungen/Erfahrungswissen im Alltag fördert eine Verschiebung formeller Lernkontexte zu informellen Lernkontexten zugunsten handlungs- und kompetenzorientierter Lernprozesse, die den individuellen Bedarf des:der Lernenden berücksichtigen. Der Kontakt verschiedener Wissensgenerationen und/oder -disziplinen ermöglicht eine enge Verzahnung, Prüfung und Entwicklung individueller Handlungsmuster und wird durch eine SMARTe sowie reflexive Auseinandersetzung mit einer vertiefenden Thematik geschärft.

Literatur

Birgmeier, B., Mührel, E. (2011): Wissenschaftliche Grundlagen der Sozialen Arbeit. Schwalbach/Ts.: Wochenschau.

Eco, U. (2003): Wie man eine wissenschaftliche Abschlussarbeit schreibt (10. Auflage). Stuttgart: UTB.

Erpenbeck, J. (2007): KODE – Kompetenz-Diagnostik und -Entwicklung. In: J. Erpenbeck, L. v. Rosenstiel (Hrsg.), Handbuch Kompetenzmessung. Erkennen, verstehen und bewerten von Kompetenzen in der betrieblichen, pädagogischen und psychologischen Praxis (489–503). Stuttgart: Schäffer-Poeschel.

Franz, J., Unterkofler, U. (2017): Zur Einleitung: Ein Forschungsethikkodex für die Soziale Arbeit. In: J. Franz, U. Unterkofler (Hrsg.), Forschungsethik in der Sozialen Arbeit (11–24). Opladen: Budrich.

Seufert, S. (2013): Bildungsmanagement. Einführung für Studium und Praxis. Stuttgart: Schäffer-Poeschel.

18 Erstens kommt es anders und zweitens als man denkt – Leitfadeninterviews und qualitative Inhaltsanalysen in Abschlussarbeiten

Stefanie Vogt & Melanie Werner

18.1 Einleitung

Am Ende eines Studiums steht eine Abschlussarbeit, mit der Studierende zeigen, dass sie sich wissenschaftlich mit einem Gegenstand auseinandersetzen können. Meistens entscheiden sich Studierende für eine Literaturarbeit oder eine empirische Arbeit (Werner/Vogt/Scheithauer 2017, 11 f.). Auch wenn beide Arbeiten eigene Erkenntnisse generieren und gleichwertig nebeneinanderstehen, so ist die empirische Abschlussarbeit meist aufwendiger und das Risiko zu scheitern größer: Denn über die Auseinandersetzung mit Literatur hinaus, muss sich der:die Student:in mit der Forschungsmethodik auseinandersetzen, er:sie muss Interviewpartner:innen finden, Interviews durchführen und aus diesen neue Erkenntnisse generieren. Selbst ein gut durchdachter Zeitplan kann schnell durcheinandergewirbelt werden, etwa wenn Interviewpartner:innen kurzfristig abspringen oder durchgeführte Interviews nicht brauchbar sind. Im ersten Enthusiasmus unterschätzen Forschungsneulinge häufig den Aufwand, der mit Transkription und Auswertung verbunden ist. Zudem ist jede Forschung anfällig für Fehler, die aber erst im Verlauf des Forschungsprozesses oder nach Abschluss der Forschung sichtbar werden.

Da der Weg von der ersten Idee über die Durchführung und Auswertung von Interviews bis hin zur verschriftlichten Abschlussarbeit aufwendig und unsicher ist, ist eine Vielzahl an Forschungsliteratur erschienen, die Studierende bei ihren ersten Forschungsarbeiten unterstützt (vgl. bspw. Dittmar 2009; Helfferich 2022; Oelerich 2011; Kuckartz 2023; Kuckartz/Rädiker 2022). Diese Literatur muss jedoch abstrakt bleiben, damit sie die Breite möglicher Forschungsgegenstände abbilden kann. Deshalb finden sich in Ratgebern zur empirischen Sozialforschung selten konkrete Anleitungen zum Forschen und es liegt in der Verantwortung der Studierenden, idealtypische Forschungsabläufe auf ihre Fragestellung zu übertragen. Diese Transferleistung kann verunsichern, weil man nie weiß, ob man eine Methode ›richtig‹ anwendet. Nicht selten können sich diese Unsicherheiten zu Krisen auswachsen. Diese Krisen können sich dadurch verschärfen, dass in einer empirischen Abschlussarbeit sehr viel Inhalt in sehr wenig Zeit auf sehr wenige Seiten gebracht werden muss. Studierende müssen sich deshalb auf das Wesentliche konzentrieren. In der ersten Forschungsarbeit fällt es jedoch noch schwer, das Wichtige vom Unwichtigen zu unterscheiden. Wird nun einfach alles geschrieben, was der:die Autor:in über das Thema weiß, verwässert die Arbeit. Sie ist dann zwar interessant, hinterlässt aber keinen bleibenden Eindruck. Wer eine Arbeit auf das Wesentliche kürzt, muss hingegen befürchten, dass Leistung und Aufwand, die in einer empirischen Arbeit stecken, nicht sichtbar werden.

> Zusammenfassend lässt sich festhalten: Eine empirische Abschlussarbeit ist risikoreich. Lehrende, die solche Arbeiten betreuen, stellen deshalb häufig den Prozess und nicht das Produkt in den Vordergrund. Besonders die Auseinandersetzung mit den Hürden des Forschens wird als wichtiges Lernfeld angesehen. Damit diese Prozesshaftigkeit des Forschens nachvollziehbar wird, muss sie in der Abschlussarbeit sichtbar werden. Dazu gehört auch die Beschreibung von Fehlern im Forschungsprozess, und zwar so, dass die Arbeit dadurch auf- und nicht abgewertet wird.

Aus Sicht von betreuenden Dozierenden sind die Stringenz und die reflexive Darstellung des Forschungsprozesses die ›Knackpunkte‹, an denen sich gute von sehr guten Arbeiten unterscheiden. Zwei Fragen stehen deshalb im Mittelpunkt unserer Ausführungen:

- Wie kann eine Fülle an Ergebnissen zu einer einheitlichen, ›runden‹ Arbeit verdichtet werden (▶ Kap. 18.2)?
- Wie kann der Forschungsprozess so beschrieben werden, dass auftretende ›Fehler‹ und Hürden als Teil eines Lern- und Reflexionsprozesses sichtbar werden (▶ Kap. 18.3)?

Hierzu werden wir einige Gedanken skizzieren und praktische Tipps geben. Als ›Best-Practice-Beispiele‹ dienen uns Abschlussarbeiten, die an der Fakultät für Angewandte Sozialwissenschaften der TH Köln geschrieben und als Beste ihres Jahrgangs ausgezeichnet wurden[1] – Arbeiten also, die aus Sicht der betreuenden Dozierenden besonders gelungen sind. Alle zitierten Arbeiten stehen online zur Verfügung.

18.2 Das Interessante vom Wichtigen unterscheiden

Eine gute Abschlussarbeit ist eine ›runde Sache‹, die die Leser:in von der ersten bis zur letzten Seite mitnimmt. Sie besteht aus Einleitung, Theorieteil, empirischem Teil und Schluss. Der empirische Teil unterteilt sich noch einmal in drei Unterka-

---

1 Einen Überblick über die veröffentlichten Arbeiten finden Sie hier: https://www.th-koeln.de/angewandte-sozialwissenschaften/ueber-die-hall-of-fame_17687.php, Zugriff am 16.01.2024.

pitel, in denen das methodische Vorgehen und die Ergebnisse dargestellt sowie die Ergebnisse diskutiert werden (Vogt/Werner 2014, 71 ff.). Zusammen bilden diese Teile eine Einheit. Diese Einheit entsteht erstens, weil sich Einleitung und Schluss wie ein Rahmen um den Inhalt legen: In der Einleitung beschreiben Sie Ihre Forschungsfrage. Im Schlussteil greifen Sie diese Forschungsfrage wieder auf und beantworten diese in aller Kürze. Sie können auch explizit auf die Einleitung Bezug nehmen, etwa indem Sie schreiben »In der Einleitung wurde die Frage x aufgeworfen …«. Beschreiben Sie in wenigen Sätzen, wie Sie diese Frage beantwortet haben und was Ihre Hauptergebnisse sind. Diese Klammer ist ein wichtiger Bestandteil der Arbeit, weil sie den Leser:innen Orientierung bietet. Denn bevor Leser:innen in einen wissenschaftlichen Text einsteigen, verschaffen sie sich zunächst einen Überblick. Hierzu schauen sie sich zunächst das Inhaltsverzeichnis an, anschließend überfliegen sie Einleitung und Schluss. Besonders für Ihre:n Zweitleser:in, der:die mit Ihrer Arbeit nur wenig vertraut ist, ist die Klammer aus Einleitung und Schluss ein wichtiger Orientierungspunkt, der sauber ausgearbeitet werden sollte, um neugierig auf den Hauptteil zu machen.

Eine runde Arbeit entsteht zweitens durch die sinnvolle Verknüpfung der einzelnen Teile, die ihren Ausgangspunkt in der Forschungsfrage nimmt. Die Forschungsfrage bildet den roten Faden, der sich durch alle Teile Ihrer Arbeit zieht (Werner/Vogt/Scheithauer 2017): Die Einleitung betrachtet die Relevanz der Frage für die Soziale Arbeit (»warum?«), der Theorieteil setzt die Frage auf ein theoretisches Fundament (»worauf?«), der Methodenteil beschreibt, welche Instrumente sich zur Beantwortung der Frage eignen (»wie?«) und skizziert schließlich die Antworten auf die Frage (»was?«). Der Schlussteil kondensiert die Quintessenz aller Teile auf (einige) wenige Kernaussagen, stellt die Ergebnisse in einen größeren Gesamtzusammenhang und formuliert Fragen und Gedanken, die über den Erkenntniszusammenhang der Arbeit hinausreichen. Der Schlussteil, so lässt sich salopp formulieren, beantwortet die Frage nach dem »so what?«.

Die Fragestellung ist der Orientierungspunkt für alle Teile der Arbeit und trägt deshalb zur Einheitlichkeit der Arbeit bei. Aus ihr ergibt sich auch die Gewichtung der einzelnen Kapitel: Das Herzstück einer empirischen Arbeit sollte der Teil sein, in dem die Forschungsfrage beantwortet wird – die Ergebnisdarstellung und Diskussion. Für diesen sollte ein großer Seitenumfang eingeplant werden, entsprechend knapp muss die Darstellung der Theorie und des methodischen Vorgehens gehalten werden. Im Theorieteil skizzieren Sie kurz den aktuellen Forschungsstand und stellen die Theorie dar, auf der Ihre Arbeit fußt. Dabei leuchten Sie besonders die Teile aus, die für die Fragestellung besonders relevant sind (vgl. hierzu die Arbeit von Zill 2017) und die später im Leitfaden als deduktive Kategorien vorkommen (beispielhaft hierzu Hafke 2022; Frings 2022). Denken Sie hierzu den Theorieteil vom Forschungsablauf her: In den Theorieteil muss das hinein, was zum Verständnis des folgenden empirischen Teils unbedingt notwendig ist. Alles andere kann ggf. gekürzt werden. Forschen Sie mit Leitfadeninterviews und werten Sie diese inhaltsanalytisch aus, so gehen Sie bereits mit Vorannahmen in die Forschung hinein, im Theorieteil werden diese transparent gemacht. Die Darstellung des Forschungsablaufs begrenzen Sie, indem Sie auf das Allgemeine so weit wie möglich verzichten und das Besondere des Forschungsprozesses herausarbeiten: Für die betreuende

Dozent:in ist es bspw. relativ uninteressant, was der Unterschied zwischen qualitativer und quantitativer Forschung ist, spannend ist jedoch, wie sich diese unterschiedlichen Forschungslogiken in der Arbeit widerspiegeln. Auch die Beschreibung der qualitativen Inhaltsanalyse »nach Mayring« oder »nach Kuckartz« kann eine Betreuer:in selbst nachlesen. Interessant ist auch hier, wie diese in einer Arbeit konkret umgesetzt wird (exemplarisch Frings 2022). Versuchen Sie, die Charakteristik Ihrer Forschung herauszuarbeiten (exemplarisch hierzu Egelhaaf 2017). Dieses Herausarbeiten des Eigenen bedeutet jedoch nicht, sich im ›Klein-Klein‹ zu verlieren und alle genutzten Forschungsinstrumente und Techniken sowohl umfassend als auch detailliert zu beschreiben. Bildlich gesprochen wird im Methodenteil der Werkzeugkoffer vorgestellt, mit dem gearbeitet wurde – wie Sie die Schraube jedoch genau in die Wand gedreht haben, ist für die Darstellung nicht wichtig. Es reicht bspw. vollkommen aus, wenn grob beschrieben wird, wie Kategorien gebildet wurden, keinesfalls muss hier die Bildung jeder Kategorie samt Ankerbeispiel und Kodierregel genannt werden. Es genügt, wenn die Betreuer:in einen Eindruck bekommt, wie vorgegangen wurde. Alle Werkzeuge, der Leitfaden, die Transkripte und ggf. die Kodierleitfaden gehören nicht in den Fließtext, sondern in den Anhang (als Beispiel Purucker 2017).

Der folgende empirische Teil ist der Hauptteil der Arbeit. Er droht leicht zu ›zerfleddern‹, weil Interviews gemeinhin viel mehr hergeben, als auf den Seiten einer Abschlussarbeit und in der vorhergesehenen Bearbeitungszeit darstellbar ist. Deshalb macht es Sinn, bereits während des Forschungsprozesses an die spätere Darstellung zu denken. Stellen Sie sich deshalb hin und wieder die Frage: Welche Erkenntnisse/Kategorien sind für die Beantwortung der Forschungsfrage wichtig? Dies hilft, einen (vorläufigen) Abschluss der Forschung zu finden und nicht bis in alle Ewigkeit mit dem Kodieren und Auswerten beschäftigt zu sein. Im Empirie-Teil verläuft diese Entscheidung entlang von Breite und Tiefe: So kann für die Beantwortung einer Fragestellung eine Vielzahl von Kategorien wichtig sein. Manchmal kristallisieren sich aber auch einige wenige Schlüsselkategorien heraus, die auf den Kern der Fragestellung zielen. Dann können Sie Ihre Ausführungen auf diese beschränken. In beiden Fällen ist es ratsam, darzulegen, in welchem Verhältnis die Kategorien zueinanderstehen. Das mag Ihnen klar sein – Ihrer betreuenden Dozent:in erschließt sich dies jedoch nicht immer. Häufig kann es hilfreich sein, den Zusammenhang von Kategorien zu visualisieren und an den Anfang des Empirie-Teils zu setzen (vgl. hierzu z. B. Egelhaaf 2023, 68). Ein guter Empirie-Teil entsteht durch einen gelungenen Wechsel aus Zitaten, Interpretation und Diskussion. Alle drei Schritte müssen sorgfältig voneinander getrennt werden. So sollte der Empirie-Teil die Adressat:innen sprechen lassen, gleichzeitig aber nicht mit Zitaten überfrachtet werden (als Beispiel hierfür Ertik 2018; Hafke 2022).

Diese Tipps können helfen, den roten Faden der Arbeit herauszuarbeiten und den Lesefluss zu erhalten. Wenn Sie so vorgehen, werden Sie viel Zeit mit dem Überarbeiten ihres Textes verbringen. Ein solches Vorgehen kann verunsichern, weil die Darstellung weder den Wissensstand des:der Absolvent:in noch die gelesene Literatur widerspiegelt. Wenn Sie sich bspw. auf Grundlage einer intensiven Auseinandersetzung mit Theorien der sozialen Ungleichheit für eine Theorie entschieden haben, so bleiben alle anderen Theorien, für die Sie sich nicht entschieden haben, in die Sie sich aber auch hineingearbeitet haben, unsichtbar. Lassen Sie sich dennoch nicht verleiten, alles zu schreiben, was Sie wissen. Nutzen Sie stattdessen den Beleg im Text, um auf weitere Quellen aufmerksam zu machen, mit denen Sie über die Ausführungen hinaus gearbeitet haben. Ein solcher Verweis kann bspw. durch einen Nebensatz wie »aus der Vielzahl der Theorien zur sozialen Ungleichheit wurde x ausgewählt« eingeleitet werden. Für die »Vielzahl der Quellen« nennen Sie nun exemplarisch zwei bis vier Quellen im Beleg, ohne diese weiter auszuführen. Wenn es Theorien gibt, die der beschriebenen widersprechen, so können Sie einen Verweis einfügen, etwa in der Form »kritisch hierzu vgl. Müller 2009 und 2008«. Mit diesem Vorgehen bleiben Sie stringent auf Ihrem Weg, zeigen aber durch die Belege, was neben diesem Weg zu sehen ist. Vergessen Sie nicht, am Ende noch einmal zu überprüfen, ob sich alle Belege im Text auch im Literaturverzeichnis wiederfinden.

18.3 Fallstricke im Forschungsprozess reflexiv einfangen

Auf Grundlage der Forschungsfrage haben Sie sich für ein bestimmtes Forschungsdesign entschieden und dann die einzelnen Schritte durchgeführt. Viele Fallstricke im Forschungsprozess werden jedoch erst beim Forschen selbst oder im Verlauf des Forschungsprozesses sichtbar. Dies sollte nicht verunsichern, denn beim Forschen kommt es »erstens anders und zweitens als man denkt«. Es sollte aber transparent gemacht werden, was warum wie anders gekommen ist und welche Konsequenzen sich daraus ergeben. Durch diese Reflexion des Forschungsprozesses machen Sie erstens die Reichweite und Validität Ihrer Forschung sichtbar. Zweitens gilt »Reflexionskompetenz« als grundlegend sowohl für das wissenschaftliche Denken (Werner/Vogt/Scheithauer 2017, 9 ff.) als auch für die Profession Soziale Arbeit (Walter 2017). Eine gelungene Forschungsreflexion weist Sie als reflexiv denkende Absolvent:in aus.

Reflektieren Sie Ihre Forschung in der Horizontalen und in der Vertikalen. In der Vertikalen, also im zeitlichen Verlauf, geht es um das Forschungsdesign. Vergleichen Sie den geplanten mit dem tatsächlichen Forschungsablauf und überlegen Sie, was Sie anders machen würden, wenn Sie die Forschung noch einmal durchführen würden. In der Horizontalen geht es um die einzelnen Schritte der Forschung, in die Sie sich nun hineinzoomen: Was ist jeweils gut, was weniger gut gelaufen? Besonders relevant ist hier die Reflexion ethischer Fragestellungen (vgl. Eckert/Cichecki 2020, 102 f.), hier können Sie sich gut an den Kriterien der DGSA orientieren (vgl. DGSA 2020; exemplarisch hierzu Fiebig 2017). Wenn Sie nun die Lücken oder blinden Flecken des Forschungsprozess benennen, so bedeutet das weder, dass Sie sich im vorauseilenden Gehorsam selbst kasteien, noch dass Sie einen eigenen Reflexionsbericht zu Ihrer Arbeit schreiben müssen. Auch bei der Reflexion gilt: Reduzieren Sie sich auf das Wesentliche und nennen Sie nur Abweichungen oder Fehler, die tatsächliche einen Unterschied machen. Wird bei einem Interview bspw. vergessen das Aufnahmegerät einzuschalten, so ist diese Information belanglos, wenn Sie dennoch genug Material zum Auswerten hatten. Sind die Interviews wider Erwarten zu einem bestimmten Aspekt jedoch nicht ergiebig, so ist dies ein wichtiger Befund, den es zu benennen und zu reflektieren gilt (zum Umgang mit gescheiterten Interviews vgl. Eckert/Cichecki 2020). Achten Sie bei dieser Reflexion darauf, sich nicht zu sehr darauf zu konzentrieren, was schiefgelaufen ist, sondern lenken Sie den Blick auf mögliche Lösungen. Reflektieren Sie besonders, welche Auswirkungen die Schnitzer auf die Güte Ihrer Arbeit haben (vgl. ebd., 84 ff.). Bleiben Sie sachlich im Ton, es geht um eine wissenschaftliche Auseinandersetzung, nicht um eine Beichte. Sprachlich kann es hier helfen, alle wertenden Adjektive zu streichen. Schreiben Sie nicht: »Das Interview mit Frau M. ist an einer Stelle bedauerlicherweise nicht zu verstehen«, sondern konstatieren sie lediglich, dass das Interview in Zeile x und y nur schwer verständlich ist und dass deshalb nur verkürzt transkribiert und ausgewertet werden konnte.

Die Reflexionen zum Forschungsprozess finden ihren Platz in den korrespondierenden Kapiteln oder in einem eigenen Reflexionskapitel (vgl. beispielhaft Klöckner 2022, 110 ff.; Hein 2020, 93 ff.). Sind bspw. Fehler oder Abweichungen passiert, die einen großen Unterschied machen, so bietet sich ein eigenes Reflexionskapitel an. Ist so ein Kapitel überzeugend geschrieben, so können auch ›unfertige‹ oder eher explorative Arbeiten überzeugen. Der:die Leser:in erhält dann nicht nur Einblicke in die Ergebnisse, sondern auch in den Forschungsprozess. Dieser Forschungsprozess wird an den Stellen besonders spannend, an denen er nicht glatt verlaufen ist.

18.4 Fazit

Am Anfang des Artikels haben wir die Frage aufgeworfen, was aus Sicht von Betreuenden gute von sehr guten Arbeiten unterscheidet. Wir haben die Stringenz der Arbeit und die Reflexion des Forschungsprozesses als bedeutsam herausgearbeitet. Die Stringenz der Arbeit ergibt sich durch die Orientierung aller Teile einer Arbeit an der Forschungsfrage. Bei der Reflexion des Forschungsprozesses sind Abweichungen vom geplanten Forschungsdesign, aber auch technische und ethische Herausforderungen im Forschungsprozess zu benennen. Zu reflektieren sind nur solche Teile, die Auswirkungen auf den Forschungsprozess oder die Güte der Ergebnisse haben. Eine so angelegte Arbeit geht weit über die Ergebnisdarstellung hinaus und gibt Einblick in den Prozess und die Person, die die Arbeit geschrieben hat. Diese Person hat durch das Forschen und die Reflexion des Forschungsprozesses viel über das Thema, das Forschen, die Darstellung von Ergebnissen und sicherlich auch über sich selbst gelernt. Damit ist das Ende einer Abschlussarbeit ein guter Anfang: Sie bildet den Startpunkt, sich nach Studienabschluss neu zu orientieren.

Literatur

DGSA – Deutsche Gesellschaft für Soziale Arbeit (2020): Forschungsethische Prinzipien und wissenschaftliche Standards für Forschung der Sozialen Arbeit. Forschungsethikkodex der DGSA. Online verfügbar unter: https://www.dgsa.de/fileadmin/Dokumente/Service/For schungsethikkodex_DGSA.pdf, Zugriff am 05.04.2023.

Dittmar, N. (2009): Transkription. Ein Leitfaden mit Aufgaben für Studenten, Forscher und Laien (3. Auflage). Wiesbaden: Springer VS.

Eckert, J., Cichecki, D. (2020): Mit »gescheiterten« Interviews arbeiten. Impulse für eine reflexiv-interaktionistische Interviewforschung. Weinheim/Basel: Beltz Juventa.

Egelhaaf, B. (2017): Apps für geflüchtete Menschen. Exemplarische Analysen. Köln: Technische Hochschule Köln. Online verfügbar unter: https://epb.bibl.th-koeln.de/frontdoor/deliver/in dex/docId/1050/file/Ausgezeichnet+2017+08+Egelhaaf+-+Apps+fu%cc%88r+geflu%cc%88 chtete+Menschen.pdf, Zugriff am 05.04.2023.

Egelhaaf, B. (2023): Ökosysteme für Innovationen in der Sozialen Arbeit. Organisations- und sektorübergreifende Perspektiven. Wiesbaden: Springer VS.

Ertik, S. (2018): Migration und Behinderung als Herausforderung für die Soziale Arbeit. Wechselwirkungen von Behinderung und Migration beim Zugang zu zentralen Lebensbereichen von Geflüchteten mit Behinderung. Köln: Technische Hochschule Köln. Online verfügbar unter: https://epb.bibl.th-koeln.de/frontdoor/deliver/index/docId/1232/file/Er tik_2018_05_Migration_und_Behinderung.pdf, Zugriff am 05.04.2023.

Fiebig, H. (2017): Schlüsselsituationen Sozialer Arbeit – Ein neuer Ansatz zur Relationierung von Theorie und Praxis? Eine Rekonstruktion handlungsleitender Orientierungen Studierender im Bachelor Soziale Arbeit. Köln: Technische Hochschule Köln. Online verfügbar unter: https://epb.bibl.th-koeln.de/frontdoor/deliver/index/docId/1014/file/Ausgezeichnet +2017+06+Fiebig+-+Schlu%cc%88sselsituationen+Sozialer+Arbeit.pdf, Zugriff am 05.04. 2023.

Frings, S. (2022): Professionswissen zum Verhältnis von Sucht und gesellschaftlichen Integrationsprozessen. Köln: Technische Hochschule Köln. Online verfügbar unter: https://epb. bibl.th-koeln.de/frontdoor/deliver/index/docId/1950/file/Ebook_Frings.pdf, Zugriff am 05.04.2023.

Hafke, H. (2022): Wenn Eltern zu Betreuern werden – Komplexe Herausforderungen im Übergang von der elterlichen Sorge zur rechtlichen Betreuung. Köln: Technische Hochschule Köln. Online verfügbar unter: https://epb.bibl.th-koeln.de/frontdoor/deliver/index/ docId/1910/file/E_Book_Hafke.pdf, Zugriff am 05.04.2023.

Hein, M. (2020): Eine qualitative Studie über den Einsatz von audiovisuellen Lernangeboten auf dem Tablet zum Erlernen von Gebärden bei Kindern mit kognitiven und kommunikativen Beeinträchtigungen und deren Eltern. Köln: Technische Hochschule Köln. Online verfügbar unter: https://epb.bibl.th-koeln.de/frontdoor/deliver/index/docId/1632/file/ Ebook_Hein.pdf, Zugriff am 05.04.2023.

Helfferich, C. (2022): Die Qualität qualitativer Daten. Manual für die Durchführung qualitativer Interviews (5. Auflage). Wiesbaden: Springer VS.

Klöckner, L. (2022): Politisches Handeln in der Sozialen Arbeit aus der Perspektive politischer Differenz. Eine qualitative Erforschung der Fachkräftekampagne »#dauerhaftsystemrelevant«. Köln: Technische Hochschule Köln. Online verfügbar unter: https://epb.bibl.th-ko eln.de/frontdoor/deliver/index/docId/2058/file/Ebook_Luisa.pdf, Zugriff am 05.04.2023.

Kuckartz, U. (2023): Einführung in die computergestützte Analyse qualitativer Daten (4. Auflage). Wiesbaden: Springer VS.

Kuckartz, U., Rädiker, S. (2022): Qualitative Inhaltsanalyse. Methoden, Praxis, Computerunterstützung. (5. Auflage). Weinheim/Basel: Beltz Juventa.

Oelerich, G. (Hrsg.) (2011): Empirische Forschung und soziale Arbeit. Ein Studienbuch. Wiesbaden: Springer VS.

Purucker, T. (2017): Von zu kurzen Röcken und anderen Märchen. Vergewaltigungsmythen – Hintergründe, Folgen und eine Möglichkeit der Intervention. Köln: Technische Hochschule Köln. Online verfügbar unter: https://epb.bibl.th-koeln.de/frontdoor/deliver/index/docId/1

012/file/Ausgezeichnet+2017+01+Purucker+-++Vergewaltigungsmythen.pdf, Zugriff am 05.04.2023.

Vogt, S., Werner, M. (2014): Forschen mit Leitfadeninterviews und qualitativer Inhaltsanalyse. Köln. Online verfügbar unter: https://www.th-koeln.de/mam/bilder/hochschule/fakultaeten/f01/skript_interviewsqualinhaltsanalyse-fertig-05-08-2014.pdf, Zugriff am 05.04.2023.

Walter, U. M. (2017): Grundkurs methodisches Handeln in der Sozialen Arbeit. Stuttgart: UTB, Reinhardt.

Werner, M., Vogt, S., Scheithauer, L. (2017): Wissenschaftliches Arbeiten in der sozialen Arbeit. Schwalbach/Ts.: Wochenschau.

Zill, A. (2017): Helfersyndrom und Soziale Arbeit. Eine empirische Studie unter Studierenden der TH Köln. Köln: Technische Hochschule Köln. Online verfügbar unter: https://epb.bibl.th-koeln.de/frontdoor/deliver/index/docId/1051/file/Ausgezeichnet+2017+07+Zill+-+Helfersyndrom+und+Soziale+Arbeit.pdf, Zugriff am 05.04.2023.

19 Schlusswort – und jedem Anfang wohnt ein Zauber inne

Moussa Dieng & Hartmut Reinke

»Und jedem Anfang wohnt ein Zauber inne,
Der uns beschützt und der uns hilft, zu leben.«
(Hermann Hesse, Stufen)

Ein Schlusswort, das mit einem Hinweis auf den Zauber des Anfangens beginnt? Aus unserer Sicht kann es am Ende des vorliegenden Buches kaum Schöneres geben als Leser:innen, die sich mit Lust und Selbstvertrauen diesem Zauber ergeben, die neuen Mut, Inspiration und Schwung gesammelt haben und nun weitermachen oder beginnen wollen. Hesses Gedicht erzählt auch über den Weltgeist, den wir im Rahmen dieses Schlussworts einmal mit dem Begriff »Wissenschaft« austauschen:

»Wir sollen heiter Raum um Raum durchschreiten,
An keinem wie an einer Heimat hängen,
Wissenschaft will nicht fesseln uns und engen,
Sie will uns Stuf' um Stufe heben, weiten.
Kaum sind wir heimisch einem Lebenskreise
Und traulich eingewohnt, so droht Erschlaffen;
Nur wer bereit zu Aufbruch ist und Reise,
Mag lähmender Gewöhnung sich entraffen.«

Damit ist alles gesagt. Der Weltgeist – die Wissenschaft in unserer Interpretation – will uns nicht fesseln oder einengen, sie will uns heben, weiten, reifen lassen. Beharren wir auf unserem einmal erlangten Wissen und halten blind daran fest, weil uns die Bereitschaft zu Aufbruch und Reise, zu Neuentdeckung fehlt, wir bequem geworden sind – so erliegen wir lähmender Gewöhnung. All das ist Sache dessen, was wir unter Wissenschaft verstehen, nicht. Im Gegenteil: Sich an Interessen und Erkenntnissen, an Irritationen und Phänomenen zu freuen und die Welt zu sehen, wie sie ist (und nicht: wie sie sein soll oder nicht sein darf), ist die Schönheit einer wissenschaftlichen Haltung. Wissenschaft ist, gerade in der Sozialen Arbeit, ein lebendiges Wirken. Sie ist frei und ihre Freiheit ist ein Grundrecht – Artikel 5 des Grundgesetzes der Bundesrepublik Deutschland schützt die Freiheit von Forschung und Lehre. Wenn ein Literaturverwaltungsprogramm wie bspw. Citavi über 11.000 verschiedene Zitationsstile zur Auswahl anbietet, ist dies auch ein Ausdruck jener Freiheit von Wissenschaft. Dabei – und der vorliegende Band thematisiert es vielfältig – ist Wissenschaft nicht Willkür, sondern an Gütekriterien orientiert. Texte, die wissenschaftlich gewonnene Erkenntnisse beschreiben, müssen darlegen, wie diese Erkenntnisse gewonnen wurden, Argumente, Aussagen müssen nachvollziehbar sein, genutzte Quellen müssen angezeigt werden – und die gewählten Methoden des Erkenntnisgewinns müssen transparent und korrekt angewandt sein.

So, wie es zu Beginn einer wissenschaftlichen Arbeit sehr hilfreich ist, sich selbst Gedanken darüber zu machen, wann die gestellte Aufgabe erfüllt ist, ist es am Ende ratsam, sich selbst die Frage zu stellen: Habe ich meine Aufgabe gelöst? Wie? Was macht meinen Text zu einem wissenschaftlich verfassten? Welche Gütekriterien habe ich wie erfüllt? Wo sind die Limitationen meiner Erkenntnisse? Wie tragbar, wie belastbar ist, was ich da in die Welt entlasse?

Gütekriterien, wie z.B. die von Steinke (Kardorff et al. 2013, 323–331; ▶ Kap. 16.6) verfassten Kriterien der qualitativen Sozialforschung, bieten Orientierung und Hilfestellung zu Konzeption und Reflexion des eigenen wissenschaftlichen Handelns. Intersubjektive Nachvollziehbarkeit, Indikation des Forschungsprozesses, empirische Verankerung, Limitation, Kohärenz, Relevanz, reflektierte Subjektivität – Steinkes Katalog ist umfassend und nur ein Beispiel eines Katalogs. Die wissenschaftliche Gemeinschaft arbeitet international an den Kriterien dessen, was als wissenschaftliche Erkenntnis anerkannt werden kann. Ein Beispiel für die Wirkkräfte der Kommunikation und des lebendigen, aktiven Austausches über Gepflogenheiten und Ansichten zeigen die in der Scientific Community qualitativer Forschung selbst durchaus kontrovers geführte Diskussion um die Anforderungen an ›gute‹ wissenschaftliche Texte/Abschlussarbeiten, die Diskurse zu Gebrauch oder Vermeidung von Wörtern wie »ich«, »wir«, »man« und gendergerechter Sprache.

Das Interesse – das »in den Dingen sein« – ist eine starke Kraft, eine treibende Größe und ihre Bedingung ist die Freiheit des Denkens, die Freiheit des Suchens, des Ausdrucks und des Arguments. Bei aller notwendigen und berechtigten Einbindung in methodische Abläufe, sprachliche Konventionen und intellektuelle Anforderungen: Ohne Freiheit wäre Wissenschaft unmöglich. Nicht zuletzt zeigt auch der vorliegende Band eine Vielfalt der Interpretationen eines freien Wissenschaftsverständnisses.

Ein Bedürfnis, das wir an das Ende unseres Buches stellen, ist das Bedürfnis, Dank auszusprechen. Wir danken allen Autor:innen dieses Werkes sehr herzlich für ihre Beiträge. Jens Kellmer, Dr. Petra Schilm und Dipl.Soz.-Wiss. Ulrike Hemkes danken wir für ihr sorgfältiges Korrekturlesen. Wie gut, dass ihr geholfen habt! Schließlich gilt der Dank der Herausgeber auch Dr. Elisabeth Häge aus dem Hause des Kohlhammer Verlags. Ihrer Zuversicht in das Projekt verdanken wir den vorliegenden Band.

Literatur

Kardorff, E. v., Steinke, I., Flick, U. (Hrsg.) (2013): Qualitative Forschung: ein Handbuch/ Qualitative Forschung. Ein Handbuch (Rororo Rowohlts Enzyklopädie, Bd. 55628, 10., durchgesehene und aktualisierte Auflage, Orig.-Ausgabe). Reinbek bei Hamburg: Rowohlt.

Anhang

Interviewleitfaden (Kap. 14)

Interview mit _____
ID zur Anonymisierung _____
Datum _____
Ort _____
Dauer _____
Einwilligungserklärung _____

Einführung

Liebe/r (Name)! Danke, dass du dich bereit erklärt hast, mir ein Interview zu geben! Die Daten werden anonymisiert für ein Forschungsvorhaben der FOM Hochschule verwendet. Dadurch wollen die Lehrenden der FOM besser verstehen, was Studierende beim wissenschaftlichen Arbeiten erleben und welche Begleitung dabei besonders sinnvoll ist. Darf ich das Interview aufnehmen? (*Ja? – Aufnahme starten und später alles wortwörtlich transkribieren*)/(*Nein? – Darf ich dazu Notizen machen? – später Gedächtnisprotokoll anfertigen statt transkribieren*)

Gut, dann beginnen wir mit dem eigentlichen Interview. Ich würde dich heute gerne zu deinen Erfahrungen mit dem wissenschaftlichen Arbeiten im Hochschulkontext interviewen.

Einstiegsfrage

Was bedeutet für dich ganz allgemein wissenschaftliches Arbeiten?

Erfahrungen mit dem wissenschaftlichen Arbeiten

1. Inwiefern hast du schon Erfahrungen mit wissenschaftlichem Arbeiten sammeln können?
2. Wie war es für dich, wissenschaftliche Arbeiten/Texte zu verfassen?
3. Wie hast du dich beim wissenschaftlichen Arbeiten organisiert?
4. Wie war bis jetzt die Begleitung deiner wissenschaftlichen Arbeit?

Eventuelle Herausforderungen und Lösungsvorschläge

5. Was hat dir geholfen oder würde dir helfen, wissenschaftlich fundierter zu arbeiten? Kannst du Beispiele dafür geben?

Zusammenfassung und Rückblick

6. Wir nähern uns dem Ende unseres Interviews. Eine abschließende Frage habe ich noch. Was meinst du, wie kann sich unsere Hochschule weiterentwickeln, um Studierende beim wissenschaftlichen Arbeiten noch besser zu unterstützen oder sie zu fördern?
7. Ich nehme aus dem Interview in erster Linie Folgendes mit: ... Gibt es noch Punkte, die du ergänzen möchtest, über die wir nicht gesprochen haben?

Abschließend habe ich noch ein paar Fragen zu deiner Person *(nutze den Kurzfragebogen zu leitfadengestützten Interviews)*.

Ich danke dir für die Zeit, die du dir für dieses Interview genommen hast! *(Aufnahme beenden)*

Kurzfragebogen zum leitfadengestützten Interview (Kap. 14)

Abschließend habe ich noch ein paar Fragen zu deiner Person. Alle Angaben und persönlichen Daten werden vertraulich und anonym behandelt. Solltest du zu einigen Fragestellungen keine konkreten Angaben machen können oder wollen, kannst du das Feld »keine Angabe« nutzen.

1. Wie alt bist du? _____ Jahre
   - keine Angabe
2. Geschlecht?
   - Männlich
   - Weiblich
   - Divers
   - keine Angabe
3. In welchem Fachsemester bist du? _____
   - keine Angabe
4. Welchen Schulabschluss hast du?
   - Abitur
   - mittlere Reife
   - anderer Abschluss, und zwar:
   - keine Angabe
5. Hast du vor dem Studium eine Ausbildung abgeschlossen?
   - Ja
   - Nein
   - keine Angabe
6. Hat mindestens eines deiner Elternteile bereits studiert?
   - Ja
   - Nein
   - keine Angabe
7. Welche Sprachen wurden/werden bei Dir zu Hause gesprochen?
   - Deutsch
   - Deutsch + andere Sprache
   - andere Sprache
   - keine Angabe
8. Familienstand und Kinder:
   - Single
   - in Partnerschaft

- Kinder:
  - Nein
  - Ja
  - Anzahl _____
  - Alter der Kinder: _____
- keine Angabe
9. Arbeitest Du während des Studiums?
   - nein
   - ja, Teilzeit
   - ja, Vollzeit
   - keine Angaben
10. Wie viele wissenschaftliche Arbeiten hast du bis jetzt geschrieben?

Autor:innenverzeichnis

Fatma Betül Ağırbaş Aslan hat den Bachelor of Arts in Sozialer Arbeit und ist als staatlich anerkannte Sozialarbeiterin in der Sozialpädagogischen Familienhilfe tätig.

Moussa Dieng, Sozialarbeiter M. A., ist Doktorand der Universität Hamburg und der Hochschule für Angewandte Wissenschaften Hamburg, Lehrbeauftragter im Studium der Sozialen Arbeit an der FOM Bremen/Hamburg und der IU Bremen.

Çiğdem Erdoğan ist staatlich anerkannte Sozialarbeiterin (B. A.) und aktuell im Handlungsfeld der Schulsozialarbeit tätig.

Janina Evers ist Professorin für Soziologie und Personalmanagement an der FOM Hochschule, Münster und kooptierte Wissenschaftlerin im Institut für Gesundheit und Soziales (ifgs) an der FOM. Arbeitsschwerpunkte: Unternehmen und Personal im gesellschaftlichen Wandel, z. B. Zukunft der Arbeit, Organisationsentwicklung.

Lisa Gregorius hat Erziehungswissenschaft und Erwachsenenbildung studiert. Danach war sie von 2018 bis 2022 u. a. an der Universität Duisburg-Essen im Bereich Lehre und Forschung tätig.

Matthias Hoenen, Prof. Dr., hat die Professur Wirtschaftspsychologie an der FOM Hochschule, Wesel, und ist Psychologischer Psychotherapeut.

Blanca Homma ist staatlich anerkannte Sozialarbeiterin (M. A.) und Doktorandin an der Universität Oldenburg. Neben ihrer Tätigkeit als Jugendhilfeplanerin ist sie auch Lehrbeauftragte an der Hochschule Emden/Leer.

Nilüfer Keskin-Akçadağ, Prof. Dr., studierte an der TU Dortmund Erziehungswissenschaften mit dem Schwerpunkt Soziale Dienste, Randgruppen- und Kulturarbeit. Sie ist Professorin für Soziale Arbeit an der FOM Hochschule.

Katrin Keller, Prof. Dr., ist systemischer Coach, DISG-Trainerin und zertifizierte CSR-Managerin. Sie verfügt über langjährige Beratungs- und Trainingserfahrungen in den Bereichen Führung, Kommunikation und Personal- sowie Organisationsentwicklung und ist Professorin für Gesundheitspädagogik und Personalentwicklung an der FOM Hochschule.

Tim Middendorf, Prof. Dr. phil., ist Professor für Soziale Arbeit im Kontext prekärer Lebenslagen an der Hochschule Bielefeld. Forschungsschwerpunkte: Prekäre Lebenslagen, Professionalität in der Sozialen Arbeit.

Kim Moskopp ist als Lehrkraft für besondere Aufgaben an die Universität Koblenz abgeordnet. Ihre Dissertation verfasst sie zum Thema Pädagogik, Glück und das gute Leben. Zudem ist sie Lehrbeauftragte in den Bereichen Soziale Arbeit sowie Personal und Organisation.

Anna Mratschkowski, Prof. Dr., ist Professorin für Soziale Arbeit an der FOM Hochschule. Nach dem Studium der Soziologie, Pädagogik und Germanistik an der Universität Würzburg promovierte sie zur Integration von Kindern an der Universität Bremen.

Alexander Parchow, Dr. phil., ist Postdoktorand an der Hochschule Bielefeld. Forschungsschwerpunkte: Kinder- und Jugendhilfe (insbesondere Hilfen zur Erziehung, Frühe Hilfen), Wohn- und Obdachlosigkeit, Armut.

Katharina Peinemann, Prof. Dr., ist Professorin für Soziale Arbeit im Fernstudium der IU Internationalen Hochschule. Ihre Schwerpunkte liegen im wissenschaftlichen Arbeiten, der Beratung und der beruflichen Bildung.

Anna Pfaffenstaller hat Soziale Arbeit (B. A.) und Angewandte Sozial- und Bildungswissenschaften (M. A.) studiert und ist selbstständige systemische Beraterin und Therapeutin (DGSF) sowie Lehrende. Sie promoviert an der Otto-Friedrich-Universität Bamberg und der KSH München.

Hartmut Reinke, Prof. Dr.phil., Dipl.-Soz.-Arb., MBA, ist Professor für Sozialmanagement und Berufspädagogik an der FOM Hochschule, Bremen, und freiberuflicher Unternehmensberater (bifop, Azur Dialog).

Petra Richter ist die Studiengangsleitung Sozialwissenschaft. Gemeinsam mit Christina Watson verantwortet sie u. a. die methodische Ausbildung der Studierenden der Sozialen Arbeit an der SRH Hochschule Nordrhein-Westfalen

Veronika Rosenberger (M. A. Soziale Arbeit) ist Mitglied im BayWiss-Verbundkolleg Sozialer Wandel. Neben ihrer Promotion arbeitet sie in einer stationären Kinder- und Jugendhilfeeinrichtung und gibt Lehraufträge.

Katrin Sen, Prof. Dr., ist promovierte Erziehungswissenschaftlerin und forscht als Professorin für Soziale Arbeit an der IU Hochschule zu den Auswirkungen gesellschaftlicher Wandlungsprozesse im Kontext von Lebensalter und Gemeinwesen

Anja Schäfer, Dr., Universität Oldenburg, ist Wissenschaftliche Mitarbeiterin im Forschungsprojekt DreiFürEins und derzeit ausschließlich in der Evaluationsforschung im Projekt tätig. Von 2015 bis 2017 war sie Lehrbeauftragte an der Hochschule Emden/Leer im Lehrgebiet »Wissenschaftliches Arbeiten«.

Nantke Schmidt (M. A.), Universität Oldenburg, ist Wissenschaftliche Mitarbeiterin u. a. im Projekt DreiFürEins und in der Lehre mit der quantitativen Methodenausbildung (B. A./M. A.) beschäftigtund mit der Durchführung von qualitativen Lehrforschungsprojekten in der Projektphase des B. A. Pädagogik betraut.

Silvia Thünemann, Dr. phil., ist Bildungswissenschaftlerin und Soziologin sowie Leiterin der Forschungswerkstatt Erziehungswissenschaften am Fachbereich Erziehungs- und Bildungswissenschaften der Universität Bremen.

Jan Tietmeyer, Prof. Dr., Dipl.-Kfm., Master of Social Work, ist als Berater/Dozent für Sozialwirtschaft und öffentliche Verwaltung tätig. Seit 2023 ist er wissenschaftlicher Gesamtstudienleiter der FOM Wesel.

Lütfiye Turhan hat Wirtschaftspädagogik (M. Sc.) studiert und war anschließend von 2018 bis 2022 in der Lehre und Forschung tätig. Sie ist weiterhin im Bereich der beruflichen Bildung aktiv.

Stefanie Vogt, Dipl. Soz. Päd./M. A., lehrt und arbeitet als wissenschaftliche Mitarbeiterin an der Fakultät für Angewandte Sozialwissenschaften der TH Köln. Ihre Forschungsschwerpunkte sind Propädeutik, Geschichte und Theorien der Sozialen Arbeit sowie inklusive Hochschulentwicklung.

Christina Watson, Prof. Dr., ist Professorin für Sozialwissenschaft an der SRH Hochschule Nordrhein-Westfalen. Gemeinsam mit Petra Richter (Studiengangsleitung Sozialwissenschaft) verantwortet sie u. a. die methodische Ausbildung der Studierenden der Sozialen Arbeit.

Melanie Werner ist Professorin für Theorie und Geschichte der Sozialen Arbeit an der Dualen Hochschule Baden-Württemberg, Stuttgart.

Nicole Weydmann, Prof.in Dr.in, ist Professorin für Qualitative Forschungsmethoden an der Hochschule Furtwangen. Arbeitsschwerpunkte: nachhaltige Gesundheit innerhalb planetarer Grenzen, Global Health & plurale Medizinsysteme, Soziale Arbeit & Gesundheit.

Jakob Christoph Will, Prof. Dr. phil., Dipl. Päd., hat die Professur für Theorien Sozialer Arbeit an der Katholischen Hochschule Mainz.

Kirsten Witte, Dipl.-Pädagogin, ist Lehrende für Soziale Arbeit an der Berufsakademie Wilhelmshaven, Lehrbeauftragte an der HS Bremen und Doktorandin im Kolleg Soziale Arbeit: Devianz und Soziale Kohäsion der Hochschule Emden-Leer/ Universität Vechta.

Amelie Zauner hat Soziale Arbeit (B. A.) und Angewandte Sozial- und Bildungswissenschaften (M. A.) studiert. Derzeit promoviert sie in der Erwachsenenbildung. Sie lehrt zu Schlüsselkompetenzen, wissenschaftlichem Arbeiten und empirischer Sozialforschung.